化学学科核心素养
研究及实践培育

杨梓生　吴菊华　著

上海教育出版社
SHANGHAI EDUCATIONAL
PUBLISHING HOUSE

图书在版编目（CIP）数据

化学学科核心素养研究及实践培育 / 杨梓生, 吴菊华著.
— 上海:上海教育出版社, 2020.4
ISBN 978-7-5444-9899-9

Ⅰ.①化… Ⅱ.①杨… ②吴… Ⅲ.①中学化学课 - 教学研究 Ⅳ.①G633.82

中国版本图书馆CIP数据核字(2020)第055630号

责任编辑 李玉婷 严 岷
封面设计 郑 艺

化学学科核心素养研究及实践培育
杨梓生 吴菊华 著

出版发行 上海教育出版社有限公司
官　　网 www.seph.com.cn
地　　址 上海市永福路123号
邮　　编 200031
印　　刷 启东市人民印刷有限公司
开　　本 700 × 1000 1/16 印张 14.5 插页 1
字　　数 230 千字
版　　次 2020年4月第1版
印　　次 2020年4月第1次印刷
书　　号 ISBN 978-7-5444-9899-9/G·8158
定　　价 39.00 元

如发现质量问题，读者可向本社调换 电话：021-64377165

增进理解　掌握策略　提升能力
深入扎实开展学科核心素养培育工作

党的十八大提出“立德树人”的教育根本任务。为落实这一根本任务，2014年3月，教育部下发了《关于全面深化课程改革　落实立德树人根本任务的意见》，部署“研究提出各学段学生发展核心素养体系，明确学生应具备的适应终身发展和社会发展需要的必备品格和关键能力”的任务，提出“各级各类学校要把核心素养和学业质量要求落实到各学科教学中”的要求，并组织专家先后建构了中国学生发展核心素养体系、凝练了各个学科的学科核心素养、编写了普通高中新教材。目前，对于广大一线教师尤其是高中教师，核心工作是在加强教学理论学习、提升专业素养基础上，基于教学实践的立场，深入开展学科核心素养的深入研究，扎实开展“素养为本”的教学探索，从而增进对学科核心素养的理解、掌握培育学科核心素养的行动策略、提升发展学科核心素养的教学能力。本书创作的初衷，正试图揭示这些方面，从而帮助老师们将学科核心素养的培育工作落到实处，切实提升培育效果。

一、为何强调培育学科核心素养

根据马克思主义实践论，人类认识活动遵循“价值性”和“真理性”两个基本原则。所谓“价值性”原则，是指人的实践活动是有目的的活动，活动以相应的预设目标为指导，期望通过实践活动达成预期的价值。因此，这一原则实际上强调人的实践活动先要有具体的价值预期，并以此价值预期指导实践活动，确保活动不偏离方向以达成相应的价值追求。故立足“价值性”审视学科核心素养，就是要回答“为何强调培育学科核心素养”的基本问题。明确这一基本问题，教师才能明白培育学科核心素养的价值意义。

要较系统地回答“为何强调培育学科核心素养”这一问题，首先要了解学科核心素养提出的时代背景，明确学科核心素养是什么、学科核心素养包含哪些方面。在此基础上，明确学科核心素养的内涵要求及其相互关系、学科核心素养如何反映学科特质与育人价值等。只有明确这些方面，教师才能把握学科核心素养对于个体适应社会发展要求、满足个人需要并推动社会发展等方面的价值意义，进而增进教师培育与发展学生学科核心素养的自觉意识，提升教师积极践行“素养为本”教学的主动性和积极性。

为帮助老师们更好地理解上述问题，本书首先安排了“核心素养与学科核心素养的研究”专题内容，简要介绍什么是核心素养、为何强调核心素养、国际社会与国内对核心素养研究形成的共性认识等内容，以增进教师对核心素养以及发展核心素养的基本认识。接着，安排“化学学科核心素养的内涵分析与实践培育”专题，对化学学科核心素养五个方面的具体内涵、学习要求以及各维度素养的内在联系等方面进行系统阐述，旨在引导教师深刻、系统、全面地理解化学学科核心素养，明确化学课程与教学活动将培育与发展学生化学学科核心素养作为核心追求的意义。

二、如何有效培育学科核心素养

我们都知道，人类的实践活动必须遵循认识世界和改造世界的客观规律。只有遵循这些客观规律，实践活动才可能准确把握客观事物的本质和运动变化规律，形成科学正确的认识，这便是实践活动的“真理性”原则。化学教与学活动作为人类特殊的实践活动，要在教学活动过程中很好地培育与发展学生的学科核心素养，也应当遵循“真理性”原则，即要遵循学科核心素养培育与发展的教学规律。因此，立足“真理性”审视学科核心素养，就是要回答“如何有效培育学科核心素养”的问题。弄清这一问题之后，才能扎实开展“素养为本”的教学，有效培育与发展学生的学科核心素养。

实施“素养为本”的教学，不仅需要遵循一般的教育教学规律，还需立足于学科核心素养的内涵特点与学习要求等方面，明确其独特的培育发展规律。结合具体的学科教学，就是要在明确学科核心素养内涵要求的基础上，把握其认识特点与发展路径，理解课程内容所能承载的培育与发展学科核心素养方面的价值。同时，综合考虑课程内容价值及其实现路径、学科核心素养培育要求和学习认识发展规律，科学规划并合理实施“素养为本”的教学、落实“教、学、评”一体化要求，从而达成素养培育的目标。

本书的“化学学科核心素养的内涵分析与实践培育”专题，基于各个维度化学学科核心素养的内涵分析，结合具体课例分析相应维度素养的教材编排思路以及实践培育路径；“学科知识发展学科核心素养的价值分析及行动策略”专题，提炼了学科知识培育学科核心素养价值的分析模型，并以分析模型为抓手对几类重要课程内容的教学价值进行剖析，提出具体的行动策略；而“基于素养培育的化学教学设计”专题，全面介绍“素养为本”教学的内涵与流程、规划与实施。这些专题的系统安排，对指导教师开展“素养为本”教学起到很好的指导与引领作用。

三、培育学科核心素养需要提升教师专业素养

《普通高中化学课程标准（2017 年版）》指出：发展学生的化学学科核心素养，要求教师积极开展“素养为本”的课堂教学实践。对于发展学生学科核心素养的“素养为本”的教学，和传统“知识为本”的教学相比，在教学指导思想、教学目标追求和教学行动策略上均有重大差异。因此，对广大教师而言，“素养为本”的教学必将成为一个新的、富有挑战性的课题。为适应这一新的教学挑战，要求教师提升专业素养，强调教师应增进学科理解，提升开展“素养为本”教学的能力。

教师应从哪些方面提升教学能力、促进专业发展？《普通高中化学课程标准（2017 年版）》在“教学与评价建议”中进一步指出：开展“素养为本”的教学，不仅要求教师深刻领会学科核心素养内涵、准确把握学业质量要求、充分认识化学实验的独特价值、增进化学学科理解，而且要求教师提升科学制订教学目标、精心设计探究活动、组织开展富有学科特质的活动以及实施“教、学、评”一体化的能力。只有如此，学科教学过程中，教师才能准确把握课程内容价值、设计基于素养发展的教学目标并合理组织教学内容、精心设计学习活动、有序推进教学进程，从而将学科核心素养的培育与发展落到实处。

为此，本书安排了“素养的培育需要提升教师的教学能力”专题。该专题立足课堂教学活动，在介绍教师教学关键能力框架、构成要素及其提升路径基础上，分别对教师增进学科理解、提升教育教学认识素养、培育学情分析诊断能力、发展课堂教学监控能力等的内涵要求与提升策略等方面进行深入分析，提出具体要求。最后，上升到课程意识的高度，强调教师专业发展的最终落点在于提升课程意识。无疑，这一专题期望引导教师结合学科特点、教学实践及素养培育要求，认真学习、积极探索、主动发展，从而提升专业素养，确保学科核心素养培育工作在学科教学中有效落地。

本书系笔者主持的福建省“十三五”中小学名师名校长培养工程专项课题“‘素养为本’的中学化学教学设计研究(ZXHX－2017004)”、福建省中青年教师教育科研项目(基础教育研究专项)课题“基于核心素养培育的核心概念教学策略研究——以高中必修化学为例(JZ160517)”等的研究成果。全书由杨梓生拟定写作框架并负责统稿、定稿等工作。各专题编写情况为：杨梓生负责“1 核心素养与化学学科核心素养的研究”“2 化学学科核心素养的内涵分析与实践培育”和“5 素养的培育需要提升教师的教学能力”三个专题，吴菊华负责“3 学科知识发展学科核心素养的价值分析及行动策略”和“4 基于素养培育的化学教学设计”两个专题。本书的部分成果曾在国家级、省级教师培训中专题介绍，或发表于国内中等化学主流专业期刊。本书撰写过程得到课题研究团队、专家教师等的热心支持，出版过程得到上海教育出版社严岷、李玉婷两位编辑的大力帮助，在此对他们付出的辛劳表示衷心的感谢！

限于作者水平与能力，本书肯定存在许多不足之处，恳请广大读者批评指正。

杨梓生

2020 年 3 月

目录

Contents

1　核心素养与化学学科核心素养的研究

党的十八大提出“立德树人”的教育根本任务。为落实这一教育根本任务，2014 年 3 月，教育部下发了《关于全面深化课程改革　落实立德树人根本任务的意见》，提出“各级各类学校要把核心素养和学业质量要求落实到各学科教学中”的要求，并组织专家开展中国学生发展核心素养和学科核心素养的研究。

什么是核心素养？为何强调核心素养？国际社会对核心素养的研究形成了哪些基本认识？国内近年来又开展了哪些方面的研究，从理论和实践层面上达成了怎样的认识？这些都是一线教师需要厘清的问题。只有清楚认识这些方面的问题，才能将核心素养的培育、发展与评价落实到学科教学中。

为此，本专题通过介绍“国际视野下的核心素养”“核心素养的本土研究”，旨在引导老师们认识何谓核心素养、为何强调核心素养，以及国内外开展核心素养研究的现状及形成的共识。在此基础上，提出一线教师应开展学科核心素养与中国学生发展核心素养、学科育人价值、三维课程目标、学科认知活动及学科知识内容五个方面关系的系统深入研究，从而实现在学科教学中有效培育与发展学生的学科核心素养。

1－1　国际视野下的核心素养

自20世纪70年代开始，世界各国高度重视21世纪人才培养的研究，并陆续提出与教育、人才等相关的研究报告。如1972年，德国学者梅滕斯提出要培育对劳动者未来发展能起到关键性作用的关键能力（核心能力）的观点，这一观点对世界各国的职业技术教育领域产生重大影响。1979年，英国基于职业教育的需要，强调要培育人们一些可以受用终身的素养。于是，一些国际组织和西方国家立足适应社会发展和未来职业发展所需能力的视角，开展了指向核心素养的相关研究。这方面研究的相关文献广泛刊载于国内相关期刊，本节仅简单介绍一些组织机构开展的、并对各国核心素养的确立产生重要影响的相关研究，帮助老师们建立起概貌性的了解。

一、相关组织机构对核心素养的研究与界定

1. 经合组织（OECD）

1997—2005年，经合组织（OECD）为明确21世纪应培养学生哪些素养以适应社会发展要求、满足个人需要并推动社会发展，启动“素养的界定与遴选：理论和概念基础”研究项目（简称“DeSeCo”），并于2003年发表《为了成功人生和健全社会的核心素养》研究报告。这一研究项目被认为是“有关核心素养最有代表性的项目”①。

项目团队认为：核心素养（key competencies）是个人实现自我终身发展、融入主流社会和充分就业所必需的知识、技能及态度的集合，是后天习得而非与生俱来的跨领域、多功能的素养。同时，认为核心素养应具有如下特性（价值定位）：①对每个人都具有重要意义；②帮助个人满足各个生活领域的重要需求并

---

① 林崇德主编.21世纪学生发展核心素养研究[M].北京：北京师范大学出版社，2016：12

带来益处;③应可产生经济与社会效益。基于此,经合组织在 2005 年《核心素养的确定:执行概要》中明确提出包含“互动地使用工具”“自主行动”和“在社会异质团体中互动”三个维度的核心素养体系,并认为素养的核心是反思(如图 1-1-1)[①]。报告还指出:“由于国家、文化、价值观的差异,核心素养的选择可以是多样化的。”[②]

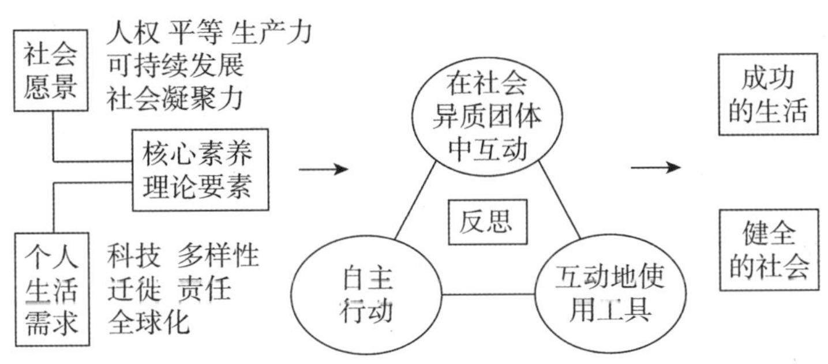

图 1-1-1 经合组织的核心素养框架

对于核心素养三个维度的内容,具体包含如下九项:互动地使用语言、符号及文本的能力,互动地使用知识和信息的能力,互动地使用科技的能力;在复杂大环境中行动的能力,设计认识规划与个人计划的能力,维护权利、利益、限制与需求的能力;与他人建立良好关系的能力,合作的能力,控制与解决冲突的能力。显然,这些能力都是可以通过学校教育与课程学习获得的素养。

2. 联合国教科文组织(UNESCO)

联合国教科文组织(UNESCO)长期致力于学习与各地教育质量监测等的研究。早在 1996 年,联合国教科文组织在《学习:财富蕴含其中》报告中提出“学会求知、学会做事、学会共处、学会发展”四大终身学习支柱,这一报告对世界各国的教育产生了重大影响。2003 年,在四大支柱基础上提出“学会改变”的第五支柱。在此基础上,形成了融合“五大支柱”的“21 世纪社会公民必备的基本素质”框架。“五大支柱”包含的具体指标如表 1-1-1[③]。

① 张娜.DeSeCo 项目关于核心素养的研究及启示[J].教育科学研究,2013(10):40

② 崔允漷.素养:一个让人欢喜让人忧的概念[J].华东师范大学学报(教育科学版),2016(01):4

③ 房喻,徐端钧.普通高中化学课程标准(2017 年版)解读[M].北京:高等教育出版社,2018:39

表 1-1-1 “五大支柱”对应的具体指标

	学会求知	学会做事	学会共处	学会发展	学会改变
具体指标	学会学习/注意力/记忆力/思维品质	职业技能/社会行为/团体合作/创新进取/冒险精神	认识自己的能力/认识他人的能力/同理心/实现共同目标的能力	促进自我精神/丰富人格特质/多样化表达能力/责任承诺	接受改变/适应改变/主动改变/引领改变

联合国教科文组织还与一些机构合作开展“学习指标专项任务”的研究，并于 2013 年发布《向普及学习迈进——每个孩子应该学什么》研究报告。该报告提出检测学生学习的七个维度：身体健康、社会情绪、文化艺术、文字沟通、学习方法与认知、数字与数学、科学与技术。这些方面，实际上是学生关键素养的体现。

3. 欧盟

为应对全球化、知识经济和信息时代的挑战，欧盟理事会确立“教育与培训 2010 工作项目”，试图建立起适应知识与社会所需的欧洲教育和培训新体系，其核心即为欧洲核心素养框架，并于 2006 年年底与欧洲议会联合发布《为了终身学习的核心素养：欧盟参考框架》。这一框架虽然提出时间较晚，但素养框架最为系统完整。报告认为：核心素养是指一个人在知识社会中自我实现、社会融入以及就业所需的素养，是一系列知识、技能和态度的集合，是学生在完成义务教育就应具备并为终身学习奠定基础的素养。

欧盟从具体功能的角度界定核心素养，认为核心素养是个体达成自我实现和发展、成为主动的公民、融入社会和成功就业所需的素养。据此，其核心素养框架提出了八个方面核心素养，具体为：使用母语交流；使用外语交流；数学素养与基本的科学技术素养；数字素养；学会学习；社会与公民素养；主动意识与创业精神；文化意识与表达。并指出：八大素养同等重要，因为每一个素养都会对知识社会的成功人生作出贡献。

由于欧美的素养着眼于结果，为更好地指导实施，《为了终身学习的核心素养：欧盟参考框架》制定者特别强调：批判性思维、创造性、首创精神、问题解决、风险评估、采取决策以及建设性管理情绪等主题应在八个核心素养中发挥作用。“这意味着上述心智过程和能力作为‘暗线’贯穿、渗透于八大核心素养之中。”[①]

4. 三个组织机构关于核心素养的比较

前述三个组织机构关于核心素养的研究背景、价值取向、概念内涵、发展目标等情况如表 1-1-2[②]。

表 1-1-2 三个组织核心素养的比较

	经合组织	联合国教科文组织	欧盟
研究背景	知识经济时代需要建构创新能力	为全面提高世界各国的教育质量	促进欧盟社会融合与满足知识社会的需求
价值取向	以培养完整的人为价值取向	以追求终身学习为价值取向	以追求终身学习为价值取向
概念内涵	3 类核心素养;9 项具体能力	5 大学习支柱;7 项核心素养	8 类核心素养,含知识、技能与态度维度
发展目标	开发成功的生活与功能健全的社会	确定哪些方面的学习对所有的儿童和青年最为重要	建立全民族终身学习的欧洲,促进欧洲成为最具竞争力的经济体

二、国际社会对核心素养的共识

结合前述三个组织的核心素养界定及西方主要国家的核心素养研究,可以发现各组织与国家强调的“核心素养”,共同指向人适应信息时代和知识社会的需要、解决复杂问题和适应不可预测情景的高级能力与个人能力,其核心是创造性思维和复杂的交往能力,并具有时代性、综合性、跨领域性与复杂性的特点。同时,不同国家所倡导的核心素养总体包括协作、交往、信息通信技术素养、社会和(或)文化技能、公民素养、创造性、批判性思维、问题解决等方面[③]。

① 刘炳华,范庆英.基于学科核心素养的初中化学教学设计[M].苏州:苏州大学出版社,2017:13

② 林崇德主编.21 世纪学生发展核心素养研究[M].北京:北京师范大学出版社,2016:17(引用时作修改)

③ 刘炳华,范庆英.基于学科核心素养的初中化学教学设计[M].苏州:苏州大学出版社,2017:17

虽然不同国家、地区或组织机构提出的核心素养内涵与框架有差异，但对核心素养的关注、认识和价值追求等体现出一致性。具体表现如下：

1. 在重视程度上，世界上大部分国家和地区都非常重视核心素养的研究与框架建构，都将核心素养的培育作为本土教育改革与课程改革的热点问题，重视培养公民关键的、必要的、重要的素养（即核心素养），以适应国家（地区）人才培育的要求，提升21世纪的竞争力。

2. 在功能价值上，认同核心素养的培育是促进全面发展与终身发展、适应社会与技术进步需要、提升生活品质与生存质量的关键；强调核心素养对个人满足各个生活领域并获得成功生活、个体进行社会参与决策以实现群体共同目标和人类共同理想的重要价值，是实现个体“成功生活”和建设“健全社会”的必由之路。

3. 在内涵意蕴上，强调核心素养是个体终身发展所需的素养，是个体经历教育后所获得的知识、形成的能力、培育的情感等方面相互融合的产物，并以整合的方式呈现，具有较强的综合性和实践性；核心素养兼具个人价值和社会价值，其作用的发挥具有整合性。

4. 在遴选思路上，注重“时代性”（体现时代特点及人类面临的挑战），凸显“关键性”（是个体适应未来社会生活和终身发展必备的关键素养），强调“整合性”（知识、能力、态度和情感的融合），体现“地域性”（核心素养框架的建立充分考虑各自的民族与国家特色）。

5. 在构成要素上，强调核心素养的“多维度”。即核心素养总体上包含文化知识学习方面的素养（如语言、数学、科学、技术、人文与审美等）、自我发展方面的素养（如学会学习、批判性精神等）以及社会参与有关的素养（如沟通交流能力、团队合作能力、自我管理与组织能力等）等方面。

6. 在习得养成上，认为核心素养是后天形成与发展起来的，学校、家庭、生活等场所或途径都可以发展核心素养。核心素养的习得，是一个动态发展的过程，不仅具有系统性特点，而且具有阶段发展的敏感性（错过关键发展期将难以弥补）。此外，核心素养发展不仅是个人努力的结果，还需要良好的社会和生态环境。

此外，各国都强调基础教育阶段对学生核心素养的培育，并强调中小学校必须关注如下几个方面：①注重设置多样化的核心素养培育课程体系。如欧美等国家根据核心素养的内容特点与要求，所安排的培育核心素养的课程形态既有独立的学科，又有整合的课程。②重视改进教学方法以培育核心素养。如新西兰强调课堂教学时教师的行为应促进学生的学习，新加坡则通过设置关键问题来实施教学以引导学生思考应对不同生活经历所需要的核心素养[①]。③强调采用多样化的评价方式方法评价学生的核心素养，并将其纳入主流评价之中。如欧盟强调建立反映学生核心素养水平的学业测试标准，并将其转换为可观察的外显表现，通过问卷调查、表现性评价等方式加以评价。[②]

很显然，了解上述相关方面，把握核心素养研究的缘起及来龙去脉、价值取向与目标追求、内涵特点与共同特征等，有利于深刻理解核心素养的相关方面，有助于增强核心素养培育的自觉性以推进核心素养培育的实践落地。当然，本节仅是概要性介绍核心素养的相关方面，老师们若有兴趣，可结合本文所引用的一些文献开展进一步研究，从而进一步了解相关世界性组织与欧美等国家关于核心素养的相关研究。

① 林崇德主编.21世纪学生发展核心素养研究[M].北京：北京师范大学出版社，2016：243－258

② 褚宏启等.我国学生的核心素养及其培育[J].中小学管理，2015(09)：4－7

1-2 核心素养的本土研究

2014年3月，教育部出台了《关于全面深化课程改革 落实立德树人根本任务的意见》，指出“将组织研究提出各学段学生发展核心素养体系，明确学生应具备的适应终身发展和社会发展需要的必备品格和关键能力”。为落实文件精神，国内许多专家和一线教师已开展了相关研究，并取得系列化的研究成果。相关成果已经在2016年后陆续发布，近两年的报纸杂志也有较为深入的介绍，下面侧重从我国核心素养提出的背景、中国学生发展核心素养、化学学科核心素养以及中小学如何应对素养培育等方面作简要介绍。

一、“核心素养”提出的时代背景

21世纪初的基础教育课程改革，一定程度上解决了繁、难、偏等问题，并在推进素质教育、培育学科素养方面起到较好的推动作用。然而，中小学仍较为普遍地存在重智轻德、片面追求分数和升学率等问题。这样的教学，剥夺了学生深度学习、合作交流与体验成功的机会，致使学生丧失了学习兴趣、创新精神与实践能力、与人交往能力等，身心健康也受到损害。这样的教学，显然无法促进学生全面发展，无法培养学生适应自身可持续发展、适应经济社会变革、满足国际竞争的需求。

为此，党的十八大提出“立德树人”教育根本任务，十八届三中全会提出要将“立德树人”落到实处的要求，培养社会主义建设的劳动者和接班人。为将“立德树人”教育根本任务落实、落细、落小，教育部立足于第一阶段（2001—2014年）推进素质教育实施的课程改革理念，提出新一阶段课程改革的构想，旨在建构我国信息时代课程体系。这一阶段改革的新构想，一方面借鉴国际课程改革的先进经验，同时又直面我国基础教育的紧迫任务。在充分调研论证基础上，确立以发展学生核心素养为改革目标。①

① 张华.核心素养与我国基础教育课程改革“再出发”[J].华东师范大学学报(教育科学版)，2016(01):8

为此，教育部组织专家学者研制各学段学生发展核心素养体系，强调“各级各类学校要把核心素养和学业质量要求落实到各学科教学中”，通过中国学生发展核心素养体系的构建，将党的教育方针具体化，并将党的教育方针转化为教育教学实践可用的、教育工作者易于理解的具体要求，从中观层面深入回答“立什么德、树什么人”的根本问题，引领课程改革和育人模式变革。

二、中国学生发展核心素养

在前述背景下，教育部组织专家成立联合课题组开展“中国学生发展核心素养”的研究。联合课题组通过历时三年多的政策研究、国际比较研究、传统文化分析及实证调查等集中攻关，提出“学生发展核心素养是指学生应具备的、能够适应终身发展和社会发展需要的必备品格和关键能力”，并于 2016 年 9 月 13 日在北京师范大学正式发布《中国学生发展核心素养》。

《中国学生发展核心素养》以培养“全面发展的人”为核心，建构了涉及“文化基础”“自主发展”和“社会参与”三大领域、包含“人文底蕴”“科学精神”“学会学习”“健康生活”“责任担当”和“实践创新”六大指标的学生发展核心素养体系框架(图 1－2－1)。这一素养体系不仅重视学生应当具有的知识、专业技能，而且关注学生的品德、个性和社会生活技能的发展，很好地体现“德育为先、能力为重、全面发展”的新时期育人要求和人才特点。

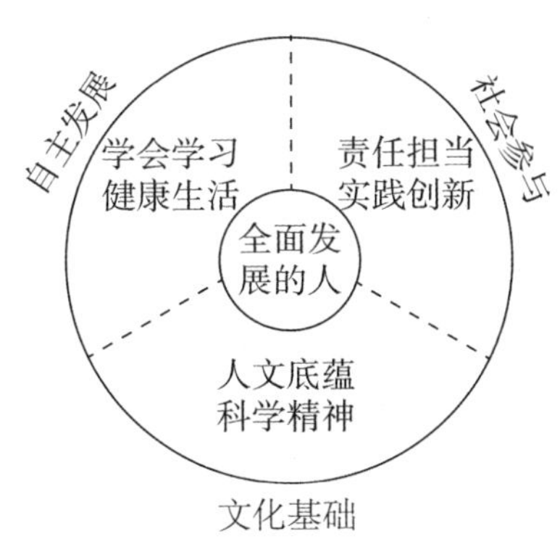

图 1－2－1　中国学生发展核心素养体系

基于前述体系框架，研制组还具体细化为 18 个基本要点(如表 1－2－1)，并对其主要表现进行具体化的描述。各素养之间相互联系、相互补充、相互促进，在不同情境中整体发挥作用。

表 1-2-1 核心素养指标对应的基本要点

领域	核心素养指标	基本要点
文化基础	人文底蕴	人文积淀、人文情怀、审美情趣
	科学精神	理性思维、批判质疑、勇于探究
自主发展	学会学习	乐学善学、勤于反思、信息意识
	健康生活	珍爱生命、健全人格、自我管理
社会参与	责任担当	社会责任、国家认同、国际理解
	实践创新	劳动意识、问题解决、技术应用

不难发现,"中国学生发展核心素养"的建构,紧紧围绕立德树人的根本任务,坚持以人为本、全面发展的要求。素养体系充分反映新时期社会发展对人才培养的新要求,做到与时俱进、具有前瞻性。同时,强调中华优秀传统文化的传承与发展,系统落实社会主义核心价值观的基本要求,很好地反映中国国情、体现中国特色。

三、化学学科核心素养

显然,中国学生发展核心素养属于通用性素养,是学生综合素养的具体体现。为确保各学科课程教学都能很好地培育学生的核心素养,从而发挥课程合力,以达成中国学生发展核心素养所提出的要求,应建立核心素养与课程教学的内在联系,充分挖掘各学科课程教学对全面贯彻党的教育方针、落实立德树人根本任务、发展素质教育的独特育人价值。各学科应基于学科本质凝练本学科的核心素养。

根据这样的要求,化学课程标准研制组立足化学学科的本质和学生通过化学学科学习应逐步形成的正确价值观念、必备品格和关键能力,提出了包括"宏观辨识与微观探析""变化观念与平衡思想""证据推理与模型认知""科学探究与创新意识""科学态度与社会责任"五个方面的化学学科核心素养。五个方面的化学学科核心素养,反映了社会主义核心价值观下化学学科育人的基本要求,全面展现了化学课程学习对学生未来发展的重要价值。[①]

---

① 中华人民共和国教育部.普通高中化学课程标准(2017 年版)[M].北京:人民教育出版社,2018:3-5

化学学科核心素养的五个方面，反映了化学教育的不同价值功能，但它们是统一体，贯穿于化学学习认识活动中(图 1-2-2)。其中，“科学探究与创新意识”是化学核心素养的实践基础，强调从实践层面激励学生勇于创新；“证据推理与模型认知”是化学核心素养的思维核心，“宏观辨识与微观探析”“变化观念与平衡思想”是化学核心素养的学科特征，三个方面的素养体现为要求学生形成化学学科的思想和方法；“科学态度与社会责任”是化学核心素养的价值立场，揭示了化学学习更高层次的价值追求。

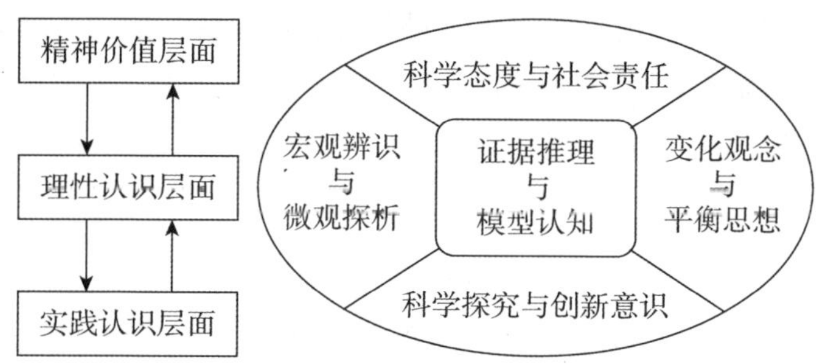

图 1-2-2　化学学科核心素养体系及要素关系

化学课程标准研制组还对五个方面内涵进行了解析，并将核心素养的具体内涵转化为行为表现，以便于考核评价的把握。同时，学生化学学科核心素养的培育与发展是有层次的，不同阶段对应着不同的水平。为此，化学课程标准研制组对每个化学学科核心素养进行了 4 个水平层级的划分。4 个水平中，“水平 2”属于学业水平合格性要求，而“水平 4”属于学业水平等级性要求。

四、中小学应对培育核心素养教育转型的策略

为培育学生核心素养，落实《关于全面深化课程改革　落实立德树人根本任务的意见》提出的各级各类学校要“把核心素养的培育工作落实到学科教学之中”的要求，无疑要在课程开发管理、教学运作机制、教师队伍建设与考试评价改革等“关键领域和主要环节改革”上下功夫。国内研究者立足中小学校及一线教师的层面，提出更新教育理念、制定配套制度、优化教学改革等要求，并贯穿于学校管理、教育教学全过程。

1. 在育人定位上，建立全面育人理念

学校除应将高水平学业成就作为基本追求外，还应提供“多样化”“选择性”的教育，从而“为每个学生提供合适的教育”；不仅要促进学生认知发展，还应着力培育学生创新精神、实践能力和社会责任感，让学生学会学习、学会做事、学

会做人、学会与人共处。

2. 在课程建设上，开发学校特色课程

学校课程建设应以核心素养体系为指导，建构起包含国家、地方、校本课程在内的学校课程体系，扎实落实“立德树人”根本任务。学校要凝练特色课程文化，精心开发与整合课程资源，开发有利于践行社会主义核心价值观，培养创新精神、实践能力和社会责任感的学校特色课程体系。

3. 在队伍建设上，培养优质师资队伍

学校应注重教师队伍建设，提升教师培育核心素养的能力。一方面要强化教师育人能力的培养，另一方面要致力于培育教师遴选学科核心基础的水平与能力，以培养学生对学科的系统性认识，促进学生对学习活动深度反思，从而帮助学生发展思维、提升学习能力、形成核心素养。

4. 在教学规划上，紧贴学习进阶要求

核心素养的习得与养成具有系统性、整体性的特征，同时存在发展阶段的敏感性。因此，学科教学时要做好整体规划，注重衔接，明确学习进阶的具体要求，并注重不同学科间的横向配合。要把核心素养体系的相关要素具体化、细化，转化为品格和能力要求，进而贯穿到各学科、学段教学中。

5. 在教学实施上，创新课堂教学文化

核心素养的形成不仅需要习得知识与技能，更需要获得过程中的体验与感悟，并内化为品质、外化为行为。这就要求致力形成自主、开放、民主的教学新文化，让学生学会发现学习、合作学习和自主学习，培育与发展学生的“认知性素养”和“非认知性素养”。

6. 在质量评价上，开展综合素质测评

教育评价要体现“以学生核心素养的形成为导向”的宗旨，确保教学评价的应有功能；要建立学生学业质量标准，明确不同发展阶段的水平表现。此外，由于核心素养是个体面对现实情境，提出问题、分析并解决问题过程中表现出来的综合性品质，故核心素养的评价应关注思维品质、考查思维过程。

1－3　深入开展学科核心素养的研究

为解决未来教育“培养什么样的人、如何培养人”的问题，教育部组织专家研制了《中国学生发展核心素养》这一指导课程改革与发展的纲领性文件。同时，高中课程标准修订组根据中国学生发展核心素养要求和学科课程特点，提出了相应学科的学科核心素养。学科核心素养是课程标准研制、课程内容遴选、教学方法选择、评价标准确立等的基本依据，开展学科核心素养内涵特性的系统研究具有十分重要的意义。这项研究工作是确保学科核心素养培育工作扎实落实到学科教学的前提和基础。一线教师应从哪些方面系统开展学科核心素养的研究？下面结合化学学科核心素养来简要论述。

一、学科核心素养与学生发展核心素养的关系

作为学生在学校习得的学习结果，中国学生发展核心素养是立足于全科、全程教育发展起来的，它的习得与养成具有整体性、综合性和系统性的特点。因此，学校教育活动强调各学段、各学科形成合力，共同指向中国学生发展核心素养的培育。由于我国目前甚至将来较长的一段时间主要采取分科教学，它的培育最终要落到学科核心素养的培育中。因此，厘清学科核心素养与中国学生发展核心素养间的关系十分重要。

那么，两者具有怎样的关系呢？由于中国学生发展核心素养是跨学段、跨学科的知识与技能、过程与方法、情感态度与价值观的有机整合，而学科核心素养是某学段具体学科课程“三维目标”抽提而成的学科必备品质与关键能力，因此两者具有“全局和局部、共性和特性、抽象和具体的关系”。即学科核心素养是在中国学生发展核心素养体系下建立的、富有学科特性的学科育人价值的表达；学科核心素养是培育中国学生发展核心素养的基础，是学科在培育中国学生发展核心素养的独特贡献与个性化体现，是学科发展学生核心素养育人功能与价值的有机融合与体现。

高中化学课程标准修订组提出的五个方面的化学学科核心素养，反映了化学学科的性质，体现了化学课程的目标。其中，“宏观辨识与微观探析”“变化观念与平衡思想”和“证据推理与模型认知”是从学科观念和思维方式视角对化学科学思维的描述，对于培育“人文底蕴”“学会学习”“科学精神”等方面的中国学生发展核心素养具有独特的价值；“科学探究与创新意识”是对化学科学实践的表征，该素养对发展学生“学会学习”“科学精神”“实践创新”等中国学生发展核心素养具有重要的价值；“科学态度与社会责任”是对化学科学价值取向的刻画，是化学学科整体育人功能和价值的具体表现，它对培育学生“责任担当”“科学精神”“健康生活”等也起到应有的作用。

值得注意的是，化学学科核心素养并不是中国学生发展核心素养体系六个方面的简单肢解与逐一对应，而是立足于科学课程的性质与特征，较为侧重于学习素养、科学素养和实践素养等方面的工具素养。为更进一步理解高中化学课程对中国学生发展核心素养的贡献，可进一步参阅《普通高中化学课程标准(2017 年版)解读》相关章节的分析。

二、学科核心素养与学科育人价值的关系

学科核心素养是在我国基础教育总目标及中国学生发展核心素养体系指导下，立足于学科本质特征、学科核心任务以及学科学习方式等方面来制定的，这一素养揭示了学科课程的育人价值及课程目标。因此，学科核心素养反映了学科独特性。为此，学科核心素养内涵特征的研究与把握，必须立足于学科特质的视角，准确把握学科核心素养是如何反映学科本质特征、学科核心任务以及学科实施方式(学习方式)，从而理解学科核心素养是如何体现学科课程目标及其育人价值的。这是学科教育教学实践活动中研究学科核心素养的关键。

化学是在原子、分子层面研究物质组成、性质及其应用的自然科学，研究物质及其转化是化学学科的基本问题。对于这一问题的研究，要开展以化学实验为主的多种探究活动，强调建立元素视角以及微观认识的独特思维方式，从而探寻“物质及其转化”的基本规律、建构“物质及其变化”的基本理论。因此，化学学科价值与育人功能体现为：丰富并完善化学知识与技能的认识，建立元素观、微粒观、变化观等化学核心观念；体验科学探究过程，掌握科学研究基本方法，形成并发展问题意识、独立思考和自主学习的能力，建立“宏观—微观—符号”三重表征思维；感悟化学家勇于探索、实事求是、精益求精的精神与品质，建

立科学的物质观;认识化学与人类、社会的关系,提高社会责任感,解决人类与社会面临问题,促进人与自然的和谐发展。

很显然,化学学科核心素养很好地揭示了化学学科育人价值。具体为:“宏观辨识与微观探析”“变化观念与平衡思想”“证据推理与模型认知”等学科核心素养,体现化学学科在培育学生学科思想与方法方面的育人价值,强调化学教学帮助学生建立起“物质结构观”“物质变化观”等基本观念,建立“宏—微—符”三重表征思维,建立对立统一、联系发展和动态平衡的观点;“科学探究与创新意识”学科核心素养则从实践层面,激励学生勇于创新,培育学生独立思考、敢于质疑和批判的个性品质;而“科学态度与社会责任”则凸显化学学科的更高层次价值追求,素养的培育将增进学生对化学、技术、社会、环境相互作用的理解,建立可持续发展和绿色化学观念,增强社会责任感,积极参与有关化学问题的社会决策等,形成正确的学科价值观念。

三、学科核心素养与“三维目标”的关系

在《普通高中化学课程标准(实验)》中,提出了包含“知识与技能、过程与方法、情感态度与价值观”三个维度的“课程目标”(简称为“三维目标”),而《普通高中化学课程标准(2017 年版)》则从“学科核心素养”的角度提出课程目标。这一改变,引起了很多一线教师的关注,因而有必要厘清两者的关系,从而做好学科教学的传承与创新,推进学科核心素养的培育。

专家指出:“知识与技能”从“什么是值得学和学什么”的视角、“过程与方法”从“怎样学习特定的知识与技能”的视角、“情感态度与价值观”从“通过此过程学习特定的知识与技能对学生发展有何意义”的视角来制订。① 即,“三维目标”是立足学生学习意义形成的过程建构的,是学生学习过程意义建构的统一体。因此,“三维目标”相比于“双基”目标而言,更加体现促进学生全面发展的课程理念。

然而,在课程实践层面,由于一些教师没有站在整体视角理解三维课程目标,导致“知识与技能”的僵化与虚化、“过程与方法”的简单应对与形式主义、“情感态度与价值观”的标签化等问题,从而影响课程目标的全面落实和学生的

---

① 房喻,徐端钧.普通高中化学课程标准(2017 年版)解读[M].北京:高等教育出版社,2018:60

全面发展。因此，有必要从统整的视角来重新审视课程"三维目标"的问题。为此，《普通高中化学课程标准(2017 年版)》提出了"学科核心素养"，旨在对"知识与技能、过程与方法、情感态度与价值观"三维目标有机整合。如"宏观辨识与微观探析"维度核心素养与"三维目标"的关系如表 1-3-1 所示。

表 1-3-1 学科核心素养与"三维目标"的关系

<table>
<tr><td colspan="3">宏观辨识与微观探析</td></tr>
<tr><td colspan="3">能从不同层次认识物质的多样性，并对物质进行分类；能从元素和原子、分子水平认识物质的组成、结构、性质和变化，形成"结构决定性质"的观念。能从宏观和微观相结合的视角分析与解决实际问题</td></tr>
<tr><td>知识与技能</td><td>过程与方法</td><td>情感态度与价值观</td></tr>
<tr><td>物质组成、性质及分类，化学用语，原子结构，化学键，等等</td><td>比较、分类、概括等方法；用化学用语表达物质及其反应；宏观和微观相结合的视角分析与解决实际问题</td><td>科学物质观；"结构决定性质"的观念；探究物质结构与性质的兴趣，等等</td></tr>
</table>

当然，学科核心素养不是知识与技能、过程与方法、情感态度与价值观三个方面的简单加和，而应理解为学生结合复杂情境与真实问题，自觉调用相关知识与技能，立足宏观与微观的角度，理解物质的组成结构与性质应用的关系，并能用化学用语加以表达。同时，通过问题解决，建立探究物质结构与性质的浓厚兴趣，建立"结构决定性质"的基本观念，发展分析问题、解决问题的能力。

同时还应看到，学科核心素养是对"三维目标"的超越。因为"三维目标"立足学科视角，从三个不同的方面强调学生经过相关课程的学习，较为系统地掌握学科知识与技能，形成学科思想与观念，学会应用科学方法，建立起相应的学科情感、态度与价值观等。而学科核心素养强调的是面对陌生复杂情境与真实问题，在问题解决过程中所反映出来的价值观念、个性品质与关键能力，更能体现育人要求与全面发展理念。

四、学科核心素养与学科认知的关系

学科核心素养是学生在相应学科学习过程中逐步建构起来的。不难理解，学科核心素养首先是学科认知的结果，这一结果具有阶段性和发展性的特点，即不同的学习进阶(不同的学段、年级及学期)将对应不同的发展水平，而且后

一进阶将在前一进阶基础上得到发展与提升。其次，不同学习进阶发展起来的学科关键能力与品质，将转化为学科认知方式，指引并促进后续的学习认知活动。因此，学科核心素养包含指向学科认知过程的能动反映的方式以及能动反映的结果两个方面，而且这两个方面统一于学科认知活动中。

作为认识结果的学科核心素养，强调学生经过化学课程学习，建立起系统化的学科知识，认识物质变化的基本规律；建立起化学基本观念，学会从微观粒子及其相互作用的视角认识物质世界；建立起从变化守恒、动态平衡、模型表征等来研究物质及其变化的解决问题的思维框架，形成"宏观—微观—符号"的化学基本思维；深刻理解化学与技术、社会与环境的相互关系，形成可持续发展观念、科学价值观及实事求是的科学态度。当然，化学核心素养的最终形成，是经过不同阶段逐步发展起来的，而且不同阶段的素养水平呈现螺旋提升趋势。

对认知活动具有能动作用的学科核心素养，强调学生在面对陌生的情境与化学事实时，能够提出问题，开展实验探究并得出结论；能够根据物质结构预测物质性质及其变化，应用守恒思想与平衡观点考察化学反应，运用多种方法对物质及其变化进行分类研究并揭示其本质；能够对与化学有关的社会问题作出解释，对科学技术运用于解决问题的效果进行评价等。化学核心素养的前述能动反映，体现于"化学实践"到"化学认识"、"化学认识"到"化学运用"的"两次飞跃"中。具体为：

第一次飞跃过程中，需发挥化学实验在"化学实践"中的认识论、方法论功能，并在获得感性认识的基础上，采用分类和模型的科学方法，立足于宏观与微观、变化与守恒的视角进行加工整合，从而揭示本质、建立联系、统摄规律，形成理性的"化学认识"。这一阶段，"科学探究与创新意识""宏观辨识与微观探析""证据推理与模型认知""变化观念与平衡思想"等素养的能动作用得到充分的体现。同时，这些方面的素养也在第一次飞跃中得到应有的培育与发展。

经过第一次飞跃建立起的对化学世界的理性认识，其核心价值体现在生产与生活等方面的应用，即运用所掌握的化学知识与技能解决与化学有关的社会问题，参与社会决策的"化学运用"过程。在解决社会问题、参与社会决策时，应权衡利弊，秉持可持续发展和绿色化学的基本思路与原则。因此，"科学态度与社会责任"体现了核心素养在第二次认识飞跃中的价值取向。同时，其他四个方面的素养也在第二次飞跃中得到进一步提升与完善。

五、学科核心素养与学科内容的关系

专家指出:“学科知识与学科活动是学科核心素养形成的两翼。”①这一观点充分揭示了化学学科核心素养与化学学科知识间的密切关系。学科知识作为化学活动的载体,对化学学科核心素养的培育有着十分重要的作用。为何化学知识对化学学科核心素养具有重要作用?这是因为化学学科知识具有认识功能。具体体现为化学知识的学习能够丰富与发展学生的认识视角,建构或完善学生的认识思路,而认识视角的丰富与发展、认识思路的建构与完善,有利于学生促进学科思维、形成化学思想、领悟学科价值等,从而实现学科核心素养的发展与提升。

值得注意的是:学科知识系统中并不是所有知识对于学科核心素养的培育都具有同等价值,特别是一些事实性知识,并不具有高度迁移性,其育人价值相对较弱。相反,对于有高度迁移性的化学理论性知识、程序性知识以及元认知知识等学科“核心基础”,对奠定个体健康成长、终身学习与发展具有重要价值,是培育核心素养所必不可少的。关于各类化学知识在化学学科核心素养培育方面所能承载的价值,将会在后续章节中详细介绍,这里不再赘述。

以上分析了化学学科核心素养与中国学生发展核心素养、学科育人价值、三维课程目标、学科认知活动及学科知识内容五个方面的关系,这些方面都是值得一线教师深入研究的。只有深入理解这些方面,才能增进对学科核心素养的认识,从而在课堂教学中有效地培育。当然,还有很多方面值得深入研究,这需要老师们结合课程实施与教学实践进一步去探索。

---

① 余文森.核心素养导向的课堂教学[M].上海:上海教育出版社,2017:55

2 化学学科核心素养的内涵分析与实践培育

为落实“立德树人”的教育根本任务、充分发挥课程在人才培养中的核心作用，高中化学课程标准修订组根据中国学生发展核心素养和高中化学课程特点，提出包含“宏观辨识与微观探析”“变化观念与平衡思想”“证据推理与模型认知”“实验探究与创新意识”“科学态度与社会责任”等五个要素的化学学科核心素养。

《普通高中化学课程标准(2017 年版)》强调：教师在化学教学与评价过程中，一方面要紧紧围绕“发展学生化学学科核心素养”的主旨，把培育与发展学生化学学科核心素养作为化学教学追求的核心目标；另一方面，根据培育化学学科核心素养的目标要求，合理选择和组织化学教学内容，优化化学教学过程，从而将化学学科核心素养培育工作落到实处。

增强化学教师培育学生化学学科核心素养的自觉意识，扎实开展促进学生化学学科核心素养培育的化学教学，其核心与关键在于深刻把握化学学科核心素养的内涵、各维度素养的内在联系以及化学学科核心素养培育机制。为此，本章将对化学学科核心素养进行解读，帮助教师掌握化学学科核心素养的内涵特性、学习要求与培育策略。

2－1　化学学科核心素养的整体性分析

《普通高中化学课程标准(2017 年版)》根据中国学生发展核心素养和化学学科本质及其育人价值,提出包含"宏观辨识与微观探析""变化观念与平衡思想""证据推理与模型认知""实验探究与创新意识""科学态度与社会责任"等五个要素的化学学科核心素养。这五个方面既有不同的内涵要求,反映着化学教学的不同追求,又有内在的本质联系,共同体现化学学科的育人功能。为帮助教师更好地理解化学学科核心素养,有效开展"素养为本"的教学,从而将化学学科核心素养培育落到实处,以下从化学学科核心素养的内容属性、内涵特点及内在联系等三个方面具体论述。

一、化学学科核心素养的内容属性

化学学科核心素养是学生在化学认知活动中培育与发展起来并在解决与化学相关问题中表现出来的关键素养,反映了学生从化学视角认识客观事物的方式与结果的水平。这一素养不仅体现了学生从化学视角对客观事物能动反映的方式,而且反映了学生对客观事物能动反映的结果。因此,化学学科核心素养同时具有指向认知结果的"结果属性"和指向认知过程的"过程属性"。

1. 化学学科核心素养的"结果属性"

化学学科核心素养的"结果属性",体现为化学学科核心素养是学生通过化学课程学习所建立起来的、具有化学学科特质的结构化知识、思维方式与品质。从化学学科核心素养的五个方面看,强调高中学生通过化学课程的整体学习,掌握物质性质及其变化的分类标准与内容体系,获得物质及其变化的特征与规律,并能够运用化学符号、化学模型加以描述(表征);理解物质组成、结构和性质的联系,形成"结构决定性质、性质决定用途"的观念,建立从变化守恒、动态平衡、模型表征等研究物质及其变化、解决化学问题的思维框架;形成严谨务实的态度、与人合作的习惯,树立科学物质观、可持续发展的意识和绿色化学的观念，深刻理解化学、技术、社会、环境相互作用的关系，建立社会责任感、参与意识与决策能力。

化学课程的不同学习阶段，因学习层次与要求不相同，指向认识结果的化学学科核心素养水平应有差异，并遵循逻辑递进与层级提升的原则。为反映不同学习阶段的素养发展结果，《普通高中化学课程标准（2017 年版）》将化学学科核心素养划分为 4 级水平，以此界定不同学段应达成的化学学科核心素养水平标准。如对“证据推理与模型认知”素养，《普通高中化学课程标准（2017 年版）》提出如下 4 级水平①：

水平 1：能从物质及其变化的事实中提取证据，对有关的化学问题提出假设，能依据证据证明或证伪假设；能识别化学中常见的物质模型和化学反应的理论模型，能将化学事实和理论模型之间进行关联和合理匹配。

水平 2：能从宏观和微观结合上收集证据，能依据证据从不同视角分析问题，推出合理的结论；能理解、描述和表示化学中常见的认知模型，指出模型表示的具体含义，并运用于理论模型解释或推测物质的组成、结构、性质与变化。

水平 3：能从定性与定量结合上收集证据，能通过定性分析和定量计算推出合理的结论；能认识物质及其变化的理论模型和研究对象之间的异同，能对模型和原型的关系进行评价以改进模型；能说明模型使用的条件和适用范围。

水平 4：能依据各类物质及其反应的不同特征寻找充分的证据，能解释证据与结论之间的关系；能对复杂的化学问题情境中的关键要素进行分析以建构相应的模型，能选择不同模型综合解释或解决复杂的化学问题；能指出所建模型的局限性，探寻模型优化需要的证据。

很明显，4 种水平的整体表现不断提升。如收集提取证据，“水平 1”侧重从物质及其变化的宏观视角提取证据；“水平 2”则增加微观视角，要求能够从宏观和微观结合上收集证据；“水平 3”则提出定性和定量相结合的收集证据要求；“水平 4”则要求在复杂情境中依据各类物质及其反应的不同特征寻找充分的证据。前两种水平，要求学生通过高中化学必修课程学习后达成；而后两种则为具有理科倾向的高中毕业生，在学习完高中所有化学课程时所应达成的水平。

---

① 中华人民共和国教育部.普通高中化学课程标准（2017 年版）[M].北京：人民教育出版社，2018：90－91

2. 化学学科核心素养的"过程属性"

化学学科核心素养的"过程属性"，体现为个体在面对复杂情境时综合运用化学思维、化学知识与探究技能解决化学相关问题的品质与关键能力。这一属性强调高中学生完成高中化学课程学习后，在面对具体情境及与化学相关事实时，能够通过观察与辨识，提出问题、开展探究并得出结论；能够根据物质的结构预测物质的性质及其可能的变化，应用对立统一、联系发展和动态平衡的思想观点考察、分析化学反应，正确运用化学模型描述或预测物质及其变化，分析与解释化学现象，运用多种方法对物质及其变化进行分类并揭示其本质属性；能够结合具体情境，调用已有知识与方法分析解决问题，在应用化学原理、化学技术时自觉考虑化学过程对自然带来的可能影响，贯彻可持续发展思想，坚持"绿色化"的观念。

同样的，在化学课程学习的不同阶段，因化学课程内容与要求不相同，要求学生在相应课程学习时，面对陌生情境中的化学问题时能有不同的解决问题的品质与关键能力表现。如在必修阶段"电离与离子反应"单元内容学习时，学生在实验与观察基础上，根据电解质在水溶液中能够导电等实验事实，分析推断电解质在水溶液中的行为，建立初步的电离理论。在此基础上，根据常见无机物（如酸、碱和盐）水溶液能够导电的事实，结合电解质在水溶液中的行为，认识离子反应及其发生的条件；根据酸、碱和盐的组成及其在水溶液中的行为，分析与解释酸、碱和盐的相关性质以及不同类别物质转化的关系与路径等。在"物质结构基础及化学反应规律"主题学习时，进一步建立对物质组成、结构、性质与变化的综合认识。最终，在必修课程学习后，面对陌生情境中的化学问题时，"能根据实验现象归纳物质及其反应的类型，能运用微粒结构图式描述物质及其变化的过程，能从物质的微观结构说明同类物质的共性和不同类物质性质差异及其原因，解释同类的不同物质性质变化的规律"（"宏观辨识与微观探析"学科素养的水平 2）[①]。

当学生进入《化学反应原理》这一选修模块学习时，学生还需继续调用这一学科素养来分析物质在水溶液中的行为。如弱电解质电离的学习，基于弱电解

① 中华人民共和国教育部.普通高中化学课程标准(2017 年版)[M].北京：人民教育出版社，2018：89

质导电性弱于强电解质的事实，立足电解质电离产生微粒的认识，拓展到电离产生的微粒会相互作用而结合成分子并建立电离平衡的认识；盐类水解的学习，根据许多盐的水溶液不显中性的事实，推断盐电离产生的离子与水电离产生的离子能相互作用产生弱电解质从而破坏水电离平衡的新认识。最终，通过高中化学课程体系（包括《物质结构与性质》《有机化学基础》等模块）的学习，能达成“宏观辨识与微观探析”的水平 4，即面对陌生情境中的化学问题时，“能依据物质的微观结构，描述或预测物质的性质和在一定条件下可能发生的化学变化，能评估某种解释或预测的合理性；能从宏观与微观结合的视角对物质及其变化进行分类和表征”①。

二、化学学科核心素养的内涵特点

化学学科核心素养是以中国学生发展核心素养为指导，基于学科特质与学科任务，为培育全面发展、社会需要的人而提出的关键素养。因此，学科核心素养是具有学科特色的素养。认真分析化学学科核心素养五个要素，可发现其有如下特点：

1. 凸显化学本质特征

《普通高中化学课程标准（2017 年版）》指出：化学学科核心素养是基于化学学科本质凝练出来的。它反映了化学课程在培育学生正确价值观念、必备品格和关键能力上所能发挥的重要作用，是化学课程“知识与技能”“过程与方法”“情感态度与价值观”三个方面课程目标的综合体现。五个维度的化学学科核心素养，分别从化学科学思维、化学科学实践和化学科学价值取向等维度进行架构与描述，很好地反映了化学学科的本质特征。

如“宏观辨识与微观探析”和“证据推理与模型认知”学科核心素养，从学科观念和思维方式视角描述化学学科思维。其中，“宏观辨识与微观探析”强调从物质及其反应的宏观事实现象和微粒及其相互作用的微观视角认识物质世界，根据物质微观结构预测物质性质及其反应、确定物质的组成和结构、解释物质及其运动变化的宏观现象，从宏观和微观相结合的视角分析实际问题等；“证据推理与模型认知”要求能够基于证据对物质及其变化提出可能的假设，能够从

① 中华人民共和国教育部.普通高中化学课程标准（2017 年版）[M].北京：人民教育出版社，2018：89

宏观和微观结合上收集证据，运用多种模型解释与推测化学现象、探寻本质规律，使用化学模型、符号描述与表征物质及其运动变化等。这些素养很好地凸显了化学学科“在原子、分子的微观水平上研究物质及其变化，从微观层次上揭示物质及其变化的基本规律，以化学符号或模型表征物质及其变化”的本质特征。

2. 反映化学基本问题

物质及其变化是化学研究的基本问题。[①] 这一问题的解决，强调运用实验、假说、模型、分类等方法，通过以化学实验为主的多种探究活动开展物质及其变化的研究，不仅探究物质运动变化具有怎样的规律，而且研究物质运动变化为何会遵循这样的规律等。化学研究者正是在探索研究中不断发现、总结物质及其运动变化的规律与理论，从而使得化学科学在促进人类文明可持续发展中发挥日益重要的作用。这些方面，在化学学科核心素养中得到很好的体现。

如“变化观念与平衡思想”素养，强调通过化学学习与研究，建立起物质运动变化多样性、条件性和规律性的认识，把握化学反应的特征与规律，能从原子分子水平、定性定量水平分析化学变化的内涵和本质，理解反应条件对反应速率与反应限度的影响，能够运用化学变化规律解决生产生活中的实际问题、调控生产生活中的化学变化，从而强化社会责任感，积极参与有关化学问题的社会决策，等等。这一素养强调的上述方面，反映了基于物质及其转化的化学研究基本问题开展的化学认识活动（探索物质运动变化有什么规律、物质运动变化为何会呈现这些规律）以及经历化学认识活动后所得到的认识结果（建构起关于物质及其变化的基本规律以及物质及其变化的科学理论），最终指导人们利用化学反应规律与理论来利用自然、改造自然，从而实现社会可持续发展。

3. 揭示化学学科思维

化学是从宏观、微观和符号三种水平上认识物质及其变化并建立起它们间联系的。因此，化学学习过程常常需要以实验为手段获取宏观现象并从微观视角探讨其本质，或对基于微观或模型分析推理的结果通过实验手段进行证实或证伪，从而得出物质及其变化的基本规律或相关理论。也就是说，化学学习需要建立“宏观—微观—符号”三重表征学科思维。化学学科核心素养很好地揭

① 梁永平.化学科学理解的基本视角及其核心观念[J].化学教育，2011(06):4

示了三重表征思维。

《普通高中化学课程标准(2017 年版)》指出:“宏观辨识与微观探析”“变化观念与平衡思想”“证据推理与模型认知”等化学学科核心素养,分别是从学科观念和思维方式视角对化学科学思维的描述。[①] 所谓化学学科思维,是指人类化学探索活动中对感性认识材料进行加工处理并形成科学结论的思维方式与途径,学生利用化学知识和解决化学问题所采用的具有学科特质的思维视角和方式。[②] 前述三个方面的学科素养,强调化学学习与问题解决过程,强调学生能够根据物质构成的微粒、微粒间的作用力等说明或预测物质的性质及其变化,能够从原子、分子水平分析化学变化的内因和变化的本质,能从宏观与微观的角度对物质变化中的能量转化进行分析和表征,能够从宏观、微观相结合的视角对物质及其变化进行化学符号等形式的表征等。这些要求很好地体现了化学学科“宏观—微观—符号”三重表征的独特思维。

4. 体现课程育人价值

高中化学课程注重在人类文化背景下建构课程体系,内隐着丰富的人文内涵,因此它对培育学生科学素养与人文素养均具有重要价值。体现在:高中化学课程有利于丰富并完善化学认识,加深对物质世界的认识;帮助学生形成核心观念,掌握科学方法,发展科学探究能力,加深对科学本质的认识;在实践中增强社会责任感,理解化学、技术、社会和环境的相互作用,形成科学的物质观、严谨求实的科学态度等。

化学学科的上述育人价值,在化学学科核心素养的五个要素中得到很好的体现。如“变化观念与平衡思想”“宏观辨识与微观探析”等素养,强调建立科学的物质变化观、结构决定性质的观念,有助于学生深刻认识物质世界、形成科学物质观;“科学探究与创新意识”素养,强调增进对科学本质的认识,发展科学探究能力,培育善于合作、敢于质疑、勇于创新的个性品质;“科学态度与社会责任”则是化学学科育人功能和价值取向的直接体现,这一维度素养不仅强调基于实证对物质世界的探索与创造,以培育严谨求实的科学态度和崇尚真理的科

---

① 中华人民共和国教育部.普通高中化学课程标准(2017 年版)[M].北京:人民教育出版社,2018:68 - 69

② 房喻,徐端钧.普通高中化学课程标准(2017 年版)解读[M].北京:高等教育出版社,2018:68

学精神，同时强调深刻理解化学、技术、社会和环境的相互关系，培育尊重自然、人与自然和谐发展及“绿色化学”等理念，关注与化学有关的社会热点问题、强化社会责任意识、积极参与有关化学问题的社会决策等。

三、化学学科核心素养的内在联系

化学学科核心素养的五个方面之间具有内在的本质联系，五个方面的素养分别从学科观念和思维方式的视角对化学科学思维方式进行精准的描述，对化学科学的实践方式与规范要求进行深刻的诠释，对化学科学的价值取向进行系统的刻画。立足于化学认识活动的视角，还可以建立起基于认识发展的化学学科核心素养五个要素的内在联系——即将化学学科核心素养统一于化学认识活动中。

化学学习活动作为一种特殊的认识活动，必将经历从实践到理论，再由理论到实践的发展过程，这一过程实现从感性认识发展到理性认识、又从理性认识能动地指导实践的“两次飞跃”。[①] 化学学科核心素养正是在化学认识活动的“两次飞跃”中发展起来的关键能力与品质，同时又对化学认识活动发挥着能动作用。因此，化学学科核心素养五个要素的内涵虽各不同，作用也有差异，但它们并非孤立存在，而是统一于化学认识活动中。具体为：

1. 化学是一门以实验为基础的学科。化学实验作为认识化学物质及其变化的实践活动的重要工具与手段，对“化学实践”具有重要的认识论、方法论功能，对学生“化学实践”能力的提升具有重要的价值。而化学实验上述功能价值的发挥，又有赖于学生较高的实验素养和较强的探究水平。因此，化学学科核心素养中的“实验探究与创新意识”等要素，反映了“化学实践”环节的化学学科核心素养要求，是化学学科实践能力的重要表征。

2. 对于“化学实践”获得的感性认识，要求采用分类和模型的科学方法、宏观与微观及变化与守恒的研究视角对其进行加工、整合，揭示其特征属性与本质，建立起多层次的相互联系，统摄为物质运动变化的原理与规律，从而对化学世界建立起本质的、结构化的理性认识。这一过程对应为“化学认识”过程。因此，“宏观辨识与微观探析”“证据推理与模型认知”“变化观念与平衡思想”等方面侧重于“化学认识”环节的素养，是化学学科核心素养从认识方法和认识方式

---

① 刘知新.化学教学论(第四版)[M].北京：高等教育出版社，2009：184－187

视角等方面提出的对化学学科认识能力的要求。

3. 通过前面两个环节的化学学习活动建立起来的对化学世界的理性认识，其价值体现在生产与生活等方面的应用，即解决与化学有关的社会问题，参与有关化学问题的社会决策。解决与化学有关的社会问题，参与有关化学问题的社会决策，应密切关注化学过程对自然带来的各种影响，并在以保护环境和资源为前提下，权衡利弊，秉持可持续发展和绿色化学这一解决相关问题、开发利用自然资源等的基本思路与原则。因此，"科学态度与社会责任"体现了对"化学运用"能力的总体要求，反映了化学科学应用的方向和价值取向。

因此，化学学科核心素养的五个要素，分别从化学学习活动系统的"化学实践""化学认知"和"化学运用"三个维度，全面系统地构建高中化学学习所必须建立与发展的核心能力与品质，整体性地揭示化学学科的育人功能和育人价值。

2-2 “宏观辨识与微观探析”内涵解读与教学培育

《普通高中化学课程标准(2017年版)》对“宏观辨识与微观探析”素养的内涵界定如下：

素养1 宏观辨识与微观探析

能从不同层次认识物质的多样性，并对物质进行分类；能从元素和原子、分子水平认识物质的组成、结构、性质和变化，形成“结构决定性质”的观念。能从宏观和微观相结合的视角分析与解决实际问题。

化学课程为何强调培育学生“宏观辨识与微观探析”素养？这一素养包含哪些方面的学习要求？化学教学过程中如何培育学生“宏观辨识与微观探析”维度的素养？以下对此三方面问题进行分析。

一、为何强调培育“宏观辨识与微观探析”素养

化学教育的重要目标之一是让学生认识化学科学、理解化学科学。要达成这样的目标，就要帮助学生认识到化学科学有别于其他自然科学的独特思维与视角、化学科学认识的基本任务及其方法论是什么等基本问题，即理解化学学科的本质。化学学科具有怎样的学科特质？

《普通高中化学课程标准(2017年版)》指出：“化学是在原子、分子水平上研究物质的组成、结构、性质、转化及其应用的一门基础学科，其特征是从微观层次认识物质，以符号形式描述物质，在不同层面创造物质。”这一定义，很好地揭示了化学学科如下特质①：

1.“物质及其转化”是化学科学认识的基本问题。它有别于物理学(以“物体”为研究对象，研究“力与物体运动的基本关系”的基本问题)和生物学(以“物

① 梁永平.化学学科理解的基本视角及其核心观念[J].化学教育，2011(06)：4-7

种”为研究对象，研究“物种及其演进”的基本问题）等自然科学。

2. 物质及其转化的研究，不仅要探寻物质及其运动变化有什么规律，而且还需揭示物质及其运动变化为何会有如此规律。因此，“探寻物质及其转化的规律”“解释物质及其转化的规律”成为化学科学认识的两大基本任务。

3. 开展物质及其转化的研究，强调建立起关于物质及其运动变化的宏观、微观和符号三种水平的认识。一方面，通过对物质及其变化现象的观察与分析，归纳、探寻物质及其变化的规律性认识，建构物质及其转化的规律；另一方面，立足原子、分子水平，对物质及其变化的规律进行分析解释，建构物质及其转化的理论（如图 2-2-1）。此外，化学学科还用独特的化学符号表征物质及其转化，以解释、反映物质及其转化的规律与本质。

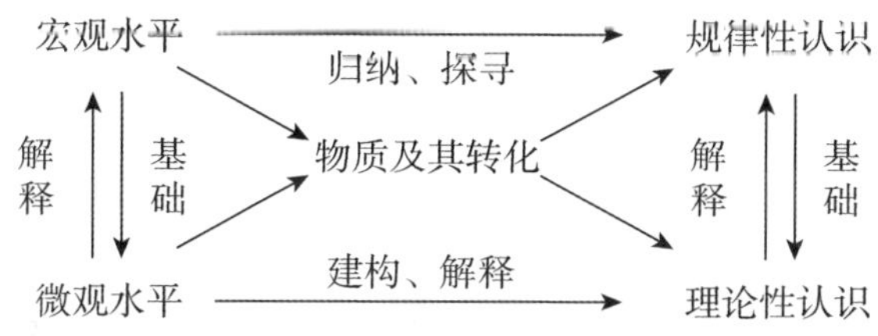

图 2-2-1　化学认识活动的两大任务与两种认识水平

基于前述分析可以看出，化学科学以物质及其转化为研究对象，通过对物质组成、结构、性质及其转化的研究，探寻物质及其转化的规律，揭示物质及其运动变化的内在本质。而物质及其运动变化规律与本质的研究，需要以一定的事实现象为基础，并在分子、原子水平上加以认识，即从“宏观现象”的观察深入到“微观水平”的探析，最后建构起简洁、通用、能够反映物质运动变化规律的“化学符号”体系，描述物质的性质及其变化。因此，化学学科的学习与研究，需要建立“宏观—微观—符号”的学科思维与视角，并用以指导物质及其转化的研究。即通过对物质形态及物质变化宏观现象的辨析、原子—分子水平的微观本质探析，从而认识物质组成、结构、性质、转化，理解物质及其变化的规律与本质，并用学科特色化的符号加以表征。于是，“宏观辨识与微观探析”成为基础教育阶段化学课程学习所应建立起的、观察与处理化学事实与现象的基本视角和思维方式。

建立起科学的宏观辨识与微观探析观察视角与思维方式，就能从不同层次认识物质及其变化的多样性：一方面，立足于宏观视角观察物质及其变化中丰富、多变和复杂的事实现象；另一方面，立足于微观层面分析与预测物质及其变化，揭示物质运动变化的本质与规律。这两个方面，通过微观为桥梁，在事实现象与本质规律间建立起必然的、科学的、整体性的联系。建立这样的联系后，就能将宏观辨识与微观探析统整起来——不仅可以在新情境中通过宏观表征推测微观结构，也可以通过微观组成预测宏观性质。因此，能以宏观和微观相结合的视角分析与解决实际问题，不仅是化学学习基本的认知方式，也是化学学习所需培育的核心素养。①

二、“宏观辨识与微观探析”的内涵分析及学习要求

“宏观辨识与微观探析”强调在事实现象的宏观水平、原子—分子的微观层次建立起对物质组成、结构、性质、转变等及其相互关系的基本认识。“宏观辨识与微观探析”既是化学学科的重要观念，又是化学问题解决的思维视角。

对于“宏观辨识与微观探析”，单从语句结构看，包含了“宏观辨识”和“微观探析”两个方面。其具体内涵为：

“宏观辨识”强调化学学习时，需要借助实验等手段开展物质及其变化的研究，进而观察、辨识与描述物质在特定条件下的存在形态以及发生变化时所伴随的现象（如物态改变、物质生产、能量转化等），归纳物质及其变化规律等。这一观察、辨识和描述物质及其变化宏观事实现象并总括相关规律的过程，便是“宏观辨识”。

“微观探析”则强调从微观水平上揭示物质及其运动变化的规律。即化学研究（或学习）时，在宏观视角辨识物质及其变化的事实现象的基础上，从微观层次上探析物质运动变化的本质原因，建立宏观现象与微观本质的联系，总括物质及其运动变化的规律与理论。这一维度的认识活动，便是“微观探析”。

对于“宏观辨识与微观探析”内涵的理解，仅从上述两个方面是不够的。它还具有更为丰富的内涵②：

1. 不仅要关注物质及其运动变化的宏观现象与微观本质，更需关注物质与变化涉及的、物质及其构成微粒的作用力和作用力平衡，即对物质及其变化的现象与规律成因的辨识和探析等。

---

① 孙重阳.化学学科核心素养的哲学解读[J].中学化学教学参考，2017(11)：2

② 吴星.对高中化学核心素养的认识[J].化学教学，2017(05)：4

2. 不能把“与”简单理解成两者加和，它们是相互联系的统一体，强调以“物质结构与性质相联系、宏观与微观相结合”的视角认识和分析解决相关的化学问题，以深刻揭示物质及其变化的规律与本质，并建立规律与本质的内在联系。

3. “宏观辨识与微观探析”不仅强调“宏观”与“微观”两个维度表征物质及其变化，还强调能运用化学符号表征物质及其变化，同时能够在“宏观—微观—符号”三重表征间建立实质性联系并自动转化。

显然，“宏观辨识与微观探析”是富有化学学科特质的学科核心素养。培育这一素养，强调通过化学课程的学习，学习者建立起“宏微结合”的观察视角与思维方式，学会从不同层次上认识物质及其运动变化，自觉从宏观与微观相联系的视角研究物质及其运动变化、分析与解决相关问题，形成“结构决定性质”的化学基本观念，建立“宏观—微观—符号”三重表征思维，最终形成一种自觉、科学的化学思维习惯。

综合上述分析，对于“宏观辨识与微观探析”，具体学习要求应包含如下几个主要方面：

- 能通过观察和分析，辨识一定条件下物质的形态及其变化的宏观现象。
- 立足于宏观和微观视角，依据物质的组成、结构和性质特点，能够对物质及其变化进行分类。
- 能够运用化学符号表征物质及其变化，并建立起物质及其变化的宏观、微观、符号三重表征间的联系。
- 能从物质的微观层面理解其组成、结构和性质的联系，形成结构决定性质、性质决定应用的观念。
- 能从物质结构和性质相联系、宏观与微观相结合的视角预测物质在特定条件下可能具有的性质和发生的变化，解决相关化学问题。

三、“宏观辨识与微观探析”素养的教学培育

结合前述分析可知，“宏观辨识与微观探析”素养的培育，就是要在化学教学过程中，培养学生从更为本质的微观视角看待物质及其变化的基本思路。具体来说，要求教学过程中：

1. 帮助学生将宏观现象还原为微粒间的作用与运动，揭示宏观现象背后的本质属性，理解化学符号蕴含的物质及其变化的本质含义。

2. 帮助学生建立物质及其变化所表现出的宏观事实是物质微观结构及微

粒相互作用的内在本质反映的基本假设，从而理解化学基本概念和原理，认识化学现象的本质，掌握化学变化的基本规律。

3. 促进学生形成结构决定性质、性质决定用途的基本观念，并能综合运用有关知识，从宏观和微观相结合的视角分析与解决一些化学问题，积极参与有关化学问题的社会决策活动等。

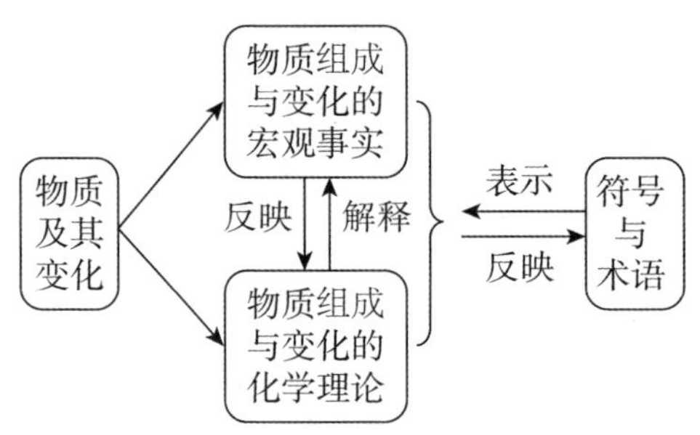

图 2-2-2 化学学习与研究的基本路径

如何培养学生建立起微观视角看待物质及其变化的思路、从宏观和微观相结合分析与解决实际问题的视角，从而培育学生“宏观辨识与微观探析”化学学科核心素养？我们知道，基础教育阶段的化学学习与研究，通常按图 2-2-2 所示流程来展开。即从物质及其变化的基本问题入手，通过观察、实验等手段获取物质及其变化的宏观事实，运用微观模型与假说（即化学理论）分析与解释宏观事实；或从已有化学理论出发，对物质及其变化作出预测与分析，并通过实验等方法对预测进行证实或证伪。最后，用独特的化学符号或术语来表示化学物质及其变化的事实、规律与理论。为此，培育“宏观辨识与微观探析”素养，可采用图 2-2-3 所示的教学程序来进行。

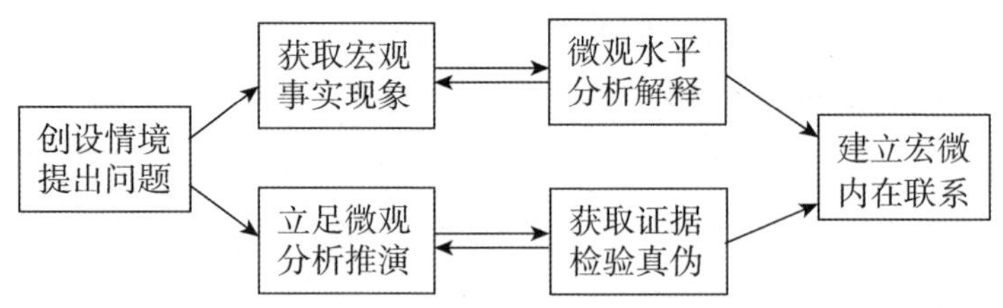

图 2-2-3 培育“宏观辨识与微观探析”素养的教学程序

化学教学时，教师根据学习目标要求，创设教学情境，提出问题，以引导学生聚焦学习目标。在此基础上，或通过实物观察、实验探究等相关学习活动，获取物质及其变化的相关事实现象，并从物质结构与反应本质的微观层面进行分析解释，从而建立起宏观事实现象与微观结构、本质的内在联系；或立足于物质结构与反应本质的微观视角进行分析推演，形成物质及其变化的初步认识，进而开展实验探究、查阅资料等学习活动，获取相关事实证据以证实或证伪微观推演形成的初步认识的科学性，最终建立事实现象与微观本质的相互关系。

四、培育“宏观辨识与微观探析”素养的教材分析与教学设计

【案例 1】 “化学反应中的质量关系”教材分析

质量守恒定律是化学反应微观本质的宏观表现，只有理解化学反应的微观本质，并从微观本质的视角揭示化学反应前后质量关系，才能深刻理解质量守恒的内涵与原因。沪教版九年级化学教材，在引导学生回顾化学反应物质变化及能量变化的基础上，直接提出“化学变化中物质的质量发生变化吗”的问题，并引导学生回顾火柴燃烧、铜片加热等现象，激发学生探究兴趣。同时指出，要回答这一问题需“对物质变化进行定量研究”，从而明确探究的方法手段，引导学生初步感悟定量研究在化学研究中的意义。接着，教材安排了“活动与探究”栏目。此栏目较为全面地揭示科学探究需经历“提出问题—猜想与假设—收集证据—实验探究—结论与反思”等历程，并在“收集证据”环节引入波义耳、拉瓦锡等定量研究化学反应的化学史实，发展学生科学探究的能力，引导学生学习定量研究的科学方法。在实验探究并获得“化学反应前后物质总质量保持不变”这一结论基础上，要求学生开展“交流与讨论”活动。活动安排了两个任务：任务一要求运用质量守恒定律解释“木炭燃烧质量减小”“铁钉生锈质量增大”的现象，不仅巩固质量守恒定律的内容，而且帮助学生准确理解“参加化学反应的各物质的质量总和”“反应后生成的各物质的质量总和”这些条件；任务二则要求学生从物质构成的微粒在化学反应中变化的视角揭示质量守恒定律的微观本质，并以金属镁和氧气反应为例来加以分析，建立起宏观现象（质量相等）和微观本质（微粒重组）的关系，深化对质量守恒定律的理解。

因此，本节教材的编写思路，很好地体现了“宏观辨识与微观探析”核心素养培育的要求。强调基于实验探究等活动来获取宏观事实、探究化学变化规律，进而从微观视角来揭示宏观事实背后的本质及其原因。在本课学习的基础上，还将学习用化学方程式来描述化学变化，实现从“宏观事实”“微观本质”和“符号表征”等维度认识化学变化，并建立起三者间的联系，实现自动转化，从而

逐步培养"宏观—微观—符号"三重表征化学学科思维。

【案例2】 发展学生微粒观的"电离"单元教学①

1."电离"单元学习要求分析

对于"电离",高中必修阶段提出"知道酸、碱和盐在溶液中能够发生电离,通过实验认识离子反应及其发生条件,了解常见离子的检验方法"的学习要求。这一要求实际上要解决"什么是电离""电解质如何电离""为什么要学习电离"以及"什么是离子反应""离子反应发生的条件是什么""学习离子反应有何价值"等问题。其中,后三个方面以前三个方面为基础,是"电离"知识的应用与发展。

上述六个方面问题的学习与解决,很好地帮助学生认识与理解"化学是在原子、分子水平上研究物质的组成、结构、性质、转化及其应用"的学科特质和"加深对物质世界的认识……更深刻地认识科学、技术和社会之间的相互关系"的课程性质。具体体现为:一是学会从微观视角看待物质及其变化,学会从微观角度认识物质在水溶液中的存在及行为、性质及反应,初步建立起研究水溶液系统的思路和方法;二是认识到化学反应遵循的条件性和规律性,建立看待化学问题的统一视角;三是认识到化学知识在生产生活和科学研究中的应用,学会用欣赏眼光看待化学科学,领悟化学的社会价值。

2."电离"学习认知发展线索

如何优化"电离"教学设计以达成上述目标?首先要厘清学生对"电离"认识发展的线索。对"电离"认识的发展,学生先要建立起对"电离"本体知识的认识,然后应用"电离"知识解决相关问题,进而建立起微观视角看待物质及其变化的认识思路与方法,感悟物质变化的规律性和统一性,了解化学知识在生产生活中的应用。具体的认识发展过程为:①基于知识回顾和实验观察,通过单一物质在水溶液中存在形态及其行为的分析,建立"电离"概念,掌握"电离"的本体知识;②学习使用化学用语表征单一物质在水溶液中的行为,建立电离方程式的概念,将"电离"概念转化为抽象的符号思维;③通过对一类物质(如酸、碱或盐等)在水溶液中存在形态特点及其性质关系的分析,学习从电离视角看

---

① 杨梓生,吴菊华.促进学生认识发展的化学概念教学——以高中必修化学"电解"教学为例[J].福建基础教育研究,2017(02)

待物质组成与分类，建立起物质微观组成与性质间关系的认识；④基于电解质在水溶液中的存在情况，分析推理强电解质与弱电解质在水溶液中的行为及其存在状态，并通过实验探究，理解物质在水溶液中反应的微观实质和条件，并用离子方程式表征；⑤应用电离与离子反应的知识，开展溶液中常见离子的检验，总结常见离子检验的原则与方法，认识“电离”等知识在生产生活中的应用，感悟从微观视角分析物质及其反应的价值。

3. “电离”单元整体教学规划

环节一　通过设置驱动问题引出电离，认识电解质在水溶液中的行为及结果。

① 根据氯化钠固体加入水中逐渐“消失”的现象思考：固体为何“消失”？真的“消失”了吗？

② 根据氯化钠溶液能导电的事实思考：溶液能导电说明了什么？为何通电后溶液能够导电？

环节二　学习使用化学符号表征电离，理解电离方程式的意义。

① 怎样用化学用语表示氯化钠等电解质在水中的电离过程？

② 用电离方程式表示 HCl、$Ca(OH)_2$、$NaOH$、H_2SO_4 和 KNO_3 的电离过程。

环节三　从电离的角度认识物质的组成、性质及其相互关系。

① 为何 HCl、H_2SO_4 等酸的水溶液具有相似的化学性质？

② 为何 $NaOH$、$Ca(OH)_2$ 等碱的水溶液具有相似的化学性质？

③ 结合“环节二”相关电离方程式的观察，你对酸、碱和盐的组成、性质等有何新的认识？

环节四　建立基于电离视角的物质分类，了解电解质的概念。

氯化钠、蔗糖都是化合物且都能溶于水，所得溶液前者能导电而后者不能导电。请思考：

① 两种溶液导电性的差异说明两种物质在水溶液中的存在形式有何差异？

② 你能够基于电离的视角对化合物进行分类吗？

环节五　基于电离视角分析电解质在水溶液中反应的本质，学习使用离子方程式表示物质间的反应，理解离子方程式的意义。

① 盐酸、氢氧化钠溶液中存在哪些离子？若将两者混合，哪些微粒将相互

作用？

② 初中“中和反应”的“活动与探究”内容如下：

• 在盛有氢氧化钠溶液的烧杯中滴加2—3滴酚酞试液。用胶头滴管吸取盐酸逐滴加入烧杯中，边滴边用玻璃棒搅拌。当烧杯中溶液刚好变成无色时，停止加入盐酸。溶液的碱性发生了什么变化？

• 取上述实验所得的少量溶液于一支试管中，另取一根胶头滴管，向试管中加入1滴氢氧化钠溶液，溶液的颜色发生了什么变化？这说明了什么？

• 用玻璃棒蘸取实验所得溶液，加热至蒸干，观察到什么现象？这说明了什么？

请结合电离知识，从微粒及其相互作用的视角，分析上述实验现象，回答相应的问题。在此基础上，谈谈对酸碱中和反应、离子反应的认识。

③ 预测向稀硫酸中逐滴加入$Ba(OH)_2$溶液时，烧杯中溶液离子浓度的变化情况。在预测的基础上，你能设计怎样的实验来证明你的预测？

④ 对于HCl与NaOH、H_2SO_4与$Ba(OH)_2$两个反应，如何用化学用语来表示？

⑤ 对于离子方程式“$H^+ + OH^- = H_2O$”，它表示了怎样的反应？

环节六　建立起对复分解反应的本质认识，认识离子反应的条件。

酸与碱、酸与盐（如盐酸与碳酸钠）、碱与盐（如氢氧化钙和碳酸钠）、盐与盐（如氯化钡与硫酸钠）等能够发生复分解反应。

① 请从微观（离子间相互作用）的视角分析上述复分解反应的实质。

② 结合复分解反应的条件，谈谈对离子反应条件的认识。

环节七　了解常见离子检验方法，感悟离子反应的应用价值，巩固离子方程式的书写。

① 现有氯化钠、碳酸钠和硫酸钠三种固体，如何鉴别？写出反应的离子方程式。

② 某工厂排放的废液中含有较高浓度的Cu^{2+}、Ba^{2+}和Ag^+三种离子。你认为该废液应该进行怎样的处理后才能排放？写出废液处理方案及相关反应的离子方程式。

③ 结合前述两个问题，谈谈对“离子反应”应用价值的认识。

这样的教学，从关注“电离”概念本体知识转移到从微观视角审视单一电解质在水溶液中的行为与结果，并进一步发展到对多种电解质在水溶液中的行为(相互作用)及其结果的认识。在此基础上，形成从微观视角看待物质在水溶液中行为与结果的认识思路，理解物质变化应具备的条件、遵循的规律，建构与完善"科学物质观"与"微粒观"等化学基本观念，较好地促进学生的认识发展，有效地破解了"'离子反应'一直是学生学习的难点"的教学难题。

2-3 “变化观念与平衡思想”内涵解读与教学培育

《普通高中化学课程标准(2017年版)》对“变化观念与平衡思想”素养的内涵界定如下：

 **素养2　变化观念与平衡思想**

能认识物质是运动和变化的,知道化学变化需要一定的条件,并遵循一定规律;认识化学变化的本质特征是有新物质生成,并伴有能量转化;认识化学变化有一定限度、速率,是可以调控的。能多角度、动态地分析化学变化,运用化学反应原理解决简单的实际问题。

为更好地落实该维度素养的教学培育,需要认真思考化学课程为何强调培育学生“变化观念与平衡思想”素养,这一素养的具体内涵及教学要求如何,同时还必须弄清楚采用怎样的策略来培育“变化观念与平衡思想”素养。

一、为何强调“变化观念与平衡思想”素养

化学是探索物质的科学。化学工作者对物质世界进行探索,一方面致力于揭示客观存在的化学物质的组成、结构、微粒的相互作用、聚集状态等,从而认识化学物质的本来面貌;另一方面,还致力于揭示物质间的相互转化所需要的条件、遵循的规律、进程的快慢、达成的限度等,从而建立起物质运动变化规律性、理论性的认识。在此基础上,利用物质及其变化的规律与理论进一步认识世界、改造世界并保护世界,从而促进科学技术的发展、实现人与自然和谐共处、促进人类和社会可持续发展。①

认识物质、探索物质运动变化规律并在不同层面创造物质,均离不开化学变化。因为,化学变化不仅是物质性质(尤其是化学性质)及其运动变化的表征

① 房喻,徐端钧.普通高中化学课程标准(2017年版)解读[M].北京:高等教育出版社,2018:52

方式，而且还是创造物质的根本途径。因此，研究物质及其转化是化学科学的核心任务。对于物质及其转化的研究，需要系统解决“有什么”或“是什么”以及“为什么”等相关问题。对于物质及其转化“有什么”或“是什么”等问题，就是要探寻并回答物质及其转化具有怎样的规律；而物质及其转化“为什么”的问题，就是在明确物质及其运动变化规律的基础上，探究并回答为何存在相应的规律等。于是，化学科学在认同分子、原子等微粒客观存在前提下，立足原子、分子微观水平开展物质及其转化的研究，建立物质及其变化的基本规律，形成物质及其变化的科学理论。①

通过中学化学课程的学习，了解描述物质及其运动的化学概念及原理、认识物质及运动变化现象的本质、理解物质运动变化所遵循的基本规律、形成有关物质运动变化的学科基本观念、掌握化学变化需要一定条件并遵循一定规律等，是十分必要的。同时，在理解物质运动变化的多样性、条件性和规律性基础上，能够多维度、动态化地探究化学反应和调控化学反应，运用化学反应原理解决实际问题，积极参与人类面临的与化学有关的社会问题的决策并形成更为理智、更加科学的思考和判断，从而认识化学对人类社会发展的巨大贡献，认识化学在实现人与自然和谐共处以及促进人类和社会可持续发展方面所发挥的重大作用，这也是化学学习必须建立的研究化学物质的科学思维方式，是化学学习过程中必须建立的价值追求。这些方面，恰恰是“变化观念与平衡思想”素养对学生提出的具体要求。因此，培养学生“变化观念与平衡思想”素养，是化学课程实施的重要任务。

二、“变化观念与平衡思想”的内涵分析和学习要求

“变化观念与平衡思想”包含“变化”“平衡”与“思想观念”等关键词。其中，“变化”是物质的属性，“平衡”是宇宙万物运行的法则，而思想观念是“客观存在的反映在人的意识中经过思维活动而产生的结果”。客观物质是运动变化的，这一运动变化不仅包含空间移动、变换与增减的结果，也包含事物产生、发展与灭亡的过程。物质运动变化过程是微粒间不停地做无规则运动的结果，这一运动变化将导致物态变化或物质转化，但微粒本身总是保持不变。因此，物质运动变化过程是保持守恒和平衡的过程。“变化观念与平衡思想”不仅揭示了物质运

① 梁永平.论化学教师的课程知识及其发展[J].化学教育，2012(06)：3－4

动变化的条件性、规律性和价值性及其相互关系等，是对物质运动变化的总括性的基本认识；同时，它还强调从运动变化的视角来审视物质世界。因此，“变化观念与平衡思想”既是化学学科重要的观念，又是化学问题解决的思维视角。

理解“变化观念与平衡思想”的内涵，不能仅看到“变化、平衡”等词，也不能仅从化学一般概念或原理层面进行理解，而应关注其十分丰富的内涵——涉及物质变化基本问题（包括物质是否会变化、物质会怎样变化、物质为什么会变化），物质及其构成微粒的作用力和作用力平衡，物质及其变化的辨识、探析和表征等。具体来说，这一维度素养包含化学变化本质、化学变化的表征、化学变化是定量的、化学变化是守恒的、化学反应伴随能量变化、化学反应速率、化学平衡理论、化学反应进行的方向等相互联系的八个要素。

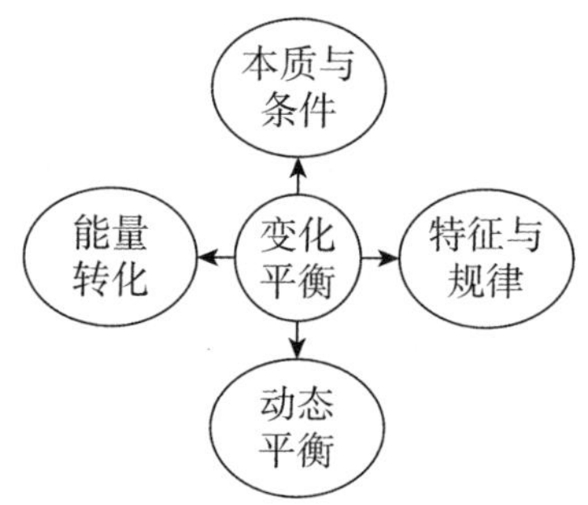

图 2－3－1 “变化观念与平衡思想”包含的具体内容和相关方面

此外，理解“变化观念与平衡思想”的内涵时，应将“变化观念”与“平衡思想”作为一个整体加以认识，而不能把“与”简单理解成两个方面的加和。具体来说，就是在认识问题和分析问题时，强调将变化与平衡统一起来，建立起“变化”和“平衡”相统一的整体视角，明确变化是平衡的动因和路径，平衡是变化的必然趋势与结果。正如马克思主义哲学所强调的：物质是不停运动变化的，平衡和运动是不可分割的。客观世界正是沿着由不平衡到平衡、再由平衡到不平衡的轨迹，不断地向前运动、变化与发展。

“变化观念与平衡思想”维度的学科核心素养，强调学生经过中学化学课程学习，能够在一定水平上认识反应是怎么发生的、如何描述化学变化、化学变化的量变关系、化学变化是守恒的、化学反应为什么伴随能量变化、化学反应有多快、化学反应能进行到什么程度以及怎样的化学反应能够发生等方面问题。明确“变化观念与平衡思想”素养核心要素的内涵界定，不仅有助于教师把握关于化学反应原理知识体系的教学定位，而且有利于循序渐进地培养和发展学生化学学科中“变化观念与平衡思想”素养。具体而言，中学生经过化学课程的学习，要达成如下要求：

• 认识物质运动的永恒性，了解物质及其变化的共性和特性，认识到化学变化中既有物质变化，又有能量变化。

• 能从分子、原子水平揭示化学变化的本质，能够从微粒运动、化学键的断裂和形成、电子得失或转移等分析说明化学反应并开展分类研究。

• 能从定性、定量角度认识化学变化，能从质量守恒和能量守恒、联系发展和动态平衡的观点看待和分析化学变化，揭示各类变化的特征和规律。

• 认知物质变化的条件性，认识反应条件对化学反应速率和化学平衡的影响，初步学会运用变量控制的方法研究化学反应。

• 能用对立统一、联系发展和动态平衡的观点考察化学反应，预测在一定条件下某种物质可能发生的化学变化或设计化学反应实现物质转化、合成和能量转化。

三、“变化观念与平衡思想”素养的教学培育

《普通高中化学课程标准(2017 年版)》指出，“变化观念与平衡思想”素养是从学科观念和思维方式视角对化学学科思维的描述，强调学生建立起对物质运动变化永恒性、多样性、条件性、规律性和价值性的认识。因此，培育学生此维度素养，一定程度上可理解为让学生在学习与掌握物质变化等相关知识基础上，建构审视与看待物质运动变化的学科思想观念。为此，培养与发展学生“变化观念与平衡思想”素养的教学，应强调培育学生反应(变化)观、守恒观与平衡观等化学基本观念。

化学基本观念是在深刻理解化学学科特征基础上建立起来的，它反映了人们对物质世界的基本看法、基本态度和处理物质世界有关问题的基本价值取向。化学基本观念是学生对化学具体事实、基本概念与原理等化学知识经思维加工整合后积淀下来的学识素养。为促进学生在化学学习过程中建构相应的化学基本观念，要从“知识为本”的教学转向“观念建构”的教学。①

观念建构为本的教学有别于具体知识的教学。后者常常围绕具体事实性

① 卢巍.卢巍论化学智慧教学[M].济南：山东教育出版社，2010：2－3

知识的讲解，关注学生对具体事实性知识与相关概念原理的辨析与记忆，忽视概念原理性知识的认识功能与指导作用。观念建构为本的教学则不同，虽然也选择和讲授事实性知识，但事实性知识更多地作为观念建构的工具和载体。教学时，强调将学生置于真实、有意义的学习环境之中，通过问题解决、活动探究等多种途径与活动，积极引导学生运用超越事实的思维方式对事实性知识进行思考，并在不断加工提炼基础上形成深层的、可迁移的观念或观念性知识。无疑，观念建构为本的教学，是一个关注学生深层思维技能，有效培养学生批判性、创造性等综合思维的教学过程。

如何开展观念建构为本的教学？毕华林等指出：观念建构为本的教学，应以问题解决为过程目标，以基本观念的建构为最终目标。这样的教学，强调超越具体事实提炼基本观念，并将基本观念外显为基本理解；强调将基本观念的生成过程情境化、问题化、活动化，以问题为主线贯穿始终。观念建构的化学教学设计流程为①：

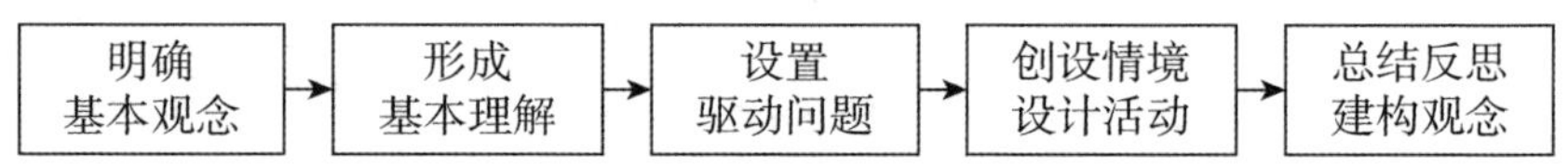

图 2-3-2 “观念建构”的化学教学设计流程

教学设计时，先开展教材分析，确立统整单元教学内容、超越学科知识的化学观念，并明晰具体知识、核心概念与基本观念的关系。接着，根据知识内容和学生水平，将基本观念用概括性的语言（即基本理解）表达出来，并将其转化为教学目标；在此基础上，结合具体内容将基本理解转化为“为什么”“如何”等高水平驱动性问题以激发学生思维；再以驱动性问题为主线创设学习情境、安排多样化的学习活动，并使问题、情境、活动和深层理解保持统一性。最后，引导学生对学习活动进行总结反思，建构、发展和完善观念体系。

四、培育“变化观念与平衡思想”素养的教材分析与教学设计

【案例 1】 九年级化学（沪教版）第 4 章“认识化学变化”教材分析

“物质的化学变化”是初中化学重要的主题内容。这一主题包含化学变化的特征、化学反应的类型、化学反应中的能量变化、质量守恒定律、化学反应的

① 王军翔主编.追求饱含学科意义的中学化学教学[M].西安：陕西师范大学出版总社，2016：69

表示等内容。该主题的学习，旨在帮助学生认识化学变化、认识化学变化规律、了解化学变化的研究方法，并逐步形成“物质可以变化”的观点。① 为落实前述课程要求，上海教育出版社出版的九年级化学教材在前面三章的基础上，设置第 4 章“认识化学变化”，较为集中地安排本主题的相关内容。本章教材结构及内容如图 2-3-3 所示。②

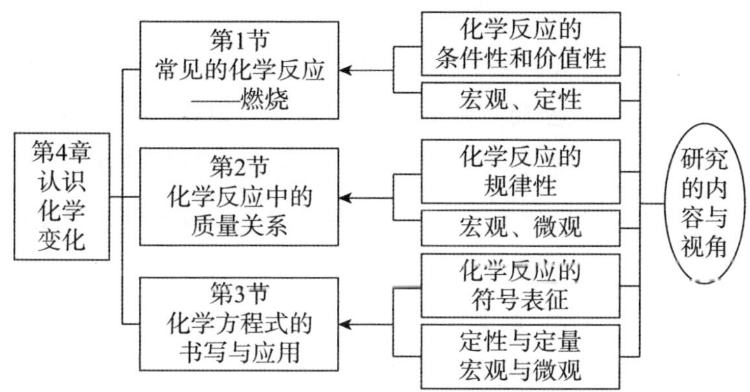

图 2-3-3　“认识化学变化”教材结构与内容要求

本章各节内容及其学习要求为：

第 1 节“常见的化学反应——燃烧”，引导学生总结燃烧反应的特征与现象，总结燃烧的条件，认识燃烧反应的应用；同时，根据燃烧的条件学习完全燃烧与不完全燃烧、爆炸等相关知识，感知条件对化学反应的影响；最后，了解灭火方法，建立起燃烧的条件与灭火原理（方法）关系的认识，感知控制条件改变化学反应的价值。

第 2 节“化学反应中的质量关系”，引导学生开展化学反应中质量关系的研究，并从微观层面上认识质量守恒的原因，进一步深化化学反应中元素不变的认识，建立起化学反应规律性的认识，从而更好地利用反应规律分析解决问题，服务于人类的生产生活实践活动。

第 3 节“化学方程式的书写与应用”，引导学生学习使用符号系统表征化学

① 中华人民共和国教育部.义务教育化学课程标准(2011 年版)[M].北京：北京师范大学出版社，2012：25

② 杨梓生主编.初中化学教材与教学微研究(上册)[M].上海：上海教育出版社，2017：71

反应，系统认识化学反应的条件性、规律性，认识化学方程式表达化学反应的间接性、完整性和通用性，帮助学生建立起化学学习领域中“宏观—微观—符号”三重表征的联系及其转化。在正确书写化学方程式、理解化学方程式质和量关系的基础上，学会定量处理化学反应中物质间量的关系，理解化学方程式计算的本质依据，了解化学计算的科学本质，认识定量研究对化学科学发展的意义。

不难看出，“认识化学变化”这一章的学习，强调从定性与定量、宏观与微观、文字与符号的角度，认识化学反应的条件性、化学反应的规律性以及化学方程式等，建立起对化学反应的多角度、整体性认识。因此，该主题很好地引导学生认识物质的运动和变化，知道化学变化需要一定的条件并遵循一定规律，认识化学变化伴随物质变化和能量转化，认识化学变化的可调控性等，从而培育变化观、守恒观和能量观等学科基本观念。

【案例 2】 “化学平衡”教学设计①

对于化学平衡的学习，不仅能够帮助学生认识化学变化具有一定的限度，而且能够让学生理解化学反应是可以根据需要调控的。选择性必修阶段还引入化学平衡常数，促进学生对化学平衡的认识上升到定量水平。当建立起对化学平衡状态的定量认识时，学生就可以多角度、动态地分析化学变化。因此，这一内容很好地引导学生建立“化学平衡观”，建立预测化学平衡状态、分析化学平衡移动等问题的基本思路，从而培育学生“变化观念与平衡思想”素养。

如何优化教学以达成此素养培育？这就需要教师能够认识到化学平衡常数不仅仅是一个概念、一个表达式，它具有十分丰富的认识功能。主要体现在：基于化学平衡常数 K，不仅可以通过某一组分浓度改变来定性判断平衡状态，还可以在多组分浓度变化的情况下根据浓度变化值定量分析化学平衡；能建立同一可逆反应不同平衡状态之间的关系，能建立平衡状态之间的关联认识；能体会同一反应在同一温度下可以有多种平衡状态，认识到平衡状态时一旦某一组分浓度发生改变，其他组分的浓度都将发生相应的改变来构建新的平衡。同时，引入浓度商 Q 概念，帮助学生基于 Q、K 关系定量地描述平衡的动态建立过程，体会 Q、K 关系对平衡状态的决定性作用。因此，选择性必修阶段引入化学平

① 宋玥，王磊.促进认知发展的化学平衡教学设计研究[J].化学教育，2016(15)：23－32(引用时有修改)

衡常数 K(和浓度商 Q)后，将能促进学生对平衡状态的认识取得突破性发展。为发挥平衡常数 K 的认识功能以促进学生素养发展，可设计如下教学思路：

阶段一 引入与回顾

接触法制硫酸时，二氧化硫催化氧化反应为：$2SO_2(g)+O_2(g) \rightleftharpoons 2SO_3(g)$。某温度下，反应体系中各物质浓度随时间的变化数据如下表：

浓度($mol \cdot L^{-1}$)	0 min	10 min	20 min	30 min	40 min	50 min	60 min
SO_2	10.0	7.0	5.0	3.5	2.0	1.0	1.0
O_2	5.0	3.5	2.5	1.75	1.0	0.50	0.50
SO_3	0	3.0	5.0	6.5	8.0	9.0	9.0

提出问题：(1)上述反应能否进行到底？(2)如何判断上述反应到达平衡状态？

设计意图：通过呈现二氧化硫催化氧化的 $c-t$ 数据表格，帮助学生直观感受到可逆反应存在反应限度；同时，引导学生回顾必修阶段学习中判断平衡状态的方法——浓度不随时间改变，激发学生已有的知识经验，为进一步学习铺垫。

阶段二 初识化学平衡常数

提出问题：如何预测反应何时平衡？平衡时各物质浓度是否有规律可循？

环节 1 学生寻找平衡规律

呈现温度为 800℃时，在不同投料下，反应 $CO(g)+H_2O(g) \rightleftharpoons H_2(g)+CO_2(g)$起始与平衡各物质浓度的 4 组数据。讨论：这些数据反映了化学平衡具有怎样的特点？

序号	起始时各物质的浓度($mol \cdot L^{-1}$)				平衡时各物质的浓度($mol \cdot L^{-1}$)			
	CO	H_2O	H_2	CO_2	CO	H_2O	H_2	CO_2
1	1	2	0	0	0.333 3	1.333 3	0.666 7	0.666 7
2	0.333 3	2	0.666 7	0.666 7	0.272 7	1.939	0.727 3	0.727 3
3	1	1.333 3	0.666 7	0.666 7	0.757 7	1.091	0.909 3	0.909 3
4	0	0	1	1	0.5	0.5	0.5	0.5

设计意图:引导学生感知数据的变化规律,探寻利用“浓度商”来表征化学平衡,感知处于平衡状态的可逆反应,“浓度商”是一个定值,从而初步建立起浓度与平衡状态的定量认识。

环节 2 平衡规律试推广

呈现温度为 457.6℃时,不同投料下 H_2与 I_2化合时各物质初始与平衡浓度的 4 组数据。讨论:第一环节建立起的认识,是否所有的化学平衡都遵循?如果不遵循,还需如何进一步完善?

序号	起始时各物质的浓度($mol \cdot L^{-1}$)			平衡时各物质的浓度($mol \cdot L^{-1}$)		
	H_2	I_2	HI	H_2	I_2	HI
1	0.011 97	0.006 944	0	0.005 617	0.000 593 6	0.012 70
2	0.012 28	0.009 964	0	0.003 841	0.001 524	0.016 87
3	0	0	0.015 20	0.001 696	0.001 696	0.011 81
4	0	0	0.012 87	0.001 433	0.001 433	0.010 00

设计意图:通过分析,认识到对于含系数的可逆反应,用“浓度商”表达化学平衡时,需要根据系数进行幂次方运算。

环节 3 总结化学平衡规律,提出反应限度、平衡常数 K 的概念

设计意图:自主探究化学平衡规律,发现并推导得出平衡常数表达式。自主建立概念使学生记忆深刻,对规律的认知也更深入,加深对平衡常数重要性的认识。

阶段三 化学平衡常数特征的分析

1. 数据观察:$CO(g)+H_2O(g) \rightleftharpoons H_2(g)+CO_2(g)$在不同条件下的 K 值。

t(℃)	700	800	830	1 000	1 200
K	1.67	1.11	1.00	0.60	0.38

2. 得出结论:对于特定反应,K 只与温度有关,不受初始浓度、是否使用催化剂等影响。

设计意图:从具体可逆反应的平衡常数出发,直观感受平衡常数的特征,增

进对平衡常数的理解，了解使用平衡常数描述化学平衡需注意的问题。

阶段四　认识化学平衡常数意义

提出浓度商概念，并挖掘平衡常数 K 的意义：

(1) 预判可逆反应状态：$Q=K$，平衡；$Q<K$，反应正向进行；$Q>K$，反应逆向进行。

(2) 描述平衡的建立过程：Q 不断趋向 K 的过程即平衡的建立过程。

(3) 表征同类型反应进行的难易程度(结合 25℃时卤化氢合成反应的 K 值来说明)

化学方程式	$F_2+H_2\rightleftharpoons 2HF$	$Cl_2+H_2\rightleftharpoons 2HCl$	$Br_2+H_2\rightleftharpoons 2HBr$
平衡常数(25℃)	6.5×10^{95}	2.57×10^{33}	1.91×10^{19}

设计意图：提出浓度商概念，从 Q、K 关系理解平衡状态、平衡建立过程。进一步感受平衡常数的价值，实现对平衡状态的理论预测，对平衡状态的认识上升到理性高度。

环节 4　反应限度与平衡状态的关系

讨论：对某一个特定的可逆反应，在同一温度下，是否只有一个反应限度？该反应限度是否只对应一个平衡状态？

设计意图：体会反应限度与平衡状态的关系，认识到同一反应在同一温度下可以有多种平衡状态，建立起不同平衡状态之间的关联性认识，实现对反应限度与平衡常数 K 的关联性认识。

2－4 “证据推理与模型认知”内涵解读与教学培育

《普通高中化学课程标准（2017年版）》对“证据推理与模型认知”素养提出如下的界定：

素养3　证据推理与模型认知

具有证据意识，能基于证据对物质组成、结构及其变化提出可能的假设，通过分析推理加以证实或证伪；建立观点、结论和证据之间的逻辑关系。知道可以通过分析、推理等方法认识研究对象的本质特征、构成要素及其相互关系，建立认知模型，并能运用模型解释化学现象，揭示现象的本质和规律。

这一素养如何体现学科特点？这一素养提出怎样的学习要求？教学过程中如何扎实开展“证据推理与模型认知”素养的培育？这是落实本维度素养培育必须深入思考的问题。下面围绕这些方面具体论述。

一、为何强调“证据推理与模型认知”素养

化学作为建立在实验基础上的自然科学，十分重视实证研究。化学科学强调基于观察与实验开展研究，并在获取事实证据基础上，经过分析比较、归纳概括、演绎推理等认知加工活动，揭示化学规律、建构化学理论。同时，应用所建立的化学规律与理论去分析、解决更多的化学问题，从而检验化学规律与理论的科学性，发展与完善化学科学体系，凸显化学科学的价值。

物质及其变化是化学研究的基本问题，化学研究的目的在于建立起对物质及其变化规律性和本质性的认识。如何透过物质及其变化纷繁复杂的外在现象，进而揭示物质及其变化的规律与本质？这就需要结合物质及其变化的现象和结果，探究物质及其变化的本质和规律，从而建立起两者间的关系。要建立外在表象与内在本质的关系，一方面需要通过多样化的途径寻找科学证据，并

根据可靠的事实证据，通过严密的逻辑论证，建立事实现象与内在本质的因果关系；另一方面，需要将复杂的因果关系，通过抽丝剥茧，抽提本质、建立模型，以便在面临新的现象与问题时有效地加以迁移应用。因此，对于化学学习，强调具有证据意识，通过严谨的分析推理加以证实或证伪；强调善于收集证据、探究结论，并在归纳总结基础上，依据事物间的内在联系，建立起反映事物本质的系统模型，并能运用模型理解化学概念、解释化学现象、揭示化学规律、探究化学本质、解决化学问题。只有如此，才能深刻、系统、全面地加以把握。因此，立足化学学习与研究的视角，强调建立基于证据推理并利用模型分析、解决问题的物质及其变化的认识方式与思维方法，是十分重要且十分必要的。

此外，随着素质教育的不断推进实施，培养学生解决问题能力、创新意识乃至创造性思维已经引起各方的重视。要培养学生分析、解决化学问题的能力，培育学生与化学相关的创造性思维能力，不仅强调学生要善于寻找证据、分析推理、归纳综合，而且应能够以理想化的形式重现物质及其变化中各种复杂的结构、功能及联系，建立起简约化、通用性的化学模型。只有如此，学生才能够更好地利用事实证据、利用化学模型去创造性地解决实际问题和化学理论问题。这正是学生具备创造性解决问题能力、创造性思维能力的表现，也是学生建构起从化学的视角认识事物和解决问题的思想、方法、观点的必备要求。因此，立足于学生能力发展、素养培育的要求，化学教学中需要培育与发展学生“证据推理与模型认知”相关素养。

二、“证据推理与模型认知”的内涵分析与学习要求

化学是一门以实验为基础的科学，化学科学中许多理论的建立和原理的发现，尤其是基础教育化学课程中所涉及的化学理论和原理，大多是基于观察和实验等方法，并在获取有关物质及其变化的化学事实现象的基础上，通过比较分析、归纳概括、逻辑推理等加工组织活动而形成的。这一化学认识便是“证据推理”。由于化学是在原子、分子水平上研究物质组成与结构、性质与应用的科学，强调在微观层次上揭示物质及其运动变化的原理与规律，而且物质具有多样性和结构独特性、外界条件对物质变化影响复杂性等特点，化学研究时需要运用抽象化和简约化的方法，建立起能够很好地反映物质本质特征、构成要素及其相互关系的化学模型。这一模型不仅再现物质及其变化的基本规律，而且能用于预测、解释相关化学现象，揭示物质及其变化的本质规律。这样的认识

活动便是“模型认知”。①

无疑，“证据推理”与“模型认知”是密切相关的两个方面。证据推理要求根据观察和实验等学习活动获取有关物质及其运动变化的事实证据，并通过严密推理与逻辑论证，从而得出科学结论；模型认知是对所研究的问题，基于已有认知与经验提出假设，在此基础上获取物质及其运动变化的事实及其结果，通过抽象和模型思维，提出反映物质及其变化的本质与规律的简约化模型，并经过进一步验证与完善以形成科学的化学模型。因此，模型认知离不开证据推理，证据推理是建构模型的前提，两者往往统一于化学问题的研究之中(图 2-4-1)。

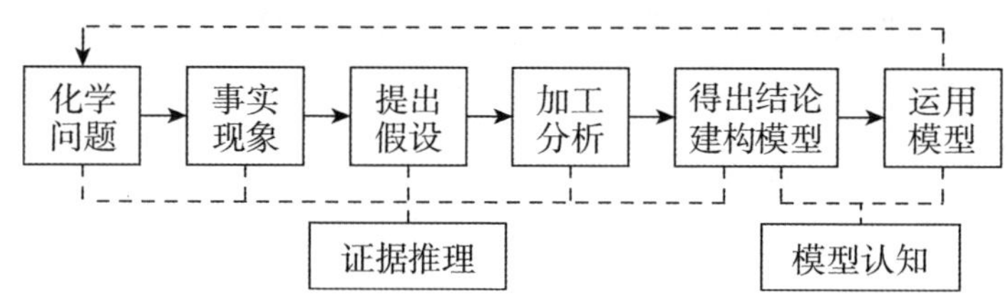

图 2-4-1 化学学习与研究中的“证据推理”与“模型认知”

认真分析“证据推理与模型认知”这一维度化学学科核心素养的内涵，不难发现其目标指向是通过化学学习认识活动，培育学生证据意识，提高依据目标获取信息、分析加工、概括整合、解释论证等逻辑思维能力，建立起解决化学问题的认识模型与思维框架，并调用模型框架解释现象、揭示本质，最终形成从化学视角认识事物和解决问题的思想、方法、观点。具体来说，“证据推理与模型认知”包含两个方面的学习要求：

一是要求学生通过化学课程学习，建立起证据意识——既能依据物质及其变化等事实建构(提出)假说的基础，又能以物质及其变化的事实作为开展假说证实与证伪的论证证据，并建立起观点、结论和事实证据之间的逻辑关系。

二是要求学生能够结合分析、推理等思维活动，通过抽象和简化的方法，建立起反映物质本质特征、构成要素及其相互关系的化学模型。而且，能够论证所建立模型的科学性或在论证中完善模型，还能够应用模型去分析解释、预测推断物质及其变化现象与本质等。

具体到课程目标上，结合《普通高中化学课程标准(2017 年版)》对“证据推

① 吴星.对高中化学核心素养的认识[J].化学教学，2017(05)：4

理与模型认知”的要求，学生应达成如下五个方面的学习要求：

• 初步学会通过观察、实验、实地调查、文献查阅等研究方法与手段，收集与提取有关物质及其变化的各种事实与证据，并基于事实与证据对物质的性质及其变化提出可能的假设。

• 基于事实与证据，结合物质性质与化学变化规律，对提出的可能假设进行分析推理，从而证明假设的科学合理性或发现假设的不合理性。

• 能根据问题解决需要确定形成科学结论所需要的证据以及寻找相关证据的途径，能依据所收集提取的证据得出合理结论，并能解释证据与结论之间的关系。

• 能理解、描述和表示化学中常见的认知模型，能运用认知模型来描述和解释物质的结构、性质和变化，预测物质及其变化的可能结果。

• 能依据物质及其变化的事实，分析研究对象的要素及其相互关系，建立相应的模型，以反映研究对象的本质特征，揭示其所蕴含的规律，并用模型综合揭示或解决复杂的化学问题。

三、“证据推理与模型认知”素养的实践培育

结合前述内涵分析，不难发现“证据推理与模型认知”素养实际上强调学生通过化学学习，建立起证据意识、求证意识、逻辑意识、建模意识和问题解决意识。这五种意识的培育目标分别指向学会假设、学会论证、学会分析、学会预测与建模和学会问题解决(图 2-4-2)。①

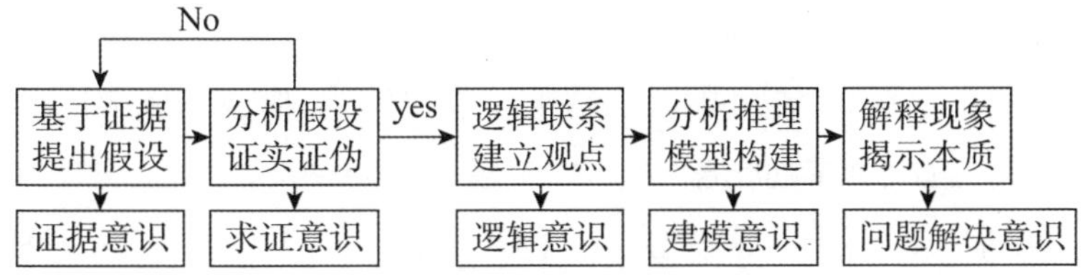

图 2-4-2 “证据推理与模型认知”的学习要求

因此，“证据推理与模型认知”素养的培育，就是强调学生通过化学学习，建立起认识(研究)物质世界的基本路径，掌握认识(研究)物质及其运动变化的基本方法。要让学生建立与掌握这样的思路与方法，必须引导学生参与到化学问

① 顾建辛.关于化学核心素养培育的微观思考——原电池教学中的“证据推理与模型认知”[J].化学教学，2017(11)：35

题的分析与解决过程中。因此，教学时首先要创设相应的学习情境，进而提出物质组成与结构、性质与变化等方面的问题，让学生通过寻求事实证据分析与解决问题，从而建立起科学的学科认识。在此基础上，引导学生统整问题解决的思路方法与认识结果，并在抽提本质、突出关键的基础上将认识思路方法与认知结果转化为分析问题、解决问题的思维程序与认知模型。最后，引导学生运用建构起来的化学认知模型去进一步分析、解决问题，从而发展和完善认知模型。具体流程如图 2－4－3 所示①。

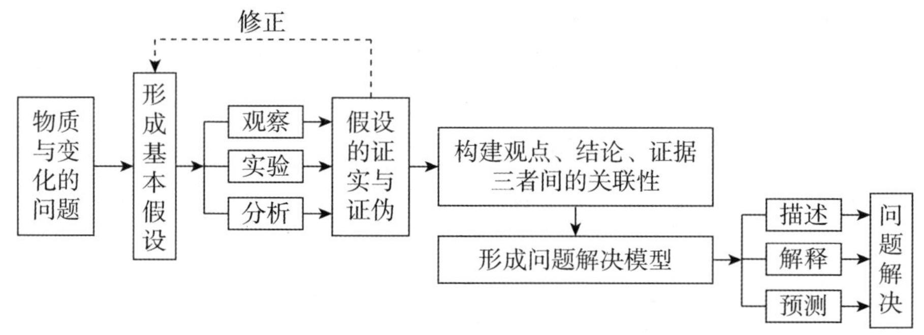

图 2－4－3 "证据推理与模型认知"素养培育基本路径

上述培育路径，经历"证据推理"与"模型认知"两个阶段。对于"证据推理"阶段，包含两个关键环节：(1)提出问题，引导学生基于已有的认知与经验形成基本假设；(2)基于假设，开展观察、实验、分析等相应活动，获取新的事实证据以检验和修正假设。在此基础上，指导并帮助学生建构观念、结论、证据三者之间的内在关联与本质，进而统整认识结果与认识思路，形成问题解决模型，并基于模型去分析、解决更多的化学问题，以发展、完善认知模型，是培育与发展"模型认知"的教学关键环节。这些教学关键环节的有效设计与实施，都强调充分发挥教师的主导和学生的主体作用。

四、培育"证据推理与模型认知"素养的教材分析与教学设计

【案例 1】 九年级化学(沪教版)第 3 章第 1 节"构成物质的基本微粒"教材分析

根据课程标准规定，本节主要包含四部分内容：一是认识物质的微粒性，知

① 顾建辛.关于化学核心素养培育的微观思考——原电池教学中的"证据推理与模型认知"[J].化学教学，2017(11)：35

道分子、原子、离子等是构成物质的基本微粒，了解构成物质微粒的性质；二是知道分子、原子、离子等构成物质的基本微粒间可相互转化；三是知道原子的构成，初步认识核外电子在化学反应中的作用；四是结合微粒的性质及微粒间的转化等知识，运用微粒的观点解释某些常见的现象。

学习研究“微粒的性质”时，教材先后安排“你已经知道什么”“观察与思考（探究微粒运动实验）”“活动与探究（水与酒精混合、水和空气压缩实验）”等活动性栏目，三个栏目分别通过回忆提取、观察收集和实验获取关于构成物质微粒的相关事实现象，要求学生根据各种途径获取的事实现象推测微粒的性质（微粒在不停地运动、微粒之间都存在一定的空隙）并能解释微粒性质与相关事实现象（打开酒精瓶时会闻到酒精的气味、气体往往比液体更易被压缩、将红墨水滴加到水中整杯水会慢慢变红）之间的关系。

学习研究“原子的构成”时，教材设置了介绍 1911 年英国科学家卢瑟福“用 α 粒子轰击金箔”化学史实的“交流与讨论”栏目。栏目详细介绍用 α 粒子轰击金箔时的现象（大部分 α 粒子能够穿透金箔，而且不改变原来的前进方向，但也有一小部分 α 粒子改变了原来的运动路径，甚至有极少数的 α 粒子好像碰到了不可穿透的坚硬质点而被弹了回来），并要求学生“试着对上述实验现象进行解释”，并和同学交流、探讨自己的看法。最后，还通过“拓展视野”呈现了原子结构示意图。

这样的教材编写，呈现出多种类型的事实证据（如生产生活中的现象、实验现象、化学史实等），要求学生结合各种类型的事实证据作出合理的推论，从而认识微粒的相关性质、原子的初步结构等。同时，通过相关现象的解释、对原子结构认识想法的交流，建立证据与结论之间的关系。因此，本节内容很好地培养了学生的证据意识、利用证据进行推论并得出合理结论的能力以及建立证据与结论逻辑关系的能力。此外，原子结构示意图作为一种化学认识模型，在后续的学习（研究物质的性质、揭示元素周期律等）中起到很重要的作用。

这样的内容特点和编排要求，能很好地引导学生通过实验、观察并充分发挥想象等手段，结合具体的事实与现象，在猜想、推测与想象的基础上，知道构成物质的基本微粒、微粒的基本性质以及化学反应的微观本质，落实课程标准提出的“通过观察、想象、类比、模型化的方法使学生初步理解化学现象的本质”的要求。因此，本节对培育“证据推理与模型认知”学科核心素养具有重要的价值。

【案例 2】“盐类的水解”(第一课时)

1. 教学要求分析

“盐类的水解”安排在选择性必修《化学反应原理》模块“主题 3:水溶液中的离子反应与平衡”中。根据“从……水溶液中的离子反应与平衡等方面,探索化学反应的规律及其应用”的模块定位可知,本课立足盐溶液中离子相互作用及其平衡的视角,帮助学生从系统、微粒和平衡的角度来理解盐类水解的基本原理,丰富对物质在水溶液中行为的认识,完善对化学变化规律的认识,认识到人们可以依据化学反应规律控制、利用化学反应等。

鲁科版教材“盐类的水解”(第一课时)以“盐溶液都显中性吗”的“活动·探究”栏目为切入点,引导学生分析盐溶液酸碱性、溶液系统中的微粒、微粒间的相互作用及溶液酸碱性等四个方面的逻辑关系,从而理解盐类水解的本质、总结盐类水解的规律并正确使用化学符号加以表征。其认知发展线索为:感知盐溶液并不一定呈中性—从微观视角理解盐类水解的本质—符号表征盐类水解的过程与结果—总结盐类水解的基本规律。显然,理解盐类水解的微观本质是基石,是掌握“盐类的水解”相关知识的核心与关键。

2. 教学策略分析

如何帮助学生理解盐类水解的微观本质?关键在于引导学生结合前述四个方面逻辑关系的分析,建立起“宏观—微观”的联系,建构“溶液酸碱性—溶液中 $c(H^+)$ 及 $c(OH^-)$ 的关系—溶质微粒与溶剂微粒间相互作用”的推理思路及“溶质微粒与溶剂微粒间相互作用—溶液中 $c(H^+)$ 及 $c(OH^-)$ 的关系—溶液酸碱性”的认知思路。

推理思路的形成,既要基于具体的化学事实现象,又要通过更为广泛的事实现象加以检验。推理思路一旦被确认并达到熟练化水平,便成为研究化学事实现象的思考路径,进而转化为认识化学事实现象、解决化学问题的认知模型。因此,本课教学的关键在于:(1)为学生提供化学事实现象以引导学生开展分析活动并建构推理思路;(2)利用建构起来的推理思路去分析更多的化学问题,通过获取事实现象(证据)以验证推理思路的合理性和科学性;(3)形成正确的认识思路,并转化为认知模型去解决更多的化学问题。

结合“证据推理与模型认知”学科核心素养培育要求和前述分析,本课教学强调通过实验、问题、思考与交流来驱动学习，并采用图 2－4－4 所示的问题及实验序列来组织教学。

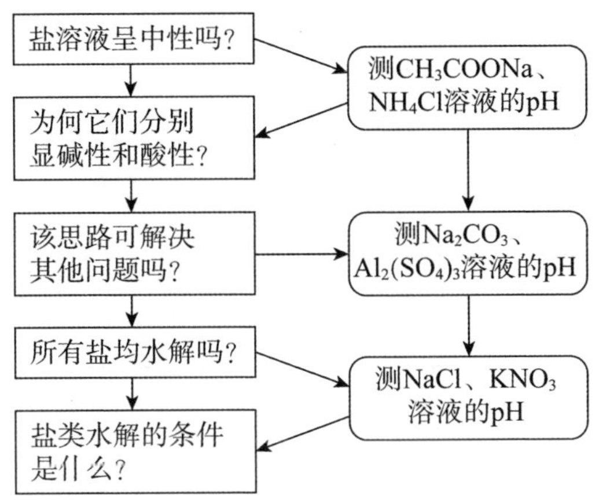

图 2－4－4　“盐类的水解”教学流程

3. 教学活动过程[①]

环节一　复习回顾

请同学们结合已有经验与知识，思考如下问题：

(1) 纯水如何电离？常温下纯水中的 $c(H^+)$、$c(OH^-)$ 大小关系如何？

(2) 对于水溶液而言，溶液的酸碱性与溶液中 $c(H^+)$、$c(OH^-)$ 大小有何关系？

(3) 酸(或碱)溶于水后形成的溶液显酸(或碱)性，为什么？

设计意图：巩固学生对水的电离、溶液酸碱性与 H^+ 和 OH^- 浓度大小关系的认识，为盐溶液的酸碱性分析奠定基础。

环节二　探究活动 1

分析预测：现有 0.1 mol/L CH_3COONa 溶液。

(1) CH_3COONa 在水中如何电离？是否产生 H^+ 或 OH^-？

(2) CH_3COONa 溶液显酸性、中性还是碱性？为什么？

实验活动：用 pH 试纸测 0.1 mol/L CH_3COONa 的 pH。

① 杨启宁，杨梓生. 基于概念转变的教学设计——以“盐类的水解”(第一课时)为例[J]. 化学教与学，2015(02)：61－63

分析反思:预测结果与真实结果为何不一致?

设计意图:引导学生利用已有经验开展预测活动,并通过实验感知预测和真实结果的差异,诱发认知冲突,激发探究兴趣。

环节三　探究活动 2

实验活动:请重测 CH_3COONa 溶液的 pH,并用同样方法测 0.1 mol/L NH_4Cl 溶液的 pH。将结果填入表中。

所测溶液	0.1 mol/L CH_3COONa 溶液	0.1 mol/L NH_4Cl 溶液
溶液的 pH		

交流讨论:(1) 结合醋酸钠溶液显碱性的实验事实,讨论如下问题:

① 该溶液体系存在哪些电离过程?电离出哪些微粒?

② 溶液中 H^+、OH^- 均来自水的电离,为何该溶液中 $c(H^+)<c(OH^-)$?

(2) 按前述醋酸钠溶液显碱性的分析思路,探讨 NH_4Cl 溶液显酸性的原因。

(3) 和同学交流讨论,并用自己的话语归纳总结盐溶液显酸性或碱性的原因。

设计意图:引导学生结合具体事实,在分析讨论基础上初步建立盐溶液酸碱性分析的基本思路,初步建立关于盐溶液体系中微粒间相互作用、水的电离平衡及移动、盐溶液的酸碱性等的整体性认识。

环节四　检验论证

交流讨论:(1)为何盐溶液体系中的盐电离出来的金属离子或酸根离子会与水电离出来的 OH^- 或 H^+ 结合?你将如何证明?(2)根据你的分析,预测 Na_2CO_3 及 $Al_2(SO_4)_3$ 溶液的酸碱性,并从微观视角加以分析。

实验活动:(1)设计实验并验证盐溶液体系中盐电离出来的金属离子或酸根离子会与水电离出来的 OH^- 或 H^+ 结合形成弱电解质;(2)用 pH 试纸测定 0.1 mol/L Na_2CO_3、$Al_2(SO_4)_3$ 溶液的 pH,并将实验结果与预测相对比。

设计意图:引导学生从弱电解质电离平衡的角度,认识溶液体系中弱碱的金属离子或弱酸根离子能与水电离产生的 OH^- 或 H^+ 结合为弱电解质分子,形成对盐类水解微观本质的认识,并通过实验来验证这一认识的正确性。

环节五 探究活动3

思考分析：现有0.1 mol/L NaCl、KNO_3溶液，预测这两种溶液的pH，并从微观视角加以分析。

实验活动：用pH试纸检测上述两种溶液的pH。

交流讨论：(1)预测结果与实验结果是否一致？(2)若不一致，请分析其可能原因；(3)结合对前面六种盐溶液酸碱性的分析，总结盐溶液酸碱性的分析思路。

设计意图：通过呈现貌似"违背"盐类水解规律的案例，完善对盐类水解条件的认识，进一步深化对盐类水解本质的理解，完善从微观视角分析盐溶液酸碱性的认识思路。

环节六 迁移应用

提出问题：现有稀盐酸、氢氧化钠、硫酸钠、氯化铁及硅酸钠等溶液。

(1) 哪些溶液显酸性？哪些溶液显中性？哪些溶液显碱性？

(2) 以显酸性(或碱性)的溶液为例，从微观角度分析它们显酸性(或碱性)的原因。

(3) 结合问题(2)，总结可从哪些角度分析溶液的酸碱性。

(4) 结合(3)的分析，总结在分析电解质溶液酸碱性时，哪些溶液只需考虑电解质的电离，哪些溶液需要同时考虑电解质和水的电离以及电离出来的微粒间的相互作用？

设计意图：对酸碱电离和盐类水解知识进行统整，学会从多角度分析溶液酸碱性，巩固对电离、水解等相关知识的认识。

2－5 “科学探究与创新意识”内涵解读与教学培育

《普通高中化学课程标准(2017 年版)》对“科学探究与创新意识”素养的内涵界定如下：

素养 4　科学探究与创新意识

认识科学探究是进行科学解释和发现、创造和应用的科学实践活动；能发现和提出有探究价值的问题；能从问题和假设出发，依据探究目的，设计探究方案，运用化学实验、调查等方法进行实验探究；勤于实践，善于合作，敢于质疑，勇于创新。

化学是一门以实验为基础的科学，重视实验探究与实践活动，让学生在实验探究活动中学习科学方法、认识探究过程、培育实践能力，是化学课程的必然要求。因此，培育“科学探究与创新意识”素养成为化学课程的重要目标。如何有效开展“科学探究与创新意识”素养的培育？下面从几个方面加以论述。

一、为何强调“科学探究与创新意识”素养

根据马克思主义哲学的观点，真理是客观真实存在、不以人的意志改变而变化的。但真理是相对隐蔽的，是人们在不断的实践和长期的探索中总结提炼出来的，并在实践活动中不断检验和发展完善。化学科学中，物质及其运动变化规律就属于真理，人们要发现和认识它们，需要开展化学实践探索活动。其中，化学实验是最为重要的化学实践探索活动。正因如此，化学被认为是一门以实验为基础的科学，化学的学习与研究离不开化学实验。

化学实验是根据一定目的、运用特定手段并在人为实验条件下，改变实验对象的状态或性质，从而获得实验事实并最终得出相关结论性知识的科

学实践活动。[①] 该实践活动基于特定手段获取物质及其变化信息，运用比较分析、归纳概括等方法，或结合已有的化学规律与原理对实验现象和事实作出合理解释与论证，或概括抽提实验事实与现象的本质从而揭示化学变化规律与理论。利用实验手段开展物质及其变化的探究，需要学生具备发现问题并提出问题、作出合理假设、制定实验方案、根据事实现象得出结论的能力，需要学生掌握相应的研究方法，具备积极实践、敢于质疑等品质。因而，化学课程必须致力于培育与提升学生的实验探究能力。

探索物质及其运动的实验活动是一项具有创造性的实践活动，创新是以实验为手段的科学探究的一个重要特征。物质及其运动变化的规律及其理论的探索，需要学生独立思考、创造性地开发实验方案并创造性地开展实验活动，在实验探索过程中敢于坚持自己实验探索得到的事实与证据，敢于质疑和批判不同的观点，不迷信权威。而形式多样的探究活动、丰富多彩的实验现象，反过来又能激发学生创新意识、培育学生创新能力、引导学生创新实践。因此，化学课程教学，必须充分发挥化学与实验探究的功能价值，有效培育与发展学生创新精神和实践能力。

总之，化学学习活动的开展，需要进行以实验为主的多样化科学探究活动。科学探究活动的开展，不仅强调学生亲身参与，以第一视角进行操作、观察与思考，从而培育与发展科学探究等相关能力，促进知识和技能的增长，也能引导学生在观察、提问、预测的基础上，积极探究、乐于合作、敢于质疑，从而提升创新意识。因此，"科学探究与创新意识"是化学学科实践的核心要素，在化学课程中加以强调与培育是理所当然的。

二、"科学探究与创新意识"的内涵分析与学习要求

"科学探究与创新意识"主要包含两个方面的含义[②]：(1)立足科学探究的视角，涵盖提出化学问题，形成猜想和假设，获取和处理信息以及基于证据推理得出结论并作出解释，对科学探究过程和结果进行交流、评估、反思的能力；(2)对待科学探究活动所获得事实现象等信息的态度，强调既要尊重事实和证据，又敢于坚持自己的理解，敢于对不同观点提出质疑与批评，具备在独立思考基础

---

① 汪澜.化学教学论案例教程[M].武汉：华中师范大学出版社，2014：161

② 吴星.对高中化学核心素养的认识[J].化学教学，2017(05)：4

上提出创造性见解的品质。

新课程强调,"科学探究"既是化学课程的目标内容,又是化学课程的学习方式。指向课程目标内容的"科学探究",涵盖科学探究的核心要素、科学研究的基本方法、科学探究的相应能力以及科学探究对化学科学发展的意义。作为学习方式的"科学探究",强调化学学习过程开展以实验为主的科学探究活动,从而发现和认识化学物质及其运动变化规律等。对于这两个方面,统一于科学探究实践活动中。科学探究活动,要求学生遵循一定的程序与方法开展相应的实践活动,并以亲历者的身份直接进行操作、观察与思考,进而获取有关物质及其运动变化的最直接的经验,并经加工处理、概括抽提等思维活动,认识物质的组成结构及运动变化规律。这一认识过程,不仅强调学生在知识和技能上得到增长,在发现与提出问题、分析与解决问题能力上得到培育,同时还强调学生基于探究学会合作与交流、敢于质疑与批判、善于实践与创新等。因此,科学探究既是学习化学知识、发展探究能力的基本途径,还是激励学生形成创新意识的有效手段。

"创新意识"是指人们想要创造出社会和个体需要的新事物的动机,它存在于创新活动的心理准备阶段,并贯穿于创新活动的全过程。创新意识包括好奇心和批判精神等创新品质、新颖独创的创新思维、解决问题的创新方法等三要素。创新意识的强弱制约着创新能力的水平。创新能力是创新精神和实践能力的总和,是个体启动创新思维、运用知识经验、创造新颖独特产品的能力,包括创新意识、创新思维和创新技能三部分。培养创新型人才,重点是启发创新思维,关键是激发创新意识。在高中化学教学中,融入创新元素的化学实验,是创新意识培养的重要途径。[①] 化学实验是中学化学课程的重要内容,是中学化学教学的重要手段,还是人类识别和创造物质的重要方法,是创新的重要工具。因此,中学化学教学中巧妙地开展以化学实验为主的科学探究活动,可以激发学生的创新意识、提高学生的创新能力。

立足培育与发展化学学科核心素养的视角,"科学探究"与"创新意识"是一个整体。"科学探究"(尤其是以实验为主的探究活动)是培养学生"创新意识"

① 王伟风,黄都.基于实验创新的化学"创新意识"核心素养培育策略[J].广西教育,2018(22):68

和创造能力的重要载体与有效路径，而“创新意识”既源于“科学探究”，又能激发探究兴趣、指导探究活动。① 总而言之，“实验探究与创新意识”素养就是强调学生在化学学习中敢于并善于发现和提出问题，能依据问题设想去设计和优化实验方案，能独立或与同伴协作进行探究性实验活动；能和同学交流探究活动中所取得的成果，提出进一步探究或改进的设想；在化学学习和探究过程中，培育独立思考能力、质疑和批判的创新精神。

从课程标准对“实验探究与创新意识”核心素养的内涵要求看，强调学生通过化学课程的学习，建立起科学探究的意识，能够根据具体情境提出问题、作出合理假设，能根据探究的目的要求设计实验方案、开展实验探究活动，能够加工、分析实验探究活动所收集到的事实证据并得出结论，能对实验探究的过程与结果进行质疑和批判、评估和反思，等等。具体来看，总体包含如下方面的要求②：

• 能从自然界、生产、生活中发现和提出有探究价值的化学问题，确定探究目的，设计、优化探究方案。

• 能依据探究方案，运用科学的方法，通过观察、调查和实验，客观地收集、记录实验现象和数据。

• 能科学地加工、处理探究过程中获得的现象、数据，通过分析、归纳、推理，得出合理的结论。

• 能对探究过程、探究的结果与结论作检查和反思，并和同伴交流探讨，研究改进探究方案或提出进一步探究的设想。

• 在探究过程中能尊重客观事实，独立思考，善于和同伴合作交流，敢于质疑，敢于发表自己的见解、看法，不迷信权威，有批判精神和创新意识。

三、“科学探究与创新意识”素养的实践培育

化学知识习得过程十分复杂，涉及假设，实验，对证据评估并接受、拒绝或修正假设等科学思维活动，是科学思维发挥重要能动作用的过程(如图 2-5-1)③。因此，化学教学时，若直接向学生传授知识，必将导致学生丧失对相关化学事实现象特征演绎理解与认同的机会，丧失修正前认识并与新认识建立内在逻辑的

① 胡先锦.管窥高中化学学科核心素养[J].化学教与学，2017(03)：28

② 王云生.课堂转型与学科核心素养培养——中学化学课堂教学改革探索[M].上海：上海教育出版社，2016：37-38

③ 王健.考查科学思维的理科考试命题策略探讨[J].中国考试，2016(10)：45

加工活动过程，从而影响学生对知识的理解、认识方式与思维的建构和学科素养的培育。

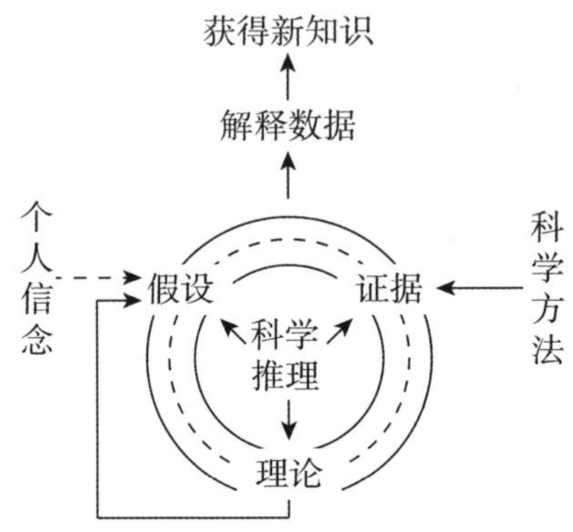

图 2-5-1 知识习得的思维过程

因此，化学教学需要引导学生经历“假说—演绎推理”的学习认知加工过程(如图 2-5-2)。

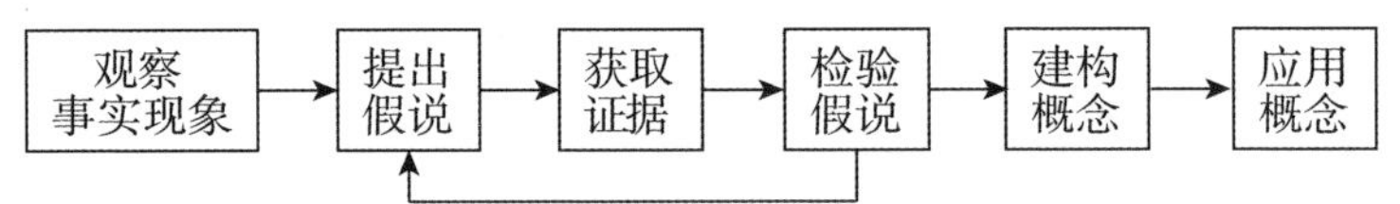

图 2-5-2 “假说—演绎推理”学习活动流程

该过程经历三个关键环节①：一是在观察和分析化学事实与现象基础上，结合推理和想象等活动提出假说；二是根据假说开展相关活动以获取证据，并依据所获得的证据验证假说；三是根据合理的假说，抽提化学事实与现象的本质特征或关键属性，从而建构科学认识。为进一步完善概念并深化认识，往往还强调应用知识概念去分析、解决问题。

引导学生开展基于“假说—演绎推理”的学习认知活动，学生将经历“提出问题—猜想假说—活动探究—获取证据—得出结论”等过程，从而对培养科学认知、发展探究能力起到很好的作用。而且，这样的知识习得过程是一个十分复杂的过程，需要学生创造性地开展认识活动，从而有助于培育善于合作、敢于质疑、勇于创新等优良个性品质。教学时，如何有效引导学生开展基于“假说—

① 戚国棋.“演绎推理”法在生物高考试题中的渗透和应用[J].生物学杂志，2010(01)：111

演绎推理”的化学学习，从而培育学生“科学探究与创新意识”素养？

教学时，首先要帮助学生明晰学习价值。学生只有明晰即将开展的学习活动的价值，才能积极参与到学习活动中。其次，应设置问题驱动探究。只有让学生明晰学习问题及其指向，学生才能基于价值的认识和已有经验开展探究活动。第三，要激活学生先有经验。只有激活学生的先有经验，学生才能基于问题提出合理的假设。第四，协助与指导学生开展探究活动。为证实或证伪假设，需要学生开展深入探究并由此获得丰富的事实证据。由于探究活动的复杂性，离不开教师的指导与帮助。最后，指导建立因果联系。经历假设、收集证据活动后，学生将证据和假设经过推理，建立起事实证据与具体问题的因果联系。在建立起因果联系后，就能很好地抽提总结事实现象的本质属性，从而有利于科学知识的掌握。①

四、培育“科学探究与创新意识”素养的教材分析与教学设计

【案例 1】 九年级化学（沪教版）第 4 章第 2 节“化学反应中的质量关系”教材分析

《义务教育化学课程标准（2011 年版）》对科学探究主题的内容和学习目标提出了具体详尽的要求。为体现并落实科学探究的要求，教材编写时不仅重视科学方法教育，而且突出科学探究活动的设计。在探究活动的设计上，注重设置“提出问题”“猜想与假设”“制定计划”“进行实验”“收集证据”“解释与结论”“反思与评价”以及“表达与交流”等活动，引导学生了解科学探究要素，认识探究活动的基本思路与流程等，训练假说、模型、观察与实验等科学方法，提升证据获取、分析加工、解释论证、创造性思维等关键能力，养成独立思考、敢于质疑和勇于创新的精神，从而培育学生科学探究的水平与能力。

如沪教版九年级化学教材第 4 章第 2 节“化学反应中的质量关系”，教材开篇提出问题“化学变化中物质的质量会发生变化吗”，引导学生明确本课研究的内容。在此基础上，设计了“交流与讨论”栏目，引导学生结合“火柴燃烧后只余下少许灰烬”“薄铜片在火焰上加热，表面变黑，质量增大”的事实现象，要求学生对化学变化中质量变化情况作出猜想与假设。接着，教材指出，“对物质变化

① 杨梓生，吴菊华.学生素养发展视野下的“假说—演绎推理”概念学习[J].福建基础教育研究，2017(11)：112

要进行定量研究”才能揭示化学变化的规律，以此渗透定量研究方法的认识与要求。为引导学生系统开展实验探究，安排了“活动与探究”栏目。本栏目呈现了“提出问题”“猜想与假设”“收集证据”“实验探究”“结论与反思”等相关内容与要求。在系统开展探究活动基础上，还安排了“交流与讨论”活动性栏目，进一步讨论相关反应中质量变化现象，立足微观视角讨论化学反应遵循质量守恒的原因。这样的教材编排，引导学生基于事实现象提出问题并作出猜想，通过实验、史料收集等活动获得与物质化学变化中质量变化情况的事实证据，并基于证据推论而得出结论，以及在交流研讨基础上立足于化学变化本质的微观视角论证结论的合理性。

特别值得强调的是，在“收集证据”环节中，教材引入了波义耳、拉瓦锡等定量研究化学反应的化学实验史实。这些化学实验史实的引入，不仅有助于学生感悟科学认识是经历“否定之否定”的过程，而且有助于学生感悟科学研究过程需要科研工作者具备尊重事实和证据、敢于质疑和勇于创新的精神。

【案例 2】 促进科学本质理解的“质量守恒定律”教学①

1. 教学内容与要求分析

人类对化学反应中质量关系的探究，源于 18 世纪冶金工业的发展。为解决冶金相关问题，科研工作者开展了探索。直到 1774 年，拉瓦锡发现并论证了质量守恒定律。“原子—分子学说”的建立，人们逐渐认识了化学反应的本质，理解了质量守恒的原因。随着原子核科学的发展，人们进一步认识到化学反应过程因有能量转化而存在质量亏损（数量级很小）。立足于增进学生科学本质理解的“质量守恒定律”教学，不仅要引导学生开展化学反应前后质量关系的探究，还应引导学生了解质量守恒定律研究背景、发展历程以及对社会影响等相关方面。

经过对化学史实的分析处理，提出在帮助学生认识质量守恒定律及其原因的基础上还应建立如下认识：①人类对化学反应质量关系的认识是分阶段的，而且后一阶段是对前一阶段的批判与继承；②对于各个阶段的认识，是特定条件下的产物，并在当时被认为与事实最为吻合（这就是“燃素说”统治化学界百

① 杨梓生，吴菊华.以化学史料为课程资源促进学生科学本质的理解——以“质量守恒定律”教学设计为例[J].化学教与学，2015(03)：2－4＋46

余年的原因);③人们对科学知识的认识会随着科学技术发展而逐步完善;④质量守恒定律是燃烧本质研究的“副产物”(人类在燃烧过程中认识了质量守恒定律)。

2. 促进科学本质理解的教学策略

为解决目前教学仅关注质量守恒定律内容及其微观解释的问题,必须深入开展相关化学史实的研究与挖掘,从而将质量守恒定律与科学家探索化学反应中物质质量关系的创造性活动联系起来,并将其作为课程资源,帮助学生了解相关知识的产生和发展过程,学习定量的研究方法,体验科学态度和科学精神,从而掌握化学知识、理解科学本质。这正是课程标准和教材将“拉瓦锡与质量守恒定律的发现”作为情境素材列入“质量守恒定律”之中的意图。因此,本课教学可立足下述方面用好相关化学史实:

(1) 用化学史实创设情境,帮助学生认识化学反应质量关系研究的历史背景,认识科学家如何开展化学反应中物质质量关系的研究。同时,结合化学史实等情境素材提出相关问题,激发学生在真实情境中开展化学反应前后物质质量关系探究的兴趣;

(2) 结合化学史实,帮助学生认识人类对化学反应质量关系的探索历程,认识到化学研究需要观察、推理与定量研究,认识到科学观点受时代影响,认识到化学知识的暂时性(阶段性)和发展性;

(3) 在建立化学反应质量守恒关系过程中,结合化学史实,让学生认识到早期人类对化学反应相关认知的局限性,并在微观本质揭示的基础上认识质量守恒定律的合理性与可靠性。

3. 教学内容与活动规划

环节一　了解化学反应质量关系研究的起因与发展

情境与问题1　18世纪中叶,冶金工业快速发展,人们迫切需要解决某些问题,如炼铁时为何要往炉里鼓风、风速多大合适、炼1吨铁要鼓多少空气等。这涉及燃烧的条件、反应中物质间量的关系等知识。

请思考:物质燃烧必须具备哪些条件?燃烧时,哪些物质间发生了化学反应?

情境与问题2　氧气是18世纪70年代才被发现的。发现氧气之前,燃烧被认为是一定温度下可燃物释放燃素、留下灰烬的过程(可燃物⟶燃素+灰烬)。这一观点即为燃素说。由于燃素说能够解释木材、煤炭燃烧后余下灰烬的质量比木材、煤炭小等许多现象,主宰化学界百余年。

请思考:和上一节学习的燃烧理论相比较,燃素说有哪些不科学的地方?

情境与问题3　其实,早在1673年,波义耳在敞口容器中加热金属使之转化为金属灰实验中,发现金属灰质量比金属大。这与燃烧说相矛盾(因为金属加热后质量变大意味着燃素质量小于0)。可波义耳没能继续探索,错失了发现燃烧本质的机会。此后,不少科学家继续开展研究。法国科学家拉瓦锡在前人研究基础上,于1774年前后采用课本所示装置进行著名的"十二天实验",发现在密闭容器中加热金属使之转化为金属灰时,容器(含金属、金属灰)的质量并未改变。通过进一步研究,拉瓦锡证明了空气由氧气与氮气组成,并指出燃烧是可燃物与氧气发生的氧化反应。

请思考:两位学者对金属与金属灰质量关系研究的结果有何差异?为何有此差异?

设计意图:让学生了解探索燃烧本质与化学反应质量关系的特定时代背景,感悟科学家的探索精神、实事求是的科学态度,认识到科学研究成果是以前人研究为基础的。

环节二　化学反应前后物质质量关系的探究

情境与问题4　不难发现,燃烧本质探索的过程也是化学反应中质量关系探索的过程,开展质量(定量)研究对化学科学发展具有重要意义。

请你猜想:化学反应过程中,反应前各物质的质量总和与反应后各物质的质量总和有怎样的关系?你猜想的依据是什么?

为证明猜想,须开展实验研究。请重温波义耳和拉瓦锡的金属转化为金属灰的实验,并思考:他们在实验过程中测量了哪些量?是如何进行测量的?实验过程关注什么结果?

设计意图:进一步认识化学反应质量关系研究的背景。利用两位化学家的研究作为情境并设问,不仅暗示实验研究需要注意条件,还为后续探究方案的设计起到定向作用。

情境与问题5　已知盐酸能与铁、碳酸钠反应,硫酸铜能与铁、氢氧化钠反应。现提供这些化学试剂和必要的器材,请各小组根据前述猜想与讨论,选择一个反应来探究。要求:在小组充分讨论后设计方案,方案经老师同意后开展实验,实验过程必须注意观察现象并做好记录。

在汇报实验结论基础上,引导学生讨论:(1)你认为自己得出的结论是否可靠?(2)你的结论和别人的结论是否一致?(3)如果和别人不一致,不一致的原因何在?(4)基于不一致,你将给自己或别人怎样的建议?给出建议的理由何在?

情境与问题6 在得出反应前与反应后体系质量保持不变的基础上,引导学生思考:(1)反应前后装置中包含哪些物质?是否都参加了反应?是否都完全反应?(2)能否根据"反应前后体系质量保持不变",得出"参加化学反应的各物质的质量总和等于反应后生成的各物质的质量总和"的结论?(3)如果不能,还需如何分析?

设计意图:提供几个反应供选择,不仅增强自主性,而且有利于制造认知冲突,深化学生对实验条件与结果的认识;对实验结果的分析,促进学生对"参加化学反应"含义的理解,帮助学生建立对"质量守恒定律"的认识。

情景与问题7 无数实验证明,质量守恒定律是正确的。但在当时,人们还无法解释为何化学反应遵循质量守恒。直到19世纪初建立了"原子—分子论",化学家才从本质上揭示了质量守恒的原因。"原子—分子"论指出:化学变化过程是不同物质的分子中各种原子重新结合的过程。

请结合教材第65页水分解为氢气和氧气、第98页镁与二氧化碳反应的微观示意图,思考下述问题:(1)两幅图片展示的反应,反应前后元素的种类、原子的种类与数目是否改变?(2)基于上述讨论,你能用微粒的观点对质量守恒定律作出解释吗?

设计意图:让学生感悟科学结论建立不是一蹴而就的,是随着科学发展而逐步深入的;感悟化学研究不仅总结化学规律,还需揭示规律背后的本质。

环节三 质量守恒定律的应用

情境与问题8 质量守恒定律在科研与生产中具有重要价值。请思考:(1)如果你是拉瓦锡,你将如何解释波义耳的实验现象(金属灰质量比金属大)?(2)2400年前,古希腊哲学家德谟克利特在一首诗中表达了物质不灭的观点:"无中不能生有,任何存在的东西也不会消失。看起来万物是死的,但实则犹生:正如一场春雨落地,瞬时失去踪影;可是草木却吸收了它,长出花叶果实——依然欣欣向荣。"请解释物质不灭的原因。

设计意图：回顾课前化学史料并引入新史实，引导学生像科学家一样分析思考不同的现象，深化对质量守恒内涵及微观本质的理解，提升分析、解决问题的能力。

环节四　对化学反应质量关系研究的发展与意义的认识

情境与问题 9　大家都知道，化学反应会伴随着光和热等能量变化。能量由何而来？研究表明它由质量转化而来，而且这一转化遵循爱因斯坦提出的质能方程。因而，从最严格意义上说，化学反应存在质量亏损。但因亏损的质量非常小而可忽略不计，故质量守恒定律仍被认为是科学的。

此外，拉瓦锡的研究不仅关注反应物与生成物总质量，还关注各物质的质量。如 HgO 分解实验中，拉瓦锡发现每 45 份质量的 HgO 分解，都得到 41.5 份质量的 Hg 和 3.5 份质量的 O_2。为什么各物质有固定的质量关系？与质量守恒定律有何联系？下一课时将继续探究。

设计意图：补充化学反应存在质量亏损这一事实，进一步揭示化学知识的发展性；再次回顾拉瓦锡研究的史实，拓宽学生的研究视野。这一拓展，不仅是实验方法的拓展（真正意义上的定量研究），而且为全面认识化学反应质量关系及化学方程式计算打下伏笔。

2-6 “科学态度与社会责任”内涵解读与教学培育

立足化学学习更高层次的价值追求，《普通高中化学课程标准(2017年版)》对“科学态度与社会责任”素养提出如下内涵要求：

素养5 科学态度与社会责任

具有安全意识和严谨求实的科学态度，具有探索未知、崇尚真理的意识；深刻认识化学对创造更多物质财富和精神财富、满足人民日益增长的美好生活需要的重大贡献；具有节约资源、保护环境的可持续发展意识，从自身做起，形成简约适度、绿色低碳的生活方式；能对与化学有关的社会热点问题作出正确的价值判断，能参与有关化学问题的社会实践活动。

中学化学课程为何强调培育学生“科学态度与社会责任”素养？提出怎样的学习要求？在教学中如何有效培育？厘清这些问题，是在化学课程教学中培育“科学态度与社会责任”核心素养的前提与关键。以下围绕这些方面具体论述。

一、为何强调“科学态度与社会责任”素养

根据马克思主义认识论，人类活动的目的在于认识世界与改造世界。研究化学物质及其运动变化规律的化学科学探索活动，作为人类的特殊认识活动，必然以探索物质及其转化的基本规律、建立物质及其转化的科学理论从而实现对客观物质世界的认识为目的，并以物质及其转化的基本规律和科学理论作为工具去改造世界。正如课程标准所强调的：化学是研究物质组成、结构、性质、转化及其应用的科学；化学课程的学习，能够促进学生运用知识和方法综合分析化学过程、参与与化学有关社会问题的决策；化学科学的发展，能够解决人类面临的与化学有关的社会问题，促进人类文明的可持续发展。

物质及其运动变化规律的探索必将是十分艰辛的过程，这就需要化学研究工作者具有执着探索的精神、崇尚真理的意识并付出刻苦艰辛的努力；而且，物质及其运动变化规律是客观的、不以人的意志为转移的，这就要求化学研究工作者在化学研究过程中遵循科学的行为规范、求实的科学精神、严谨的科学态度。违背科学态度、缺乏探索意识，是不可能很好地开展化学研究从而认识化学物质及其运动变化规律的。

掌握物质及其转化的基本规律和科学理论的最终目的，在于更好地认识世界并改造世界，且改造世界是其终极目标。根据马克思主义的观点，人们改造世界的活动，受制于人们的意识。人的意识一旦形成，便支配着人的社会活动，从而对社会的进程与发展产生巨大的影响。这种影响既可以是积极进步的，也可以是消极阻碍的。利用化学知识改造世界的活动也是如此：若能建立正确的价值观念，合理利用化学技术，将在促进人类文明的可持续发展中发挥重要的作用。但是，如果人们片面地追求化学技术的应用价值，忽略化学过程对自然可能带来的各种影响，将会给自然环境、社会生态、人类健康等带来各种影响。因而，应用物质及其转化规律改造世界时，要权衡利弊、强化社会责任。

因此，化学学习与研究活动，一方面要增强探究物质性质和变化的兴趣与能力，秉承求实严谨的科学态度，树立崇尚真理的意识，认识化学对社会发展的重大贡献；另一方面，要深刻认识环境保护和资源合理开发的重要性，建立“绿色化学”观念，强化社会责任意识，促进人类社会的可持续发展。显然，这是学习化学的最终目的和价值追求，是化学学科落实“立德树人”教育根本任务的核心体现。

二、“科学态度与社会责任”的内涵分析与学习要求

科学态度与社会责任，是探求知识的人必须要拥有的品质；树立科学态度、担当社会责任，则是学习包括化学在内的自然科学的最终目的和最高追求。高中化学课程标准所强调的“科学态度与社会责任”，是指在认识化学科学本质和化学科学的价值、理解“科学·技术·社会·环境”(STSE)关系基础上，逐渐形成的对化学科学技术应有的科学态度和社会责任感。①

很多时候，“科学态度”与“科学精神”常常混用。在我国，“科学精神”一词最早由化学家任鸿隽创用。历经时代的发展，科学精神的内涵得到不断丰富与

---

① 吴星.对高中化学核心素养的认识[J].化学教学，2017(05)：4

完善。科学精神是人类文明中最宝贵的精神财富之一，是在人类文明进程中逐步发展形成的。所谓科学精神，集中体现为实事求是、批判质疑、尊重实践、弘扬理性，其本质特征是倡导追求真理、鼓励创新、崇尚理性质疑、恪守严谨缜密的方法、坚持平等自由探索的原则、强调实践是检验真理的标准等。化学是以实验为基础的学科，讲究以实验事实说话，做实验过程形成的实事求是、开拓进取的精神就是科学精神；实验过程需要严谨求实的态度、尊重客观事实的精神；实验过程还需要面对挫折困境时有不惧艰辛、迎难而上的意识。因此，课程标准提出"具有安全意识和严谨求实的科学精神，具有探索未知、崇尚真理的意识""形成真理面前人人平等的意识""能尊重事实和证据，破除迷信，反对伪科学""养成独立思考、敢于质疑和勇于创新的精神""尊重科学伦理道德"等要求。

对于"社会责任"，原指一个组织对社会应负的责任，是组织承担的高于组织自己目标的社会义务。这显然不是课程标准所强调的"社会责任"。化学学科核心素养中的"社会责任"，强调的是学生通过化学学习之后建立起来的对社会整体承担的责任，包括角色义务责任和法律责任构成的二元结构体系。即社会责任是在一个特定的社会里，每个人在心里和感觉上对其他人的伦理关怀和义务。这一义务包括正视化学及其技术使用的有利一面和可能带来的危害(即正确理解"化学是一把双刃剑")，从而关注与化学有关的社会热点问题，建立"绿色化学"观念和可持续发展意识，学会分析化学过程对自然可能带来的各种危害，积极参与有关化学问题的社会决策。课程标准强调的"具有节约资源、保护环境的可持续发展意识，从自身做起，形成简约适度、绿色低碳的生活方式；能对与化学有关的社会热点问题作出正确的价值判断，能参与有关化学问题的社会实践活动"，是对社会责任的基本解释。

结合前述分析和课程标准要求可知，"科学态度与社会责任"揭示了化学课程学习的高层次价值追求，是化学学科课程培育的正确价值观念。参照课程标准对此维度化学学科核心素养内涵界定和化学学科核心素养的水平划分等，"科学态度与社会责任"的学习要求如下①：

- 具有终身学习、探索未知、崇尚真理、追求真理的意识，初步形成终身学

① 王云生.课堂转型与学科核心素养培养——中学化学课堂教学改革探索[M].上海：上海教育出版社，2016：38

习的能力，形成严谨求实的科学精神。

• 认识化学、技术、社会和环境之间的相互关系，赞赏化学对社会发展的重大作用，能运用已有知识和方法综合分析、全面认识化学过程对自然可能带来的各种影响。

• 具有环境保护和合理开发、利用资源的意识，理解和赞赏可持续发展和绿色化学的观念。

• 能关心并积极参与和化学有关的社会热点问题的讨论，能权衡利弊作出正确的价值判断，有社会责任感，敢于参与力所能及的决策和实践活动。

三、“科学态度与社会责任”素养的实践培育

根据内涵要求，“科学态度与社会责任”素养指向严谨求实的态度、探索未知与崇尚真理的精神、正确价值观念与取向、强烈的社会责任感、浓厚的探究意识与持久的学习兴趣等方面。立足课程“三维目标”视角看，属于“情感态度与价值观”范畴，其对应的学习内容属于情意类内容。而情意类内容的学习，是学习者基于特定情境任务，通过参与、观察、反思等活动，从而产生体验、获得感悟，进而内化习得的（如图 2-6-1）。[①]

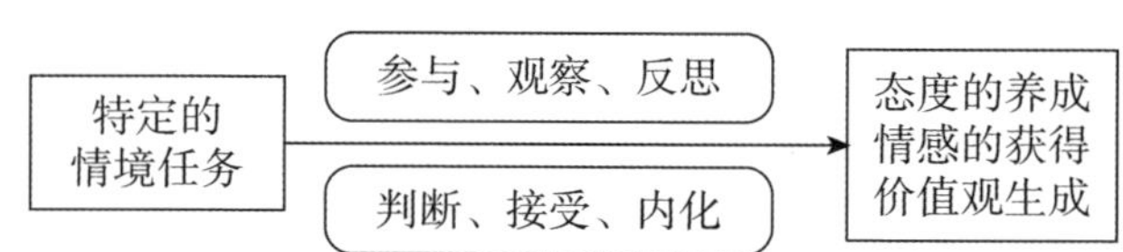

图 2-6-1　情意类内容的学习机制

显然，“情感态度与价值观”培育具有内隐性、境遇性、生成性及体验性等特点。因此，化学情意类内容学习，以情境为先决条件、以活动为基本途径、以体验为学习关键。[②] 基于这样的认识可知，“科学态度与社会责任”素养的培育，不能靠简单的灌输或者说教，而是需要在化学学习活动过程中发展、在合作交流中激荡、在反思实践中生成。教学过程中，应结合具体知识的学习，通过一系列活动使学生认识现象背后的原因和规律、知识形成发展的探索历程、科学技术应用及可能带来的风险等，从而在思想和观念上产生冲击，进而获得强烈的情

---

① 胡久华，王磊.初中化学教学策略[M].北京：北京师范大学出版社，2010：111-112

② 毕华林，亓英丽.化学教学设计——任务、策略与实践[M].北京：北京师范大学出版社，2013：133-135

感与体验、建立正确的价值观念。

根据“科学态度与社会责任”培育机制可知，寓情于境、以境激情，参与活动、获得体验，落实反思、增进内化是培育与发展这一素养的关键教学策略。从目前教学实践看，基于 STSE 教育的微项目学习很好地体现了前述教学策略，而且引导学生通过解决社会热点问题，增进对“化学・技术・社会・环境”相互关系的深刻理解，感悟化学科学应用的广泛性，领悟人类活动所应遵循的规则与价值取向，从而很好地培养学生的科学精神和社会责任感，形成和发展正确的价值观念。基于 STSE 教育的微项目学习的教学设计与实施路径如图2－6－2。

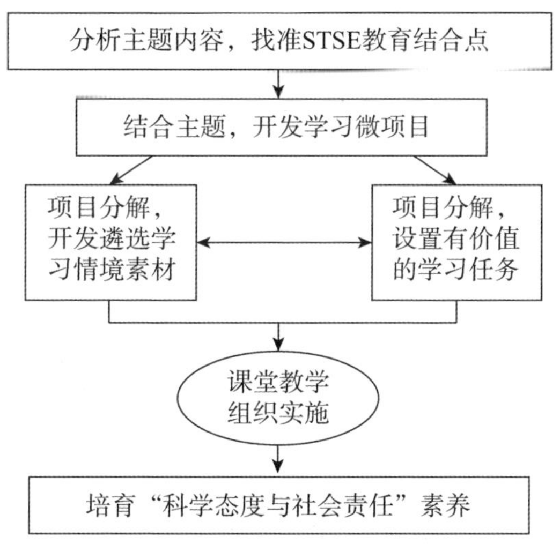

图 2－6－2　基于 STSE 教育的微项目学习实施路径

这一路径强调：教学设计时，应先结合课程内容，在分析学习要求基础上，找准 STSE 结合点，并根据主题内容和学习要求，立足生产与生活、能源与环境等热点社会问题，通过处理与加工，设置成需要学生去解决的微项目。在此基础上，精心开发紧扣微项目的学习情境素材，并结合情境素材与学习要求设置学习任务、规划学习活动；教学实施时，结合情境素材和学习任务，引导学生开展微项目研究，立足化学、技术与社会相联系的视角去认识化学问题、思考社会问题、开展探究活动，并在反思总结基础上，建立起审视科学、技术、社会和环境关系的视角，增进对 STSE 关系的理解，感悟人类生产生活应遵循的规则与价值取向等，从而培育“科学态度与社会责任”素养。

四、培育"科学态度与社会责任"素养的教材分析与教学设计

【案例 1】 九年级化学(沪教版)第 2 章第 3 节"自然界中的水"教材分析

该节包含"水的组成""水的净化"和"水资源的综合利用"三部分内容。在"水的组成"中,根据课程标准的要求,教材将电解水的实验与氢气在氧气中燃烧生成水的反应作为探究水的组成的基本内容。对于水,在很长的一段时间内被认为是组成物质的基本元素。直到 18 世纪末,科学家在前人研究的基础上揭示了水的组成的真面目。在水的组成的研究过程中,普利斯特里、卡文迪许等均作出过贡献(均注意到"可燃空气"及其在空气中燃烧会产生水的事实)。但由于卡文迪许是"燃素说"的虔诚信徒,始终认为水是由脱燃素空气与燃素化合而成。后来,拉瓦锡进行了实验,指出水不是一种元素,而是可燃空气与氧的化合物。同时,拉瓦锡指出,"可燃空气"不是什么燃素,而是组成水的一种元素,并将其命名为"氢"。1805 年,法国化学家盖・吕萨克在研究化学反应中气体体积关系的基础上,经过反复实验得出氢和氧化合为水,且氢气和氧气体积比为 2∶1,于是得到水的化学式为 H_2O。[①] 教材安排"水的组成"的学习与研究,结合化学史实,可以很好地进行"科学态度"素养的培育。在解决水的熟悉与陌生的"矛盾"并建立水的组成的科学认识过程中,感悟到这一历程需要科学家采用实验研究的方法、秉持严谨求实的态度和敢于批判质疑的精神。

在"水的净化"和"水资源的综合利用"中,基于自然界中水含杂质及其危害,介绍水净化的重要性及常用方法,并以自来水生产为例说明水净化的重要性;再通过呈现我国不同年份用水量资料,阐述用水量与工业发展的关系,揭示我国水资源短缺的现状,探讨解决淡水资源短缺的思路方法,提出保护水资源、节约用水的重要性。教材的编排暗含自然界中的水含有杂质与饮用水等需要净化的"矛盾"、用水量增长与水资源短缺的"矛盾"、海水资源丰富与淡水资源缺乏的"矛盾"。学习过程中,通过解决水含杂质与水的净化的"矛盾"以及学习常见含杂质水的危害、水净化的常用方法的过程中,认识到科学技术对人类发展的价值;通过解决用水量增长与水资源短缺的"矛盾",感悟到可持续发展对

---

① 章伟光,王程杰.初中化学教科书经典教学实验简介[M].广州:广东科学技术出版社,2014:221

人类社会发展的重要性，建立生态伦理与环境道德的意识；通过解决海水资源丰富与淡水资源缺乏、能源危机与水资源丰富的“矛盾”，感悟到化学与人类、社会的关系，体验到化学对促进人与自然、社会和谐发展的重要性。因此，本部分内容很好地培育学生树立保护水资源和合理使用自然资源的意识，赞赏化学科学对人类生活和社会发展的贡献，培养社会责任感、参与意识与决策能力，建立辩证和发展眼光看待问题的思维视角。①

【案例2】 基于STSE的微项目设计——学科视角下的科学防疫抗疫主题教学

1. 教学设计思想

为指导学生科学预防和抗击“新冠肺炎”，设计并实施了本教学活动。设计时，以“基于情境、问题导向、培育能力、发展素养”为指导思想，充分发挥教学情境与问题的教学价值，通过真实情境下的问题解决活动，引导学生认识“84消毒液”的有效成分及消毒原理，探究其消毒效果的影响因素，学会正确使用“84消毒液”，科学预防和抗击“新冠肺炎”。这一教学，不仅帮助学生获得基本化学知识，更关注学生科学看待网络信息、正确判断社会热点问题的科学态度以及同心抗疫、传播科学防疫知识的社会责任的培养。

2. 教学目标

(1) 通过分析“84消毒液”消毒原理活动，巩固研究无机元素化合物的“价类二维”思维，深化对NaClO性质及其应用的认识，发展微观探析、变化观念等素养。

(2) 通过探究“84消毒液”与乙醇反应的机理及其产物，形成关注社会热点问题、科学看待网络信息的意识，养成探索未知、严谨求实的科学态度。

(3) 通过探究“84消毒液”消毒效果的影响因素，学会科学使用“84消毒液”，体会化学知识在防疫抗疫中发挥的作用，树立学好化学、运用化学更好地服务社会的社会责任。

---

① 杨梓生.中学化学教育融合人文教育的认识与实践[J].化学教与学，2016(08)：7－8＋51

3. 教学流程

教学环节	教学内容	设计意图
谣言还是善意的忠告	展示“新冠肺炎”爆发期间网络流传的因消毒剂使用不科学引起安全事故的视频和图片	激发学生学习兴趣的同时引导学生科学看待网络资料，鼓励学生立足化学视角对有关社会热点问题作出合理的分析判断
正确认识“84消毒液”	任务1：了解“84消毒液”的消毒原理	认识“84消毒液”灭活新冠病毒的原理，感受化学在防疫中的贡献，为顺利完成任务2和任务3作铺垫
	任务2：探究网络关于“84消毒液”与乙醇混用会产生氯气问题的真实性	引导学生对与化学有关的社会问题进行思考、判断，形成探索未知的意识和严谨求实的科学态度，培养学生用实验解答疑问的实践精神
	任务3：探究“84消毒液”消毒效果的影响因素	运用已学知识有理有据地分析“84消毒液”消毒效果的影响因素，提升证据推理、变化观念、平衡思想等素养
科学防疫	对科学、安全使用“84消毒液”作总结	鼓励学生学以致用，并传播科学防疫抗疫知识，助力疫情防治，培养学生的社会责任素养

4. 教学实录

环节一　谣言还是善意的忠告

［导入］近期，武汉爆发新冠肺炎，并蔓延至整个湖北、波及全国，疫情牵动着每个中国人的心。党中央高度重视疫情防治，选派高级别专家奔赴武汉、抗击疫情。科学消毒是有效控制疫情传播的手段之一，下面是医疗专家组对新冠病毒消毒的建议。

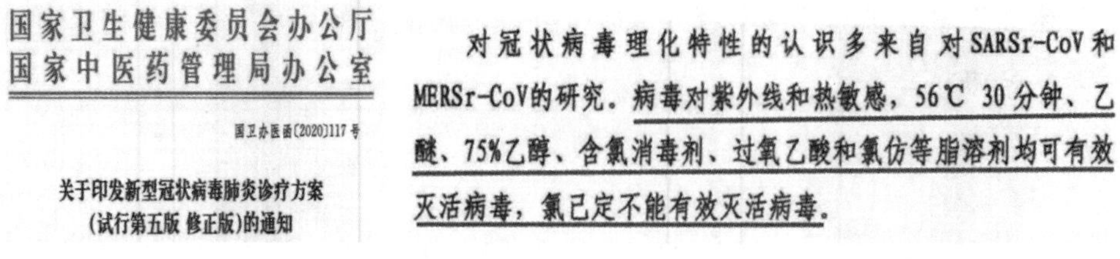

国家卫生健康委员会办公厅
国家中医药管理局办公室

国卫办医函〔2020〕117号

关于印发新型冠状病毒肺炎诊疗方案
（试行第五版 修正版）的通知

对冠状病毒理化特性的认识多来自对SARSr-CoV和MERSr-CoV的研究。病毒对紫外线和热敏感，56℃ 30分钟、乙醚、75%乙醇、含氯消毒剂、过氧乙酸和氯仿等脂溶剂均可有效灭活病毒，氯已定不能有效灭活病毒。

［教师］75％乙醇、含氯消毒剂等可有效灭活病毒，但需合理使用。下面是最近微信朋友圈、互联网等传播的信息。

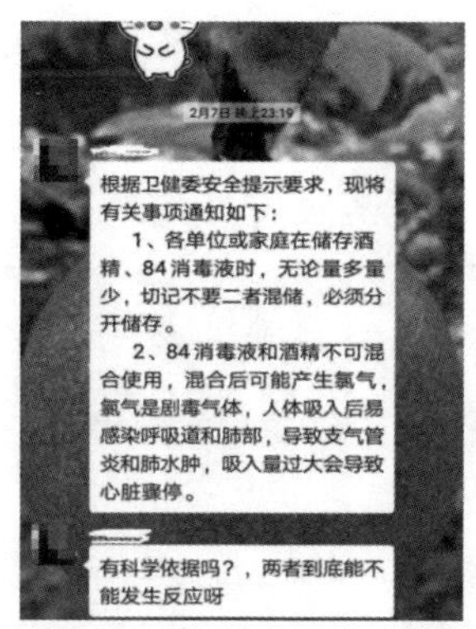

［教师］"'84 消毒液'会与乙醇反应产生致命的氯气"，这是谣言还是善意的忠告？疫情面前，应本着科学的态度对待信息、辨别真假，切不可以讹传讹。要辨别信息的真假，我们该怎么做呢？

环节二 正确认识"84 消毒液"

任务 1 了解"84 消毒液"的消毒原理

［教师］"84 消毒液"可由 Cl_2 与 NaOH 溶液反应制得，其有效成分是什么？有哪些化学性质？请进行分析。

［学生］有效成分为 NaClO，会发生水解，溶液呈碱性；NaClO 具有氧化性、漂白性。

［教师］"84 消毒液"为何会具有消毒作用？

［介绍］NaClO 电离产生 ClO^-，ClO^- 在酸性和碱性条件下均有较强氧化性，但酸性时氧化性更强；NaClO 会水解，产生具有氧化性的 HClO；HClO 还会产生具有极强氧化性的新生态氧［O］（由一个氧原子构成）：$HClO \rightleftharpoons HCl + [O]$。三种微粒的氧化性强弱为：$[O] > HClO > ClO^-$。

［教师］"84 消毒液"是利用氧化性灭活病菌的，具体消毒原理是怎样的？

［介绍］［O］、HClO、ClO^- 为"84 消毒液"中的主要消毒成分，Cl^- 的消毒作用也功不可没。消毒原理为：①［O］极强的氧化性使菌体和病毒的蛋白质变性，从而将其灭活；②HClO、ClO^- 通过与细菌细胞壁和病毒外壳发生氧化还原作用，使病菌裂解，HClO、ClO^- 还能渗透到细胞内部，氧化细菌体内的酶，使细菌死亡；③Cl^- 能显著改变细菌和病原体的渗透压，导致其丧失活性而死亡。

任务 2 探究网络关于"84 消毒液"与乙醇混用会产生氯气问题的真实性

［教师］"84 消毒液"与乙醇能否反应？为什么？

[学生]（讨论后回答）NaClO 具有强氧化性，乙醇具有还原性，二者可能发生反应。

[教师] 那是否会有氯气产生呢？大家一起来看××同学在家做的实验。

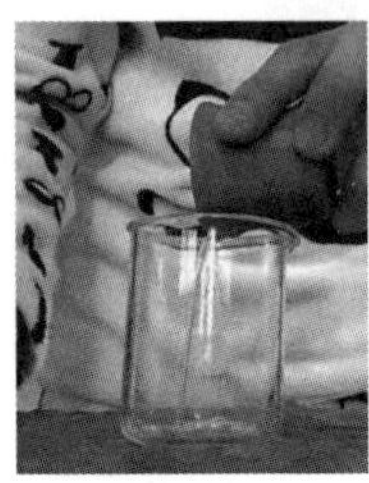

[教师] 请××同学来介绍实验过程和现象。

[学生] 因实验仪器受限，只找到小烧杯。在烧杯中加入一定量的“84 消毒液”，再加入适量 75％乙醇溶液，振荡，未发现明显现象；闻气味，有刺激性气味，但与“84 消毒液”的气味差别不大。

[教师] 感谢××同学。著名化学家傅鹰说过：“实验是化学的最高法庭。”你用实验来解答疑问的做法值得大家学习。由于条件所限，实验难以尽善尽美，无法得出是否有氯气产生的结论。因疫情原因，老师也无法到实验室开展研究。下面，大家从反应原理出发，一起探索二者会如何反应。

[介绍]《基础有机化学》指出：乙醇被 NaClO 氧化为乙醛，并继续被氧化为乙酸：

$CH_3CH_2OH+ClO^- \longrightarrow CH_3CHO+Cl^-+H_2O$;

$CH_3CHO+ClO^- \longrightarrow CH_3COOH+Cl^-$

进一步查阅资料发现，后续反应如何进行还存在两种观点：

观点 1：产物乙酸使溶液的酸性增强，有利于 $ClO^-+Cl^-+2H^+ = Cl_2\uparrow+H_2O$ 发生。但产生氯气速率慢，观察不到现象。

观点 2：为了使 ClO^- 更稳定，“84 消毒液”添加了少量 NaOH。氯气会与碱反应；碱性条件下氯气也会与乙醇发生卤仿反应，产生三氯乙醛、氯仿等，不会释放出氯气。

[教师] 两种分析都合理。由于市售消毒液确实添加了 NaOH，老师更赞成观点 2。至于究竟能否产生氯气，需要综合考虑。但可以肯定的是，两者混合使用，会降低“84 消毒液”的消毒效果。

任务 3　探究“84 消毒液”消毒效果的影响因素

[过渡] 虽无法判断“84 消毒液”能否与乙醇反应产生氯气，但这些消息提醒了大家要正确使用“84 消毒液”。

[教师] 根据消毒原理，请分析“84 消毒液”消毒效果的影响因素有哪些。

[学生] 时间、浓度、温度、酸碱度、还原性物质……

[教师] 这些因素都会影响消毒效果。其中，时间和浓度如何影响“84 消毒液”消毒效果呢？

[学生] 应该是时间长、浓度高，则消毒效果好。

[教师] 正确。但浓度太高，容易腐蚀物品和皮肤，且易产生氯气引起二次污染。不同消毒对象对应的稀释配比及作用时间如下。

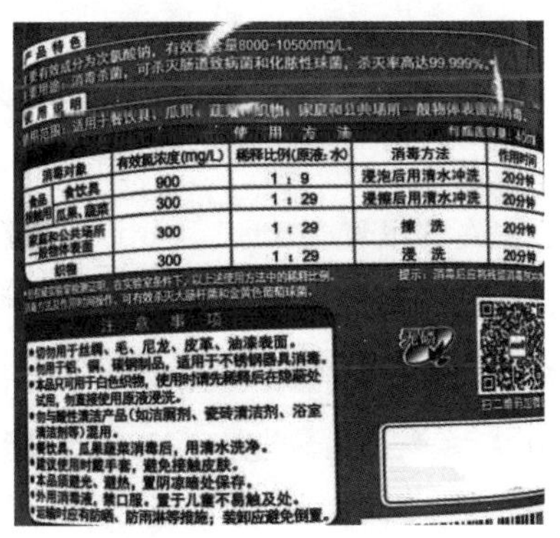

消毒对象	消毒剂浓度 (mg/L)	稀释倍数 (原液∶水)	作用时间 (分钟)	使用方法
一般物体表面	100—250	1∶450—1∶180	10—30	对各类清洁物体表面擦拭、浸泡、冲洗消毒
	400—700	1∶110—1∶60	10—30	对各类非清洁物体表面擦拭、浸泡、喷洒消毒，喷洒量以喷湿为度
织物	250—400	1∶180—1∶110	20	消毒时将织物全部浸泡在消毒液中消毒后，用生活饮用水将残留消毒剂冲净
血液、黏液等体液污染物品	5 000—10 000	1∶9—1∶4	≥60	对各类传染病病原体污染物品、物体表面覆盖、浸泡消毒
排泄物	10 000—20 000	1∶4—1∶2	≥120	按照一份消毒液、两份排泄物混合搅拌后静置 120 分钟以上

[教师] 温度如何影响“84 消毒液”的消毒效果？请相互讨论，并说明理由。

[学生 1] $ClO^- + H_2O \rightleftharpoons HClO + OH^-$ 正反应为吸热过程，温度高有利于生成 HClO，提高氧化性、增强消毒效果。

[学生 2] 我不赞同！因为高温会加快 HClO 分解，反而会降低消毒效果。

[教师] 哪位同学说得更有道理呢？

[学生] 同学 2。

[教师] 高温可以杀菌，但高温会促进 HClO 分解，导致消毒效果降低。非专业人员一般在室温下使用。

[过渡] 酸碱度又会如何影响“84 消毒液”的消毒效果？请讨论后回答，并说明理由。

[学生] （讨论后回答）酸性时消毒效果好。因为酸性环境下生成更多的 HClO 并促使[O]增加。

[教师] 酸性越强消毒效果越好吗？

[学生] 酸性太强会发生反应：$ClO^- + Cl^- + 2H^+ = Cl_2\uparrow + H_2O$。

[教师] 没错。酸性太强不仅降低了消毒效果，还会产生 Cl_2。研究表明，pH 在 5.6—9.5 范围内，pH 越低，消毒效果越好，即弱酸性条件下消毒效果最好。酸性较强时容易生成氯气，所以“84 消毒液”不能与“洁厕灵”混用。非专业人员使用时，禁止与强酸性物质混用。

[过渡] “84 消毒液”不能与“洁厕灵”等强酸性物质混用，那能否与双氧水混用？

[学生] （思考后回答）NaClO 与双氧水之间能发生反应：$NaClO + H_2O_2 = NaCl + O_2\uparrow + H_2O$

[教师] 二者混合消毒效果不但不会增强，反而会降低。除了 H_2O_2 外，其他具有还原性的物质都不能与“84 消毒液”混用，如亚铁盐溶液等。

环节三　科学防疫——“84 消毒液”使用的注意事项

[过渡] 学习 NaClO 消毒原理及消毒效果影响因素后，请总结如何科学、安全地使用“84 消毒液”。

（学生总结回答）

[师生总结] “84 消毒液”是广谱、高效、速效的消毒剂，具有杀菌率高、杀菌种类多的特点，能迅速杀灭各类细菌芽孢和各型肝炎、艾滋病等病毒，当然也包

括新型冠状病毒。根据前面的分析，我们总结使用“84 消毒液”进行消毒时应注意如下几点：

(1) 认真阅读使用说明，包括使用方法、配制比例，消毒时应根据消毒目的确定相应的消毒时长。

(2) “84 消毒液”有强氧化性，不能直接接触皮肤，消毒前戴好手套等防护用具；不能与双氧水、乙醇等具有还原性的物质混合使用，也不能与“洁厕灵”等强酸性物质混用。

(3) “84 消毒液”具有漂白性，不能与有色织物接触。

(4) 在室温下配制“84 消毒液”，现配现用，经消毒后的场所要打开门窗通风透气。

[教师] 同学们平时应该多传播科学的防疫知识，对与化学有关的社会热点问题要正确判断。虽然当前疫情形势比较严峻，但只要我们科学防疫抗疫，在大家的共同努力下，一定能取得这场战役的最终胜利！

（案例设计者：邹国华、杨梓生）

3　学科知识发展学科核心素养的价值分析及行动策略

《普通高中化学课程标准(2017 年版)》指出:化学学科核心素养是学生通过学科学习而逐步形成的正确价值观念、必备品格和关键能力;化学知识是培养学生化学学科核心素养的重要载体。因此,培育与发展学生的化学学科核心素养,首先要准确把握化学学科知识在培育学科核心素养方面的价值。如何准确分析化学知识对培育化学学科核心素养上所能承载的价值?

本专题立足化学认识活动的视角,提出揭示化学知识对培育化学学科核心素养功能价值的"两层四维"分析模型。这一模型将具体的化学知识作为认识对象,从"认识广度(包括认识域和认识角度)""认识深度""认识思路"及"认识结果"四个维度加以分析,并在抽提概括的基础上确定化学知识在培育学生化学学科核心素养方面所承载的价值。

同时,本专题还利用"两层四维"分析模型,对"化学理论性知识""无机元素化合物""有机化合物""化学实验与探究"等化学知识在培育学科核心素养方面所能承载的价值进行剖析,并就如何发挥各知识块价值提出具体的教学行动策略,从而指导一线教师有效开展"素养为本"的教学。

3-1 基于认识视角的学科知识价值分析

根据高中化学课程特点与目标，化学课程标准研制组提炼了包括“宏观辨识与微观探析”“变化观念与平衡思想”“证据推理与模型认知”“科学探究与创新意识”“科学态度与社会责任”五个方面的化学学科核心素养。这些素养“反映了社会主义核心价值观下化学学科育人的基本要求，全面展现了化学课程学习对学生未来发展的重要价值”。化学学科核心素养是学生在化学课程学习中培育与发展起来的，“化学知识是培养学生化学学科核心素养的重要载体”①。因此，实施“素养为本”的化学教学必须准确把握学科知识在培育学科核心素养方面的价值。那么，应如何准确分析化学知识在培育化学学科核心素养上所能承载的价值？由于化学学科核心素养是学生在认识实践活动中建构起来的、反映化学学科思维及价值取向等的学科整体育人功能和价值的体现，因此应高度重视课程内容在丰富学生化学认识角度和建构与完善化学认识思路等方面的认识功能。

一、化学学科知识的认识过程及其认知功能

研究者指出：知识是认识主体针对某一特定的研究对象，在特定问题驱动下，通过选取特定的认识角度、采用特定的认识思路、经历特定的推理加工过程，并在归纳整合、概括提炼基础上形成的特定的认识结果。② 化学知识的认识与形成过程可用图 3-1-1 来表示。

由此可知，知识并不是“死的”“符号性的”内容，而是“活的”“包含认知过程所采用的思路与方法等程序性、策略性、观念性知识在内”的多方面的融合体。

---

① 中华人民共和国教育部.普通高中化学课程标准(2017 年版)[M].北京：人民教育出版社，2018：68

② 房喻，徐端钧.普通高中化学课程标准(2017 年版)解读[M].北京：高等教育出版社，2019：97

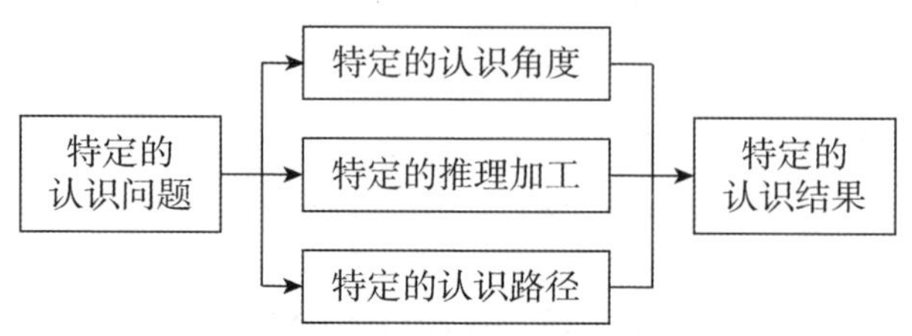

图 3-1-1 知识的认识与形成过程

因此，学科知识具有丰富认识视角、形成认识思路、发展证据推理、提升认识水平等认识功能，从而能够承载与其认识过程（所采取的认识视角、思路与方法等）与认知结果（对应的认识发展水平）相匹配的学科核心素养的发展价值。

以高中化学必修课程“电离”知识为例，教材呈现了“为何氯化钠等溶液能够导电”的特定问题。为研究这一问题，学生根据物理学中导电的相关知识（电子定向移动）或在教师的帮助下，选择微观这一特定的角度，分析氯化钠在水溶液中的行为。在此基础上，结合氯化钠固体不能导电、水不能导电而氯化钠的水溶液能够导电的事实，推断氯化钠溶解于水中必然产生“新物质”。显然，这样的认识过程，采用了宏观切入、微观分析的认识思路，并经历分析推理等过程，从而把握电解质溶液导电这一宏观现象背后的本质。经过这样的认识活动，在师生共同努力下，建立起从微观角度认识电解质与水分子的作用及其在溶液中以离子形态存在的认识（即电离），并将电离与导电建立本质性联系。因此，“电离”能够培育学生“证明推理”“宏观辨识与微观探析”等核心素养。

二、基于认识视角的学科知识价值分析①

化学学习是特殊的认识活动，包含认识化学客观世界采取的方式以及所得到的认识结果。化学认识方式是个体对化学客观事物的反映方式，表现为认识化学事实现象、解决化学问题所采用的认识策略与思维模式，包含认识对象、认识域与认识角度、认识深度和认识思路等要素（内涵如表 3-1-1）。化学认识结果是基于特定认识方式开展化学学习取得的认识结果（常用语言、文字、图像、符号等表征）。其中，化学学科知识是重要的化学认识结果。优质的化学学

① 吴菊华，杨梓生.化学知识在培育学科核心素养的价值分析[J].福建教育（中等教育），2019(03):58

习，学生将达成较高水平的学科素养，即能够从纷繁复杂的事实与现象中提取化学认识对象，从不同认知域与认识角度进行深入分析，建立起清晰有序的认识思路，建立起与化学认识对象相关的、具有逻辑关系的整体性认识，并能用符号化的化学语言等加以表征。

表 3-1-1　认识方式的要素及其内涵

要素	内涵	备注
认识对象	具体的化学事实或现象	通常指化学概念、原理、元素化合物等内容
认识域	从哪些领域认识对象	包括学科域、自然域、社会域等三个领域
认识角度	从哪些角度分析认识对象	如原理性知识从定义、本质、条件及应用等角度认识
认识深度	分析认识对象的水平层次	主要有宏观—微观、定性—定量、孤立静止—动态联系、文字—符号等维度
认识思路	分析认识对象的思维路径	如现象—本质、结构—性质—用途、个别(代表物)——般(类属)等

由于化学学科核心素养体现学生从化学视角认识客观事物的方式与结果水平，它受学生学习化学知识时采用的认识方式影响。结合之前关于认识方式与认识结果的分析，提出图 3-1-2 所示的化学知识在培育化学学科核心素养功能价值的“两层四维”分析模型(“两层”指“认识方式”与“认识结果”两个层面，“四维”指“认识广度”“认识深度”“认识思路”及“认识结果”四个维度)。教学研究时，将具体的化学知识作为认识对象，并将这一化学知识置于化学课程体系中，分析课程标准确立该化学知识的认识广度(包括认识域和认识角度)、认识深度、认识思路以及通过学习将达成的认识结果水平。在此基础上，对认识活动“两层四维”进行抽提，确定该知识在培育学生核心素养方面所承载的价值。

需要指出的是：学科内容虽然是学生核心素养的认识基础和学习载体，能够承载着培育学生核心素养发展的价值，但学科知识“本身不是学科核心素养

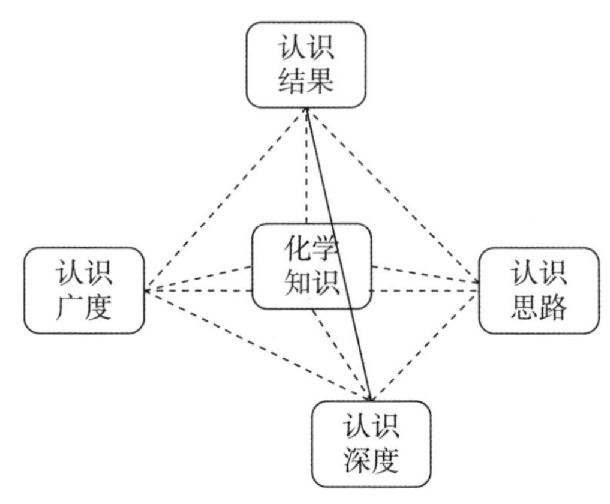

图 3-1-2　基于认识视角的知识价值分析模型

培育发展的充分条件”①。教学时,只有准确认识学科知识所能承载的相应价值,根据达成这些价值的认识角度、认识思路、推理活动等来组织教学,才有可能在教学过程中结合具体的学科知识培育学生的学科核心素养。

三、学科知识价值分析的行动策略

《普通高中化学课程标准(2017 年版)》将培育并发展学生化学学科核心素养作为课程目标。如前所述,化学学科核心素养是化学课程学习的结果,它的发展水平必将受化学教学活动的影响,而化学教学活动又将受制于教师对课程标准规定的课程内容及其认识要求的理解。因此,剖析学科知识对培育学科核心素养的价值时,应突出课程标准的课程内容及其学习要求分析,把握课程对学科知识提出的认知方式与认知结果的要求,从而把握课程内容价值。

《普通高中化学课程标准(2017 年版)》按“模块—主题—单元”的层级线索来组织课程内容。根据这一组织特点,不难看出课程内容是为模块功能的达成、主题内容的掌握、单元目标的实现并最终为化学学科核心素养的培育与发展服务的。因此,对于课程内容的分析,不能孤立地对课程内容进行解析,而应立足于课程内容所在的模块、主题、单元并结合学业要求等进行整体性把握,充分把握课程内容的教学要求。在此基础上,立足于化学认识的维度和要素,将课程内容的教学要求转化为认识方式与认识结果等方面的要求,从而提取课程内容的素养发展价值。为此,在教学实践中可借鉴图 3-1-3 的流程开展分析。

① 黄燕宁.论核心素养视阈下的初中化学教学[J].中学化学教学参考,2018(03):2

具体要求如下：

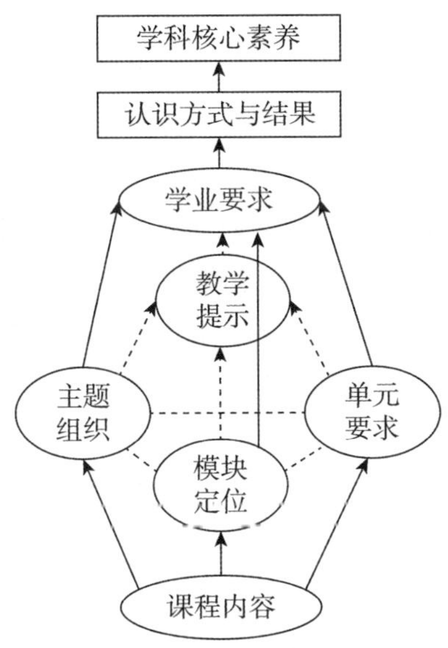

图 3-1-3　课程内容的价值分析路径

1. 课程内容的模块定位分析，强调从课程模块的宏观层面，根据课程内容所处的模块及模块所包含的相关内容出发，深入分析模块功能定位对课程内容提出怎样的认识需求、课程内容如何发挥其认识功能价值从而促进模块功能的达成、课程模块提出从哪些领域认识课程内容等三个方面问题。

2. 课程内容的主题组织分析，要求从课程模块的学习主题这一中观层面来揭示课程内容的认识要求。分析研究时，要结合课程内容所处的学习主题，根据学习主题所包含的知识条目、呈现顺序及条目内容间的逻辑关系，更进一步地揭示课程内容的认识功能价值，并厘清具体课程内容学习研究的认识思路。

3. 对于课程内容的单元要求分析，立足于课程标准的知识条目(一个知识条目往往为一个教学单元)的微观层面，根据知识条目所描述课程内容的认识建构情境与途径及其认知结果要求等方面，提炼出单元课程内容的认识域和认知角度、认识深度以及认识思路，从而把握课程标准对具体内容提出的、期望学生达成的认识素养要求。这是单元教学研究的重点。

4. "教学提示"针对主题内容特点和学生学科核心素养发展的需要，从主题教学的教学策略、学习活动和情境素材等三个方面提出了意见和建议。① 这些意见和建议，更为明晰地指向教学（学习）相关课程内容的情境素材、行动方式和行动策略。因此，深入分析“教学提示”，旨在进一步明晰课程内容在何认知领域、立足哪些认识角度、采用怎样的认识思路和思维方法开展学习并达成怎样的认识要求。

5.“学业水平要求”采用行为动词表达学生应该能够做什么以及达到怎样的水平层次，较为详尽地界定相关课程内容学习应达成的素养能力表现要求。它是课程内容对应的“模块定位”“主题组织”和“单元要求”的更为详尽的介绍，是学生通过课程学习应该达到的认识要求。因此，开展“学业水平要求”的分析，将有助于把握采用“教学提示”反映认识方式后所能达成的认识结果。

基于前述五个方面的分析，能很好地把握课程标准对相关课程内容提出的认识方式及其认识结果。而通过课程内容认识方式与认知结果的分析，可以很好地把握课程内容需要建立起怎样的化学认识角度和化学认识思路、发展怎样的化学学科思维方式和解决真实化学问题的能力等，从而厘清相关内容在培育与发展学科核心素养方面的育人价值。

四、课程内容的价值分析——以高中必修模块“氧化还原反应”为例

1. 模块定位分析

“氧化还原反应”安排在高中必修模块中。该模块提出学习常见化学物质、知道化学反应一般原理、了解化学原理在生产生活中的应用、运用所学知识解释化学现象与解决化学问题等目标要求。这就要求通过氧化还原反应的学习，建立从电子转移视角认识化学反应、从微观视角认识化学反应分类的方法，深化对化学反应的认识；建立从元素价态视角预测物质性质的思路方法，以指导化学物质的转化、合理使用化学物质、解释生产生活现象及解决相关化学问题等。

结合上述模块定位及学习要求，可以看出课程标准强调从学科域（认识氧化还原反应的本质是电子的转移、从物质及其变化分类的角度看待氧化还原反应）、社会域（了解生产生活中的氧化还原反应及其应用）和自然域（自然界发生的氧化还原反应及对生态、环境的影响）等三个领域来认识、理解、运用氧化还

---

① 房喻，徐端钧.普通高中化学课程标准（2017 年版）解读[M].北京：高等教育出版社，2019：98

原反应这一化学核心概念。

2. 主题组织分析

高中必修课程“主题 2”安排物质分类、氧化还原反应、常见无机物的主要性质及其应用等内容。这样的主题组织，将化学概念和元素化合物内容融合在一起，强调发挥化学核心概念对无机元素化合物性质学习的指导作用，凸显从元素、分类、氧化还原反应等视角认识常见无机物。强调对物质所含元素价态的分析，预测相关物质性质及其转化条件，发展与完善从宏观到微观、从现象到本质的物质、性质及其变化的分类系统，建立研究物质性质及其转化的认识思路。

该主题先后安排元素与物质、氧化还原反应、电离与离子反应、金属及其化合物、非金属及其化合物、物质性质及物质转化的价值等内容。这样的组织顺序，强调核心概念统领、聚焦学科大概念，从而引导学生建立新的元素化合物知识的认识角度，优化和发展原有的认识方式。① 即要求立足元素的视角，并在分类基础上，结合氧化还原反应知识、立足电子转移与元素价态变化的角度学习常见金属、非金属及其化合物的性质及其转化，建构基于“价类二维”的元素观。

3. 单元要求分析

本单元提出“认识有化合价变化的反应是氧化还原反应，了解氧化还原反应的本质是电子的转移，知道常见的氧化剂和还原剂”的学习要求。这一学习要求，强调结合常见的化学反应，并从元素价态变化表征出发认识氧化还原反应，进而立足电子转移的微观视角理解氧化还原反应的本质。此外，基于氧化还原反应的知识，拓展对物质分类的认识。

由此可见，本单元学习将发展学生对物质及其变化的认识。一是从反应的本质与表征，氧化剂与还原剂、氧化产物与还原产物、氧化性与还原性、氧化反应与还原反应等多角度认识氧化还原反应；二是对化学反应的认识从初中侧重宏观、定性水平（物质的种类数目）转向微观、定量水平（电子得失与转移数目）；三是建立起微观视角（电子转移视角）审视物质的化学性质及物质间转化的认识思路。

4. 教学策略分析

对于氧化还原反应的教学，强调紧密联系生产生活实际，创设丰富多样的

---

① 房喻，徐端钧.普通高中化学课程标准(2017 年版)解读[M].北京：高等教育出版社，2019：104

真实问题情境，强调发挥氧化还原反应这一核心概念对元素化合物学习的指导作用；要求开展氧化还原本质的探究活动以及物质氧化性和还原性的探究，注重选用氧化还原理论建立的史料和日常生活中的氧化还原反应作为教学情境素材。

上述教学策略明示了氧化还原反应的建构路径：通过探究活动及日常生活中常见氧化还原反应的分析途径，感知某些反应存在电子转移的现象和事实，建立起对氧化还原反应的本质是电子转移、立足微观角度分析物质氧化性与还原性以及生产生活中普遍存在氧化还原反应的认识要求。强调应立足“社会域”认识氧化还原反应，即需要结合生产生活中的氧化还原反应，认识到氧化还原反应的普遍存在及其在生产生活中的应用与危害等。此外，还强调学生了解通过氧化还原反应可探索物质性质、实现物质转化、认识物质性质及转化在自然界资源综合利用和环境保护中的重要价值，体现对“科学态度与社会责任”内涵实质的认识。

5. 学业要求分析

《普通高中化学课程标准(2017 年版)》强调，通过氧化还原反应的学习，能够利用这一核心概念对常见的反应进行分类和分析说明，能够从组成元素价态的角度预测物质的化学性质和变化并能设计实验验证，能够从物质的元素价态变化的视角说明物质的转化路径，能有意识地运用氧化还原反应知识参与社会性议题的讨论等。①

上述要求，清晰地指明氧化还原反应学习认识活动应达成的“认识结果”，揭示了氧化还原反应这一核心概念的认知功能与价值。具体表现为：能够从微观角度认识氧化还原反应，形成认识化学反应及物质性质的微观视角；建立氧化还原反应的认识模型，并能利用这一认识模型分析并实现物质转化，从而解决生产生活中的相关化学问题，增强社会责任感；丰富与发展物质及其变化的认识角度，发展对物质及其变化的认识水平。

针对前述五个方面的分析可知，高中化学课程对氧化还原反应的认识方式与认识结果提出具体翔实的要求。其中，认识方式所包含的几个方面如表

---

① 中华人民共和国教育部.普通高中化学课程标准(2017 年版)[M].北京：人民教育出版，2018：17

3-1-2所示：

表3-1-2 高中化学课程对"氧化还原反应"的认识要求

认识对象	认识域	认识角度	认识深度	认识思路
氧化还原反应及其本质	学科域	氧化还原反应的本质	微观、定性	从识别化学反应现象到分析反应原理，再到揭示氧化还原反应的本质，最后到生产生活中常见氧化还原反应分析及氧化还原反应的应用
		氧化还原反应的表征	宏观、定性	
		氧化剂和还原剂	微观、定性	
		氧化产物和还原产物	微观、定性	
		氧化性和还原性	微观、定性	
		物质、性质、反应的分类	微观、定性	
生产生活中常见的氧化还原反应	社会域 自然域	常见的氧化还原反应	微观、定量	
		氧化还原反应在生产生活(自然)中的应用、危害	宏观、定性	

结合表中所示氧化还原反应的"认识方式"以及前述的氧化还原反应认识活动应达成的"认识结果"，可知"氧化还原反应"教学在培育学生化学学科核心素养方面承载着如下的功能价值：

(1) 氧化还原反应概念及其本质的认识，强调基于化学反应现象的观察、立足微观视角的分析，因而对培育"证据推理""宏观辨识与微观探析"等学科核心素养起到应有的作用。

(2) 氧化还原反应概念体系的建立、对物质及变化的分类，体现从宏观元素和微观本质看待物质及变化；通过对物质组成、性质及其变化的系统认识，促进"结构决定性质"观念的形成，故有助于"宏观辨识与微观探析"素养的培育。

(3) 应用氧化还原理论预测物质的化学性质和变化、分析或设计物质转化的路径，揭示了化学变化的规律性和条件性，凸显了氧化还原反应的认识模型的建立与应用，所以本课教学还能承载"模型认知""变化观念"等素养的培育。

(4) 利用氧化还原反应认识模型分析并实现物质转化，解决生产生活中的相关化学问题(如汽车尾气绿色化处理、食品脱氧剂的作用及使用等)，从而对"科学态度与社会责任"素养的培育也起到相应的作用。

3－2　无机元素化合物价值分析及教学实践

无机元素化合物性质及其应用，是化学学科研究的重要领域之一，也是中学化学课程的重要组成内容。高中化学课程选取了常见金属（钠、铁等）元素、常见非金属（氯、氮和硫等）元素的重要物质作为代表，并以这些元素化合物在自然界中的存在、主要化学性质、制备及其转化、在生产生活中的应用及对生态环境的影响等方面作为课程内容。这些内容被安排在必修课程“主题 2：常见的无机物及其应用”中。

“常见的无机物及其应用”主题直接涉及元素化合物的内容要求，主要包含“金属及其化合物”“非金属及其化合物”两个部分。《普通高中化学课程标准（2017 年版）》对这两个部分内容提出如下学习要求：

2.4　金属及其化合物

结合真实情境中的应用实例或通过实验探究，了解钠、铁及其重要化合物的主要性质，了解这些物质在生产、生活中的应用。

2. 5　非金属及其化合物

结合真实情境中的应用实例或通过实验探究，了解氯、氮、硫及其重要化合物的主要性质，认识这些物质在生产中的应用和对生态环境的影响。

2. 6　物质性质及物质转化的价值

结合实例认识金属、非金属及其化合物的多样性，了解通过化学反应可以探索物质性质、实现物质转化，认识物质及其转化在促进社会文明进步、自然资源综合利用和环境保护中的重要价值。

显然，这一内容“是一个具有非常重要的素养能力培养价值的学习主题”①。为更好地理解常见无机物及其应用的素养培育价值，以下从几个方面进行分析。

一、主题内容的编排特点

该部分内容安排在“主题2：常见的无机物及其应用”中，包含“元素与物质”“氧化还原反应”“电离与离子反应”“金属及其化合物”“非金属及其化合物”“物质性质及物质转化的价值”等六部分内容。由此可见，主题内容编排具有如下几个方面的特点：

1. 按照元素的分类方法，将元素划分为金属和非金属两类，分别编排为“金属及其化合物”“非金属及其化合物”和“物质性质及物质转化的价值”等内容。这样的编排，凸显“核心观念统领、聚焦学科大概念”，突出“物质及其转化价值”的特点，体现“元素与物质”单元的整体要求。

2. 凸显物质分类、电离与离子反应、氧化还原反应等核心概念对元素化合物学习的指导作用，从而引导学生建立新的认识视角，建构科学合理的元素化合物认识思路，优化和发展原有的元素化合物的认识方式。

3. 强调结合真实情境中的应用实例或通过实验探究学习常见无机物的主要性质，认识常见无机物在生产生活中的应用和对生态环境的影响，增进对“科学·技术·社会·环境”及其相互作用和影响的理解，凸显元素化合物的STSE教育价值。

4. 设立“物质性质及物质转化的价值”单元内容，强调体会研究物质性质及其转化的价值，将知识和认识转化为问题解决的能力，并在问题解决中培育科学精神与社会责任，形成基于无机元素化合物知识和经验的学科核心素养。

因此，立足化学认识的角度，无机元素化合物知识具有如下四个方面的意义：(1)作为认识发展对象，促进学生迁移应用所学的概念原理知识；(2)作为感性认识素材，帮助学生建立和发展概念理论；(3)作为认识结果，成为知识(认知)结构的一个部分，为后续认识活动提供参照和依据；(4)通过注重与STSE知识的融合，体现科学态度与社会责任的内涵实质。

---

① 房喻，徐端钧.普通高中化学课程标准(2017年版)解读[M].北京：高等教育出版社，2019：104

二、基于认识视角的"无机元素化合物"价值分析①

《普通高中化学课程标准(2017年版)》将"元素与物质""氧化还原反应""电离与离子反应""金属及其化合物""非金属及其化合物""物质性质及物质转化的价值"等六部分内容安排在同一主题中,并用一定的篇幅就本主题的"教学策略""学习活动建议""情境素材建议"及"学业要求"等进行了详细阐述。以下结合化学知识对培育化学学科核心素养功能价值的"两层四维"分析模型、课程内容价值的分析路径,揭示"无机元素化合物"课程内容对培育学生化学学科核心素养所能承载的价值。

1."认识过程"分析

(1) 认识广度。认识广度包含认识域和认识角度两个方面。其中,认识领域包括学科域、自然域和社会域。学科域立足于学科角度认识学科内容,自然域从自然界中物质及其运动变化的视角来看待学科内容,社会域主要立足STSE视角审视学科知识对人类与社会的影响等;而认识角度可理解为从哪些方面开展学习并建立相互联系。认识角度越丰富,知识的结构化水平越高。由于不同化学知识(元素化合物知识、概念原理性知识、化学技能性知识等)的学习要求不同,认识角度也不同。

结合《普通高中化学课程标准(2017年版)》可知,"常见的无机物及其应用"主题内容,涉及学科域(了解钠、铁、氯、氮、硫及其重要化合物的主要性质)、自然域(如火山喷发中含硫物质的转化、"雷雨发庄稼"、氮的循环与氮的固定等)和社会域(认识常见无机物在生产生活中的应用、对生态环境的影响等)三个领域;而且该主题内容属于元素化合物知识,学习时应从组成(元素组成及其价态)、性质(类属通性、氧化性或还原性)、反应(同价态不同物质间、不同价态物质间的转化)、制备(合成氨、工业制硫酸或硝酸等)、应用(氮肥的使用、印刷电路的制作等)等角度认识,并建立起各角度间的联系。

(2) 认识深度。认识深度是指期望学生立足于怎样的水平层次来认识学科知识。立足化学学科特点,认识水平层次主要有宏观—微观、定性—定量、孤立静止—动态联系、个别—一般、文字—符号等维度。每一维度的前者水平往

① 吴菊华,杨梓生.化学知识培育学科核心素养的价值分析[J].福建教育,2019(10):58-60

往低于后者水平。通常情况下，低年级要求达成相应维度的前者水平，随着化学学习的不断深入，认知水平将逐步提升并达到后者水平。而且，对于同一内容的学习，往往要求学生达成多个维度、不同层次的学习认识要求。

如本主题的学习要求，不仅要求从物质类别、元素价态角度认识（预测）物质的化学性质及其变化，说明物质的转化路径（属“一般”水平），而且要求能够从微粒的角度分析并利用电离方程式、化学方程式、离子方程式等正确表示典型物质的化学性质（属“微观”“符号”“系统动态”的水平）。此外，对相关物质的转化（反应），还需正确确定反应物（氧化剂或还原剂、参与反应的微粒数目）的配比、精确分析反应过程中伴随的电子转移数目等（即氧化还原反应的配平），说明相关知识还需达到定量的认识水平。

（3）认识思路。认识思路是指个体在化学学习时采用的或建构的、关于物质及其转化的事实现象的认识路径或程序。化学学习中采用的或建构起来的认识思路，是化学学科思想、学科观念的表征形式。然而，认识思路往往具有内隐性的特点，需要教师在教材研究与教学设计时予以显性化，从而发挥其应有的作用。

根据《普通高中化学课程标准（2017 年版）》要求，本主题的学习，强调“能从物质类别、元素价态的角度……预测物质的化学性质和变化”“能从物质类别和元素价态变化的视角说明物质的转化路径”等。无疑，这是新课程所倡导的、研究与认识无机元素化合物性质及其应用的“基于价类二维的元素观”。该观念指导下的“常见的无机物及其应用”的学习与认识，通常结合具体情境中的化学物质，根据物质的类别、核心元素的价态，对物质可能具有的化学性质或转化路径与条件作出分析预测，并设计相应的方案探究物质性质、实现物质转化。最后，归纳物质研究的思路方法和转化的思想，体悟物质性质及物质转化的价值。

2.“认识结果”分析

从前面分析可知，《普通高中化学课程标准（2017 年版）》要求在“基于价类二维的元素观”指导下，从多角度、多领域认识“常见的无机物及其应用”，并达到微观、符号、定量、系统动态的认识水平。在这样的认识要求下，经过全面、系统的学习，期望学生达成如图 3－2－1 所示的认识结果。具体包括如下几个方面：

（1）掌握基于“价类二维”的研究物质性质及其转化的学科思想与研究方

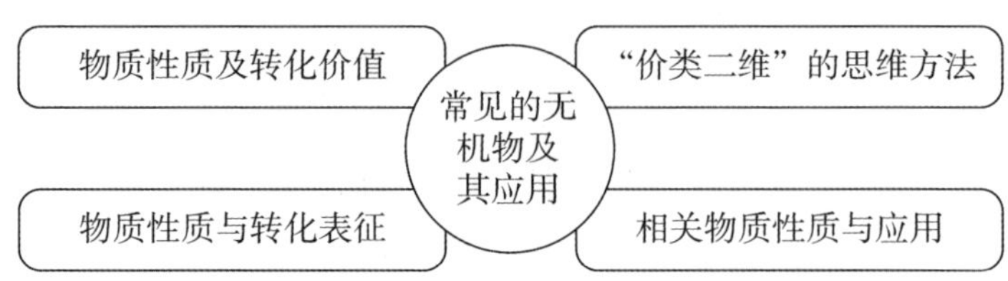

图 3-2-1 "常见的无机物及其应用"的认识要求

法。即通过相关内容的学习，能够结合生产生活等真实情境，识别并提取需要研究的物质，并从物质类属、核心元素价态两个角度审视物质，进而在物质性质或转化路径预测基础上，设计方案、开展探究，以检验或证实所作的预测。

(2) 建构"组成(价类)—性质—应用"的结构化知识。即在预测、探究的基础上，建立物质组成(价类)、物质性质与转化之间的因果联系。同时，根据"性质决定用途、用途反映性质"的思路，合理建立"物质性质与转化"和"物质应用"方面的逻辑关系。

(3) 在氧化还原反应、电离与离子反应等知识学习的基础上，能够正确使用化学方程式(含氧化还原反应方程式)、离子方程式等化学符号系统表征物质性质及其转化，并从微观、定量的角度认识物质及其转化过程的电子转移、离子配比、物质配比等定量关系。

(4) 通过基于"价类二维"的物质性质及其转化的研究，不仅有助于学生了解通过化学反应可以探索物质的性质、实现物质转化，而且有助于学生认识到化学在促进社会文明、自然资源综合利用、环境保护等方面具有极为重要的作用。

3. 核心素养培育的价值分析

学习实践活动的开展、学科思想观念的形成、正确价值观念的建立将为学生形成化学学科核心素养起到关键性的作用。结合前述分析可知，本主题内容在培育学科核心素养方面具有如下价值：

(1) 作出"基于价类二维的元素观"指导下的物质性质及其转化的预测，开展性质探究与转化路径的设计并进行实验探究活动，从而总结物质的性质、反应的条件、转化的规律并认识物质转化的本质等，是"常见的无机物及其应用"主题学习的关键路径和核心目标。因此，本主题内容及其学习将承载培育"证据推理与模型认知""科学探究与创新意识""变化观念与平衡思想"等素养的价值。

(2) 通过宏观、微观、符号三种方式表征常见无机物(单质及其化合物)的性质与转化,并建立三者间的关系与转化,很好地促进学生形成"宏观—微观—符号"三重表征学科思维;而且,建构"组成(价类)—性质—应用"的结构化知识,有助于学生建构"组成(结构)决定性质、性质决定用途"的统摄性学科观念,这将对"宏观辨识与微观探析"核心素养的培育起到很好的作用。

(3) 常见金属、非金属及其化合物的性质及其转化研究的落点,在于"分析实验室、生产、生活及环境中的某些常见问题""说明常见元素及其化合物的应用(如金属冶炼、合成氨等)对社会发展的价值、对环境的影响""能有意识运用所学的知识或寻求相关证据参与社会性议题的讨论(如酸雨和雾霾防治、水体保护、食品安全)"等,从而培育"科学态度与社会责任"维度的核心素养。

三、凸显素养培育的无机元素化合物教学策略

要充分发挥元素化合物对学科素养与关键能力培育的价值,显然不能采用传统的教学——即以具体元素化合物为中心,引导学生从组成、性质、制备、用途等方面进行系统、全面的学习。这样的教学,无法帮助学生自主地将有限的元素化合物具体知识"串线结网"形成系统的认识,无法引导学生形成自主研究陌生元素化合物的一般思路和方法,进而影响迁移应用与问题解决。为解决这一问题,研究者提出了解决目前教学问题的两种策略。①

1. 基于具体物质的元素化合物知识的教学策略

对于高中化学课程重点研究的无机物,课程标准强调基于物质类属和物质核心元素的价态,开展物质性质的研究,从而掌握物质的主要化学性质,建立"价类二维"的元素化合物研究思维。教学的基本过程如图 3-2-2 所示。

图 3-2-2 基于具体物质的元素化合物知识的教学策略

以下以"SO_2的化学性质"为例加以分析。

---

① 姜言霞等.元素化合物知识的教学价值分析及教学策略研究[J].课程·教材·教法,2012(09):106-112

环节一　基于类属的角度认识二氧化硫

［创设情境］展示硫在纯氧中燃烧的图片。为何集气瓶底部放少量氢氧化钠溶液?

［演示］向2个装有SO_2气体的矿泉水瓶中分别倒入20 mL氢氧化钠溶液和水。

［追问］水是怎么吸收二氧化硫的?

［活动1］设计实验探究水怎样吸收二氧化硫。

［追问］在整个实验过程中还发现二氧化硫有什么性质?

［交流总结］二氧化硫的物理性质和部分化学性质。

［归纳］二氧化硫是酸性氧化物。引导学生从物质类别的角度学习化学性质。

设计意图:结合具体情境,感知并验证二氧化硫的化学性质。归纳环节,将二氧化硫与水、碱反应的性质与二氧化硫的物质类属建立联系,帮助学生掌握在相关化学性质的基础上建构“类属—性质”的物质性质研究思路。

环节二　基于核心元素价态认识物质化学性质

［设问］请同学们依据二氧化硫中硫元素的价态,预测它有什么化学性质。

［情境］工业制硫酸中SO_2被氧气氧化成三氧化硫,验证了哪个预测?

［活动2］设计实验并探究亚硫酸的还原性。

［总结］+4价硫元素的还原性。

［追问］从价态上预测+4价硫元素还有什么性质?

［情境］二氧化硫与硫化氢气体混合实验。要求学生根据现象分析二氧化硫的性质。

［总结］+4价硫元素的氧化性。帮助学生建构分析物质性质的核心元素观。

设计意图:从物质核心元素价态出发,预测物质的化学性质并通过实验加以验证,最后归纳核心元素价态与性质的关系,帮助学生建立“价态—性质”的学科思维。

环节三　认识二氧化硫的漂白性

［情境］用二氧化硫漂白食品的图片。

［总结］二氧化硫的漂白性及其应用。

环节四　小结

[总结] 研究物质化学性质的一般方法：从类别、价态、特性角度研究。

设计意图：通过总结活动，进一步形成研究元素化合物性质的“价类二维”思维，并认识到化学学习应多角度、系统性认识物质的性质。

环节五　学以致用

[活动 3] 预测次氯酸的化学性质。

设计意图：开展陌生物质化学性质的预测活动，巩固研究物质性质的“价类二维”思维方法，体会研究物质化学性质的一般思路。

通过上述案例分析可知：利用这一策略教学，要落实好预测物质可能具有的性质、总结物质具有的性质、抽提研究物质性质的思路方法三个任务。对于“预测物质可能具有的性质”环节，强调给学生充分思维的时空，激励学生基于物质组成、物质类属以及核心元素价态进行有理有据的全面预测；而“抽提研究物质性质的思路方法”环节，强调基于代表性元素化合物的“预测—验证—结论”等过程的学习，提炼研究物质性质的思路方法，从而形成自主研究陌生物质的能力。

2. 基于转化的元素化合物知识的教学策略

采用该模式教学，通常给出一个具体的转化任务，强调学生设计转化路径、实现转化方案，并通过反思物质转化的路径，总括转化过程所反映的物质的化学性质，从而形成对物质化学性质的系统认识，其教学过程如图 3－2－3。显然，设计符合学生认知的具体转化任务、基于“价类二维”思想设计转化的路径、总括核心物质的性质以及建构研究物质的思路方法与转化思路是教学的重点。

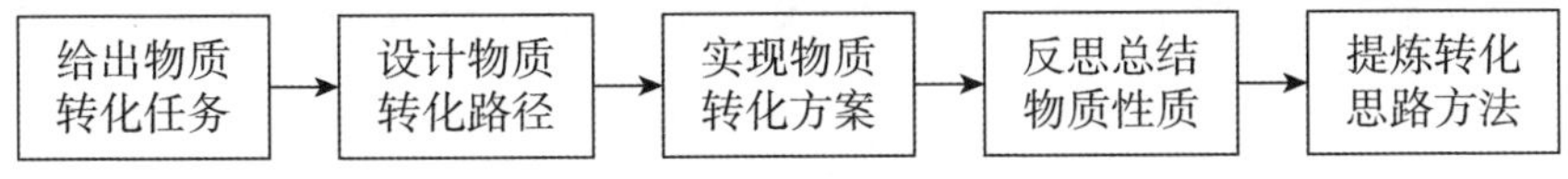

图 3－2－3　基于转化的元素化合物知识的教学策略

以下以“含硫物质的转化”为例加以分析。

环节一　识别自然界中含硫物质转化的类型

[创设情境] 展示“火山喷发”的图片。这样的现象伴随哪些含硫物质的转化？

[探究 1] 自然界中的含硫物质有哪些？是如何转化的？

［活动］学生填写学案：总结含硫物质的转化类型。教师帮助学生总结归纳自然界中硫的转化形式。

设置意图：结合自然情境，要求学生提取含硫物质及其转化知识并总结硫的转化类型，体现“从自然走进化学”的思想理念，并为探究含硫物质转化的条件作铺垫。

（过渡到实验室里研究不同价态硫元素的转化）

［设问］含硫物质由低价到高价转化应该加入什么物质？由高价到低价转化需要加入什么物质？

［探究2］＋4价硫到＋6价硫、＋4价硫到0价硫的转化方案。

（学生结合自己已有的知识和提供的试剂，寻找方案、完成实验）

［总结］通过实验得出含有＋4价硫的亚硫酸的氧化性、还原性。

［探究3］含＋6价硫的浓硫酸如何转化为＋4价硫的化合物？

（学生：寻找还原剂，设计实验方案，汇报）

［演示］浓硫酸与铜片反应，验证二氧化硫的生成，实现＋6价硫转化为＋4价硫。

设计意图：指导学生选择合适条件、制定合理方案，实现含硫物质的转化。这一任务能帮助学生巩固氧化还原反应原理、建立实现不同价态物质转化的研究思路，同时也为后续含硫物质性质的研究分析作铺垫。

环节三　基于转化关系认识物质性质

［提问］(1)根据上述转化关系，浓硫酸具有哪些性质？(2)基于转化关系，请你预测：二氧化硫具有哪些性质？

（学生预测：酸性氧化物、氧化性、还原性、漂白性；教师演示实验，进行验证）

［总结］＋4价硫元素的性质。帮助学生建构核心元素观。

设计意图：通过反思物质转化的路径，结合物质转化过程“价类”的转化，总括转化过程所反映的物质的化学性质，建立起对物质化学性质的系统认识，建构“‘价类’转化—物质性质”的研究思路。

环节四　小结

［小结］物质类别转化；化合价的转化；总结研究物质的一般思路。

设计意图：通过系统小结，建构“具体物质转化—物质‘价类’转化—物质化学性质”的研究物质性质及其转化的认识思路，深化“价类二维”研究元素化合物的化学思维，系统认识物质的化学性质。

3. 两种元素化合物教学策略的对比

基于具体物质的元素化合物知识的教学，由于研究对象为具体的物质，虽然能够较为深刻地认识代表物可以发生哪些反应、生成什么产物，但对如何通过具体路径得到该代表物的认识会有困难，从而较难认识到相关物质之间的联系和转化，影响对相关物质的系统化、结构化的认识。基于转化的元素化合物知识的教学，由于物质间转化的路径是互为“可逆”的，而且转化过程设计是基于“价类二维”的视角，体现认识过程的有序性和认识思路的逻辑性，揭示了物质转化的条件性和规律性。因此，基于转化的元素化合物学习，更能帮助学生形成系统化、结构化的认识，深化对转化观的认识与理解，从而更有利于元素化合物的整体学习。

应该看到，虽然采用基于转化的教学对于元素化合物知识教学有更积极的作用，但这种教学思维要求较高，需要学生储备较为丰富的元素化合物知识，因而对于学习与思维水平相对较弱的学生群体不一定适合。为此，教学时应注意逐渐渗透、循序渐进地开展。

3-3　化学理论性知识价值分析及教学实践

化学理论性知识是指揭示物质及其变化本质特性的化学基本概念与基础理论，是化学课程内容的重要组成部分。其中，化学基本概念是化学基础理论的基础，而化学基础理论是化学基本概念的延伸。在国外，也常称之为化学核心概念。化学理论性知识的学习，有助于学生深化对物质世界的认识、锻炼思维品质、增进对科学本质的认识，因而对于提高学生的化学学科核心素养具有十分重要的意义。

一、化学理论性知识体系、编排及意义

1. 化学理论性知识的体系

化学理论性知识是化学基本概念和基础理论的统称。由于化学理论性知识是对化学事实现象本质性的反映，因而这一知识具有抽象性、概括性、统摄性和逻辑性等特点。这一特点很好地凸显化学理论性知识在化学学科中的地位，因而化学理论性知识被认为是化学学科的核心内容和知识框架。①

中学化学课程体系中有十分丰富的化学理论性知识。整体上看，中学化学课程关于理论性知识的体系结构如图 3-3-1 所示。

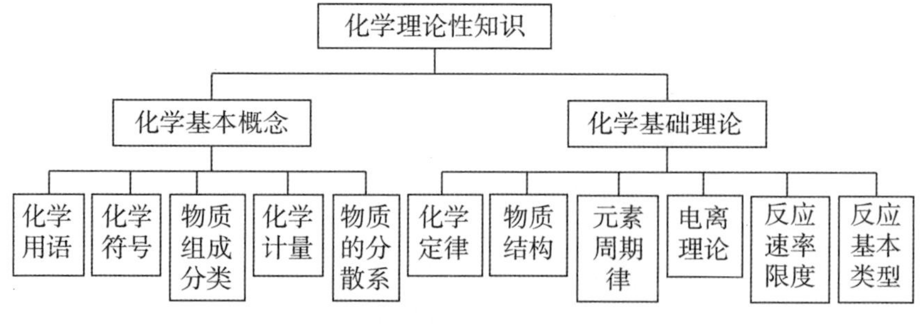

图 3-3-1　化学理论性知识体系

① 张庆林.怎样掌握知识才能提高解决问题的能力[J].课程·教材·教法，1992(08)：12

2. 化学理论性知识的编排

不难发现，在义务教育化学课程、高中必修课程、高中选择性必修课程中均有丰富的化学理论性知识。从初中到高中必修再到高中选择性必修，相关内容不断地往纵深处发展。如物质组成及反应的分类，初中化学主要从元素或物质种类与数量的视角，将物质分为纯净物与混合物、单质与化合物(氧化物、酸、碱与盐；有机物与无机物等)，将化学反应分为化合反应、分解反应、置换反应和复分解反应。进入高中必修，立足微观视角，将物质分为氧化剂与还原剂、电解质与非电解质、离子化合物与共价化合物等，将反应分为氧化还原反应与非氧化还原反应、离子反应与非离子反应等。到高中选择性必修课程，又对物质及其反应进一步分类。

可见，中学化学课程对化学理论性知识的分布编排，并不是简单重复，其目的在于实现学生对物质及其变化认识的螺旋上升。这样的编排，不仅让学生对物质及其变化的认识更加精细化、深刻化，而且让学生对物质及其变化的认识角度、认识思路也逐步得到发展完善，从而实现对物质及其反应更加系统、更加全面、更加深刻的认识，促进对化学学科本质特征有更进一步的理解。

3. 化学理论性知识学习的意义

化学理论性知识是建构中学元素化合物知识体系的关键，对元素化合物的学习具有重要的工具性价值。化学理论性知识是反映物质及其变化共同关键特征的化学核心知识，掌握这一知识，有利于学生掌握物质世界的运动变化规律，增进对科学本质的理解，促进对“科学·技术·社会·环境”等相互关系的理解。化学理论性知识是学生通过分析各类事实现象，经过概括总结、抽提本质而建构起来的。建构的过程是学生利用科学研究方法，通过积极思维并开展创造性实践活动的过程，因而有利于学生掌握科学方法、训练思维能力、建构科学观念、培育科学态度。因此，化学理论性知识及其学习，能够帮助学生掌握学科知识、发展关键能力、建立科学价值观念并形成优良个性品质，对培育与发展学生化学学科核心素养具有十分重要的意义。

二、化学理论性知识培育学科核心素养的价值分析

化学理论性知识是一个复杂且庞大的系统。在这一知识系统中，高中必修课程的理论性知识具有承上(义务教育课程)启下(高中选择性必修课程)的作用。为便于认识化学理论性知识的价值，以下针对高中必修课程核心概念(包

含氧化还原反应、电离与离子反应、原子、元素周期律、化学键、原电池等)来加以论述。

1. 高中必修化学核心概念的认识要求

化学核心概念包含表观特征(外在、宏观与表象的)和本质特征(内隐、微观与本质的)①,同时还包含相应的符号系统。表 3-3-1 为部分核心概念的内容系统:

表 3-3-1　一些核心概念的内容系统

核心概念	表观特征	本质特征	符号系统
氧化还原反应	元素化合价升降	物质间电子转移	氧化还原反应方程式
离子反应	沉淀、气体或水生成	离子重新结合	离子方程式
原电池	电流产生	电极间电子转移	电极反应式

学习时,建立化学核心概念三个方面的系统认识并实现三者的自动化转化,才能完整把握化学核心概念。结合高中必修课程的目标定位、化学概念的学习要求与学习机理(经历获取感性认识、抽提概括本质、迁移应用完善)等,可知高中必修化学核心概念的认识要求如下:

(1) 认识广度:强调从多领域、多角度学习化学核心概念。

核心概念的学习,不仅要认识概念的表观特征及本质特征,而且强调学习相关子概念、建立概念系统。因此,立足学科域,需要从定义、本质、条件、要素及符号等多角度认识核心概念。如氧化还原反应,需要明确其表观特征(化合价升价)及本质特征(电子转移),还需从物质类别(氧化剂与还原剂)、性质(氧化性与还原性)和反应(氧化反应与还原反应)等角度来认识。

化学核心概念的学习,除掌握概念外,还需达成"运用概念解释或解决相关化学现象、实际问题以促进对科学·技术·社会等相互关系的正确认识"的目标,这就要求在自然域或(和)社会领域中认识核心概念。如氧化还原反应,需要结合生产生活中常见的氧化还原反应说明人类是怎样利用氧化还原反应来指导工农业生产和化学研究的。

(2) 认识深度:强调从微观、符号层次理解化学核心概念。

---

① 吴庆生.中学化学核心概念关键特征的建构策略[J].化学教育,2015(01):34

化学学科特点决定了化学概念包含从宏观到微观、语义到符号表达的多重内涵。如氧化还原反应、离子反应、化学键、原电池等核心概念，强调从微观粒子水平认识物质构成和运动变化，帮助学生认识化学反应过程电子如何转移、微粒如何重组、离子与电子怎样相互作用等，认识原子怎样结合成分子以及离子怎样结合成物质、化学变化中物质变化的实质以及能量变化的原因。同时，对于电子的转移、离子的结合、电子与离子的相互作用以及原子如何形成分子和离子等，要求用氧化还原反应方程式、离子方程式、电极反应式、原子结构示意图或电子式等来表示。因此，化学核心概念的学习，强调从微观、符号层次认识物质及其变化，帮助学生从动态联系的视角看待化学反应，达成“初步认识物质的微观结构，知道化学反应的一般原理”的必修课程学习要求。

（3）认识思路：从“现象—本质”“理论—应用”的路径认识化学核心概念。

化学核心概念的建立，往往从化学实验、生产生活、自然现象以及社会问题等情境入手，在分析相关化学事实与现象基础上，引导学生经历对比归类、剖析抽象、推论演绎等活动，从而明确表观特征、抽提本质特征、建构相关概念，体现从宏观现象到微观本质的认识路径。概念建立后，回归相应情境与问题中，并在问题解决过程中深化与完善对化学概念的理解。这样的概念学习，要求学生建构“现象—本质”“理论—应用”的化学学习与研究一般思路。如“原电池”核心概念的学习，需要结合对反应装置及其现象的认识，进而关注到电流产生（表观特征），再经过分析推理等活动，建构起“负极失去电子而氧化、正极得到电子而还原”（本质特征）的认识；相关特征及其概念系统建立之后，开展“用生活中的材料制作简易电池”等实践活动，体现从“理论—应用”的认识路径。

（4）认识结果：建立概念系统，形成物质及其变化的研究思路，掌握物质运动变化规律。

化学核心概念不仅反映化学事实与现象的本质，而且具有促进化学事实与现象认识的功能。因此，核心概念的学习，将有利于学生建立相应的概念系统，把握物质及其变化的本质与规律，而且有助于学生建构学习与研究物质及其变化的思路。如“化学键”学习，要求理解化学键概念并建立图 3-3-2 所示的概念系统，认识物质结构及其变化的微观本质，建立从微粒及其相互作用视角研究物质及其分类、用化学键观点分析反应中物质与能量变化的方法。这一认识结果，还内隐着从宏观与微观、现象与本质、符号与模型等多角度认识与表征物质及其变化的要求。

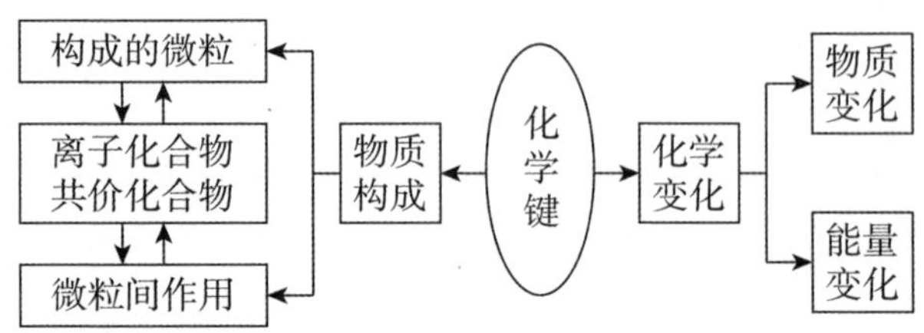

图 3-3-2 “化学键”概念系统

三、高中必修化学核心概念的价值分析

结合前述分析可知,化学核心概念的认识要求及其结果如图 3-3-3。

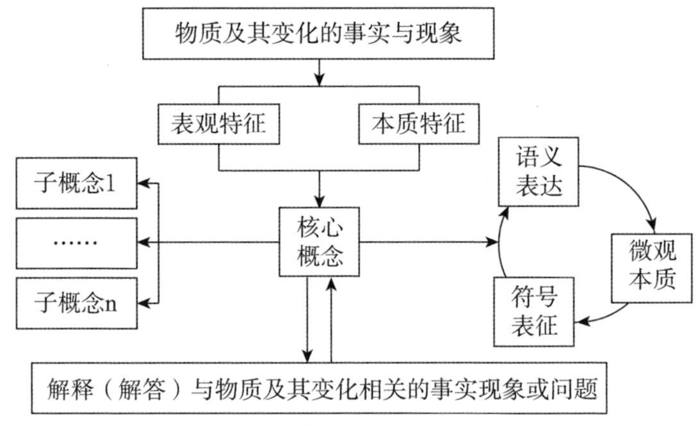

图 3-3-3 化学核心概念的认识要求及结果

这一图示很好地揭示了核心概念的学习有助于促进化学学科核心素养的培育与发展,具体如下:

从纵向看,概念的学习基于物质及其变化的事实与现象,通过分析、推理等活动,抓住表观特征、把握微观本质。同时,将化学概念作为认识模型与工具去解释事实现象、解决相关问题,并在现象解释与问题解决中感悟化学对促进社会发展的价值,建立正确的价值判断等。因此,化学核心概念承载着培育“证据推理与模型认知”“宏观辨识与微观探析”及“科学态度与社会责任”等素养的功能价值。

从横向看,一方面强调从概念的语义表达、所揭示的微观本质以及对应的符号表征系统等多维度掌握核心概念,并能实现“语义表达”“微观本质”和“符号表征”间的有机联系与自动转化；另一方面，强调建立起包含相关子概念的概念系统，把握核心概念与子概念间的关系。这样的核心概念认知结果，强调多角度认识物质及其变化，不仅有利于学生多角度对物质及其变化进行分类，还有利于学生更加深刻地认识物质及其运动变化的规律。因此，核心概念对“宏观辨识与微观探析”“变化观念与平衡思想”等核心素养的培育也有重要价值。

此外，概念教学时，如能结合化学史实展现化学概念的认知发展过程，将有助于学生感悟科学家在探索未知过程中的求真务实的态度、崇尚真理的意识、敢于质疑的精神；如能以实验探究为获取物质及其变化事实现象的途径（手段），或基于经验对物质及其变化初步推测基础上借助实验等来证实或证伪猜想与假设，这样的概念教学，还对培育学生“科学态度”“科学探究”等核心素养能发挥很好的作用。

四、凸显素养培育的化学理论性知识教学——以高中必修化学“离子反应”为例①

根据核心概念的内容特点与学习要求，引导学生开展经历“提出问题—猜想假说—活动探究—获取证据—得出结论”等过程的“假说—演绎推理”化学核心概念学习活动，将有利于学生掌握核心概念并培育化学学科核心素养。在第2章已经指出，引导学生开展基于“假说—演绎推理”的概念学习以实现增进概念理解、促进素养发展的目的，需要教师明确概念本体内容及其认识价值。在此基础上，对学生的学习活动进行设计与规划。以下以高中必修“离子反应”教学为例加以阐述。

1. “离子反应”对促进学生认知发展的功能价值

“离子反应”的学习，以常见酸碱盐间的复分解反应、电解质及电离等知识为基础，让学生理解离子反应的概念、本质及条件等概念原理性知识，并建立审视电解质在水中行为的“微粒作用观”，深化“宏观—微观—符号”三重表征化学学科思维。即：①认识溶液系统中微粒的来源、种类、作用及结果等情况；②建构并从“微粒来源—微粒种类—微粒作用及结果”的认识思路分析电解质在水中行为及结果等化学问题；③对于具体反应，建立反应现象与微观过程间本质

① 杨梓生，吴菊华.学生素养发展视野下的“假说—演绎推理”的概念学习——以高中必修化学“离子反应”教学为例[J].福建基础教育研究，2017(11)：110－112

联系并能自动转化。显然，掌握这些是深刻理解“离子反应”的必备要求，也是本课学习的重点和难点。

2. 基于“假说—演绎推理”的“离子反应”教学规划

以下重点从“离子反应的概念”和“离子反应的条件”两个方面论述引导学生开展基于“假说—演绎推理”概念学习的教学规划。

(1)“离子反应”概念的教学规划。

探究1　往盛有 0.2 mol·L^{-1} NaOH 溶液(含 2 滴酚酞)的小烧杯中逐滴加入 0.2 mol·L^{-1} 稀盐酸(直至溶液颜色恰好褪去)，再滴入 2 滴 NaOH 溶液，观察溶液颜色变化。探究：溶液颜色变化说明溶液酸碱性发生变化。这一变化是由溶液中哪些微粒变化导致的？它们来自何处？

探究2　测定上述实验所得混合溶液、0.1 mol·L^{-1} NaCl 溶液的电导率。探究：电导率为何相等？盐酸与 NaOH 反应的微观本质如何？

设计意图：以中和反应实验为情境，利用电离及溶液酸碱性知识分析颜色褪去以及电导率相等的原因，推断中和反应微观本质(H^+ 与 OH^- 作用生成 H_2O、Na^+ 与 Cl^- 并不参加反应)，初步建立分析电解质溶液反应的微观认识思路，并为电解质反应本质(即离子反应)假设的提出作铺垫。

探究3　许多酸与盐、碱与盐溶液混合时，也能发生复分解反应，如 NaOH 与 $MgSO_4$、HCl 与 Na_2CO_3。请分析它们反应时微粒间的相互作用。酸、碱和盐都是常见的电解质，请结合上述分析，谈谈对电解质在水溶液中反应微观本质的认识。

设计意图：通过呈现更多电解质溶液反应的实例并分析反应过程中微粒间的相互作用，以获得丰富的感性认识，提出对电解质反应的微观本质的看法(即关于离子反应的假设)。

探究4　可设计怎样的实验、获取什么现象来证明你对 NaOH 与 $MgSO_4$、HCl 与 Na_2CO_3 反应的前述分析是正确的？(实验)往 NaOH 溶液(含 2 滴酚酞)中逐滴加入 $MgSO_4$ 溶液至颜色褪去；往盐酸中逐滴加入 Na_2CO_3 溶液至不产生气泡，测所得溶液 pH。请分析：观察到的现象与预期是否一致。

设计意图：让学生规划方案，获取证据验证假设(即经历演绎推理)，确证对电解质溶液反应微观本质的认识，厘清对微粒的来源及种类、作用与结果及相互关系的认识。

探究 5 (1)前述溶液间发生离子反应,其共同微观实质是什么?请在前述分析基础上,尝试归纳离子反应的概念。(2)将 Na_2CO_3 与 $BaCl_2$ 溶液混合,是否发生离子反应?如果是,哪些离子发生反应?它们源于何种物质?(3)如何从微粒及相互作用角度分析电解质在溶液中的反应?总结电解质在溶液中发生离子反应的分析思路。

设计意图:根据电解质溶液反应的微观本质,概括"离子反应"的概念、形成对"离子反应"的认识,并以具体反应为例加以分析与应用,从而增进对"离子反应"的理解,并进一步总结与梳理"微粒作用观"的分析思路。

(2) "离子反应的条件"的教学规划。

探究 1 (1) NaOH 与 HNO_3、$Ba(OH)_2$ 与 Na_2CO_3、HCl 与 Na_2CO_3、NaCl 与 KNO_3 溶液混合,哪些能发生复分解反应?(2)演示前述四组溶液混合的实验,观察现象。(3)混合后的四种溶液和混合前相比,各离子数目如何变化?说出判断的理由。(4)前三组溶液混合,混合时能够发生离子反应,而第四组溶液则不会发生离子反应。请结合四种溶液混合后离子数目变化情况的分析,尝试提出离子反应发生的条件。

设计意图:激活复分解反应及其条件等知识,并结合电离、离子间相互作用等知识分析溶液中离子数目的变化情况。建立起离子数目变化的认识,为离子反应条件的提出作铺垫。最后,引导学生尝试从微粒结合为水、气体或沉淀导致数目改变的角度,对离子反应发生的条件作出猜测、提出假设。

探究 2 (1)你能设计实验证明你的猜测吗?可供选择的试剂组有 H_2SO_4 与 $Ba(OH)_2$、NaOH 与 NH_4Cl、NaCl 与 KOH(浓度均为 $0.1\ mol \cdot L^{-1}$),并可使用电导仪等相关实验仪器。(2)实验:分别测等体积的前述六种溶液的电导率,将 H_2SO_4 与 $Ba(OH)_2$、NaOH 与 NH_4Cl(微热)、NaCl 与 KOH 两两混合并分别测混合液的电导率。(3)结合"探究 1"提出的离子反应条件,分析三组溶液混合时是否发生离子反应及其离子数目变化情况,并与所测得的电导率变化的一致性情况进行分析。

设计意图:通过设计实验并测定反应前后溶液的电导率,在明确溶液电导率变化的情况下,将其与离子间是否相互结合为水、沉淀或气体从而导致离子浓度变化建立起因果联系,并经分析推理,论证离子反应条件假设的合理性,建立离子间相互作用的条件与结果的认识,深化"微粒作用观"的认识思路。

探究 3 （1）结合你的猜测和实验，总结离子反应的条件，并解释电解质溶液发生离子反应后离子数目的变化情况。（2）现有 HCl、$Ca(OH)_2$、Na_2CO_3 三种溶液，若将它们两两混合，是否都能发生离子反应？说出判断的理由。

设计意图：确认并概括离子反应条件；结合对具体实例的分析判断，深化对微粒作用的条件与结果的认识，完善“微粒作用观”的电解质反应认识思路。

3. 开展“假说—演绎推理”概念学习促进素养发展的认识

开展“假说—演绎推理”概念学习经历“提出假说”“演绎推理”等关键环节。其中，“提出假说”环节是个体结合已有知识经验初步建构相应的认识方式并抽提相关事实现象特征属性的过程，而“演绎推理”环节（包含根据假说开展活动、获取证据、验证假说等）是学习者运用自己所尝试建构的认识方式解决问题、完善（或修正）认识方式、验证并确定相关事实现象特征属性的过程。因此，开展基于“假说—演绎推理”的概念学习，有利于达成习得概念、建构认识方式的双重目的（如图 3 - 3 - 4）。

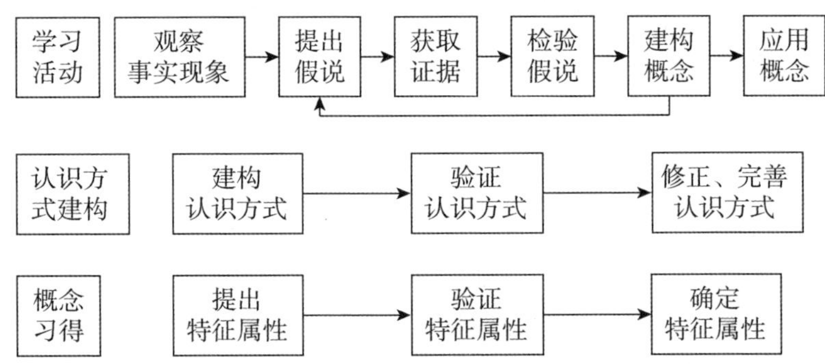

图 3 - 3 - 4 “假说—演绎推理”的学习活动、认识方式建构与概念习得关系图

由于“假说—演绎推理”的概念学习活动过程将概念习得与认知方式建构融合在一起，因而对促进学生化学学科核心素养的发展具有重要意义。

（1）促进学生科学探究与问题解决能力的发展。

“假说—演绎推理”的概念学习过程，强调学生基于化学事实与现象的观察提出假设，并从假设出发，设计探究方案，开展实验探究，获得证据并开展演绎推理、建立因果关系等认识加工活动，从而验证假设、确证事物特征属性、习得概念。这一学习过程，科学探究活动是关键手段，问题解决（检验假设的合理性）是核心目标。因此，基于“假说—演绎推理”的概念学习，对培育科学探究与问题解决等化学实践能力、发展“科学探究与创新意识”维度的核心素养具有重要的价值。

（2）促进学生化学思想方法与学科观念的建立。

微观层次认识、符号形式描述物质及其变化是化学的学科特征。这就强调化学学习与研究，要立足于对物质及其变化的事实与现象辨析基础上，提出关于物质及其变化的微观本质的假说，并在实验探究基础上通过演绎推理、分析论证，最终把握物质及其变化的微观本质及其概念原理，建构分析物质及其变化的思维模型，以化学符号表征物质及其变化。对于揭示物质及其变化本质、规律的化学概念，采用“假说—演绎推理”方式学习，就是要达成前述要求。因此，这样的概念学习，对建立“结构决定性质”的学科观念和“宏观—微观—符号”三重表征学科思维、培育实证意识与模型认知等有重要作用，有利于发展“宏观辨识与微观探析”“证据推理与模型认知”等核心素养。

此外，基于“假说—演绎推理”概念学习的获取证据、演绎推理、应用概念等过程，需要学生具有严谨求实的科学态度，有利于学生感悟化学对人类认识与改造自然的价值，体验到运用化学知识与方法解决生产、生活、能源、环境等相关问题对促进社会可持续发展的意义。因此，也对培育“科学态度与社会责任”维度的核心素养具有一定的意义。

3－4　化学实验与探究价值分析及教学实践

化学是一门以实验为基础的学科，以实验为基础是中学化学教学的最基本特征。化学实验对于全面发展学生化学学科核心素养有着极为重要的作用。《普通高中化学课程标准(2017 年版)》强调：实验探究是一种重要的科学实践活动，是学科核心素养的要素之一；化学教学中应开展实验为主的探究活动，充分发挥化学实验及实验探究在启迪科学思维、训练科学方法、增进学科理解、培育探究能力等方面的应有功能，从而有效培育学生化学学科核心素养。本专题立足"化学实验与实验探究"内容要求基础上，阐述其在培育学科核心素养方面的价值及教学实践。

一、"化学实验与实验探究"的内容及要求

认识分子和创造分子是化学科学特征之一，化学实验与探究活动是实现认识物质(分子)和创造物质(分子)的重要手段。由于创造物质依托物质转化(变化)这一路径，故化学实验与探究活动主要涉及物质及物质转化的研究两个方面，从而建构物质及其转化的科学认识。立足高中化学课程体系来看，化学实验与实验探究的内容要求采用"总—分—总"的形式加以系统安排。

1. 高中起始阶段提出实验探究的目的、内涵和要求，建构整体性认识

在高中必修阶段，基于初中化学课程的学习，首先在"主题 1:化学科学与实验探究"提出了总体性的内容要求，并强调在认识化学学科主要特征基础上，安排"科学探究过程""化学实验"内容。对于"科学探究过程"，要求认识科学实践的内涵，了解科学探究的核心要素，理解确定研究目的、设计实验方案以及推理论证的重要性；对于"化学实验"，强调认识化学实验的意义，初步学会重要的实验基础知识与技能，学习研究不同类型化学任务的核心思路和方法，体会实验条件控制在实验探究中的作用。同时，还对化学实验与科学探究过程应恪守的研究规范、应遵循的行动策略、应建立的安全与环保意识等方面提出"科学态度

与安全意识”等二级主题要求。最后，还提出学习应该达成的三条主要的“学业要求”：能够提出探究问题、设计与论证方案，能够实施实验方案、得出合理结论并表达展示研究成果，能够根据目的任务设计与实施方案以开展综合性探究。此外，还要求实验探究过程独立思考、敢于质疑和勇于创新，能够处理简单的实验突发事情。

2. 分散性地在高中必修和选择性必修课程中安排化学实验与实验探究要求，逐步提升学生的实验技能与科学探究能力

在整体性认识化学实验与实验探究要求的基础上，高中必修与选择性必修课程分散安排 18 个学生实验（必修和选择性必修各 9 个）。每个学生必做实验都蕴含了实验及探究的基本知识、基本技能和基本经验的教育教学价值，强调学生亲自动手实验并开展相关探究，促进实验能力的培育和科学探究能力的形成。

除此之外，高中化学课程的许多主题在“内容要求”“学习活动建议”栏目中强调或安排实验探究活动，并在“学业要求”栏目中提出与实验和探究相关的具体的学业水平要求。如必修课程“主题 2：常见无机物及其应用”，提出结合真实情境中的应用实例或通过实验探究了解常见无机物的主要性质的内容要求，安排了相关物质性质与制备（转化）、离子检验等实验及探究活动，提出在预测物质性质变化基础上设计实验进行验证、设计常见物质的制备与纯化等简单任务的方案的学业要求；选择性必修课程“模块 1　化学反应原理”的“主题 2：化学反应的方向、限度和速率”，提出通过实验探究了解浓度、温度、压强等对化学平衡及化学反应速率的影响的内容要求，安排了探究外界条件对具体可逆反应的平衡影响及速率影响的实验与探究活动，强调能通过实验探究分析不同组分浓度改变对化学反应速率的影响等学业要求。

分散在各主题中的化学实验与实验探究，注重情境真实、任务多样、循序渐进，帮助学生理解化学反应的本质与原理，提炼实验探究的思路方法，丰富学生的认识视角，培育学生分析比较、概括解释、推理论证、模型建构等高阶思维以及发散、想象、创意、批判性思考等创新思维。因而，它们对培育学生化学学科核心素养具有非常重要的教育教学价值。

3. 通过“系列 1　实验化学”选修课程，进一步发展解决综合实验问题的能力

为充分实现化学实验的功能，《普通高中化学课程标准（2017 年版）》基于必

修和选择性必修课程基础上，设置了包含“主题 1：基础实验”“主题 2：化学原理探究”“主题 3：化工生产过程模拟实验”和“主题 4：STSE 综合实验”四个主题的“系列 1　实验化学”选修课程。这一课程的设置，强调结合探究性（或研究性）任务，进行文献检索、设计与优化方案，开展综合性和长周期的研究项目，并在团队合作下解决相关问题。

这样的模块设置，立足于较为复杂的实验任务，帮助学生综合运用实验研究方法与实验操作技能，更加深刻地认识实验在化学学科学习与研究中的地位和作用，更加系统地掌握实验方法与实验技能，进一步培育与发展解决综合实验问题的能力，激发与培育学生批判性精神和创新性意识，培育与发展实验安全与环境保护意识，从而对发展学生的化学学科核心素养具有独特的价值。

二、“化学实验与实验探究”对培育化学学科核心素养的价值分析

化学实验与探究活动是认识化学物质、创造化学物质的科学实践活动。化学学习过程中的实验与探究活动，基于特定领域问题的导引，立足特定的认识视角和认识思路，采用特定的科学方法与行动策略，通过问题解决建构学科知识、发展探究能力、培育创新意识、形成价值观念等。因此，化学实验与探究活动在化学学科核心素养培育与发展方面具有重要的价值。下面立足认识视角来加以分析。

1. 化学实验与探究活动力图解决多领域问题，从而丰富认识、提升能力、培育优良品质

化学实验是一种有目的的科学实践活动，其目标总是指向解决人们在实践过程中所遇到的相关问题。中学化学教学中的化学实验和实验探究，虽然不像化学工作者解决科研与生产中的相关问题，进而提高生产效益、发展科学理论，但也强调学生结合学习实践等任务，像科学家一样应用适当的方法、采取合适的路径开展实验与探究活动，从而掌握知识、提升能力、发展素养。

例如，必修课程“主题 2：常见的无机物及其应用”中氧化还原反应的本质、用化学沉淀法去除粗盐中的杂质离子、设计制作简易即热饭盒、含硫物质的转化及酸雨的成因等实验探究活动，选修课程“系列 1　实验化学”所安排的“基础实验”“化学原理探究”“化工生产过程模拟实验”和“STSE 综合实验”四个主题中的化学实验及实验探究活动，这些活动任务指向化学知识学习、日常生活问题，以及工农业生产工艺等学科、自然及社会领域的问题。

化学学习过程中，通过上述多领域相关问题的实验与探究活动，不仅有利于学生掌握学科知识、学习科学研究方法、培育分析问题与解决问题的能力，以及培养严谨求实的科学态度、敢于批判质疑与实践创新的精神，还有利于学生建立正确的学科价值观，感悟化学对促进人类社会可持续发展的重要性。

2. 化学实验与探究活动旨在解决物质及其转化的核心问题，帮助学生建构、丰富与完善物质与反应的核心认识角度

从怎样的侧面、角度去审视、思考化学问题，即为“化学认识角度”，它反映了学生的思维方式、体现了学生的素养水平。我们知道，化学实验与探究活动本质上是审视物质及其转化并最终形成对物质及其转化科学认识的实践活动。从活动对象和目标看，化学实验与探究活动主要分为应用类活动及探究类活动。这两类活动，都包含提出问题、设计方案、收集证据、得出结论等关键环节。其中，提出探究问题是前提，设计活动方案是关键。问题提出后，需要学生选择合适的角度去审视、思考问题，进而设计适切的实验方案，规划并开展相应的探究，以深化关于物质及其变化的科学认识。因此，化学实验与探究活动将很好地促进学生建构与发展物质及其反应的认识视角。

（1）利用物质性质与反应规律实现特定目标的应用类活动。

此类活动的核心在于利用已知物质及其反应规律为指导，突出活动方案设计以实现物质的制备、检验和分离等目的。开展此类活动，基于对已有物质及其性质的认识，结合酸碱中和反应、氧化还原反应、离子反应等相关反应原理与规律，通过控制或改变化学反应的条件，从而实现物质间类属转变和价态改变来实现物质的制备、检验和分离。如氯气制备的实验探究活动，可通过氯在自然界中的存在以及氯气的用途来创设情境，引导学生从元素价态的视角，探究如何实现-1价的氯向零价的氯转化，从而确定实验方案制取氯气。因此，应用类实验与探究活动，强调立足物质的类属、元素价态、微观粒子的视角，通过条件控制与规律应用来指导实践活动，达成相关目的，并在实践活动中建构与发展物质及其转化的认识视角。

（2）研究物质性质和物质变化的探究类活动。

此类活动包括物质性质研究、化学反应规律探索以及物质结构探究等，活动以检验假设和建构解释为核心并发现反应规律或认识物质性质。如研究物质性质类的探究活动，从初中到高中，其认识视角得到不断丰富和发展。初中

化学学习中，物质性质的研究经历从具体物质（如 O_2、CO_2）的物质视角到类属（如金属与酸碱盐等）的元素视角；高中阶段氧化还原、离子反应、原子结构与化学键的学习，立足元素化合价、水溶液中微粒、原子结构及微粒间相互作用等角度预测、探究、揭示物质性质，建构元素、微粒的物质认识视角。物质认识视角的发展，同时实现反应规律认识视角的转化，即从宏观的物质视角与元素视角发展到微观的微粒视角。

通过前述分析不难发现，立足化学认识发展的角度，以物质及其转化为核心任务，开展基于相应目的的实验活动，并在问题解决过程中达成目标，能进一步建构、丰富与完善物质及其转化的认识视角（图 3－4－1），最终促进化学知识的认识、化学学科的理解和学科价值的认同。

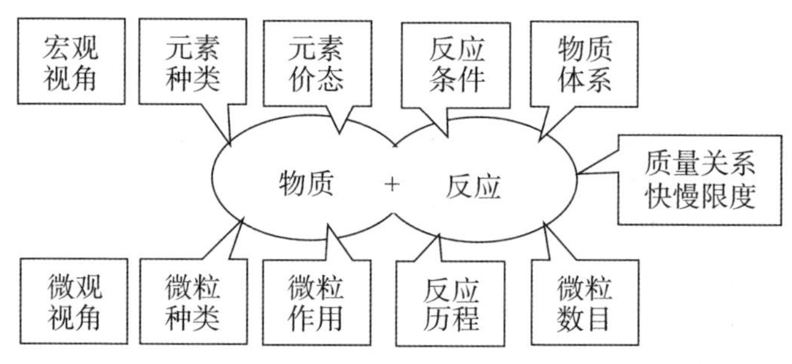

图 3－4－1　物质及其变化的认识视角

3. 化学实验与探究活动的开展，伴随认识角度的建构与发展，促进化学认识思路的完善与认识水平的提升

化学实验与探究活动的开展，有助于学生建构、丰富与完善物质与反应的核心认识角度。而物质与反应的认识视角，制约着物质及其变化的化学实验与探究活动执行的程序、路径或框架，并影响对物质及其反应的认识水平。而物质及其变化实验探究活动的执行程序、路径或框架，即为化学认识思路。因此，化学实验与探究活动的开展，在建构与发展认识角度的同时，又将促进化学认识思路的完善与认识水平的提升。下面结合前述两类实验探究活动来加以说明。

物质制备为目的的应用类活动，立足类别视角，实验探究思路为（以制备氢氧化铝为例）：①识别目标产物的类属（氢氧化铝属于两性氢氧化物）；②结合物质转化的规律，考虑哪些类属的物质能够转化为目标产物（盐与酸、碱反应）；

③选择合适的物质、确立相关的实验条件(铝盐＋碱或偏铝酸盐＋酸,且适宜选用弱酸和弱碱,若选用强酸或强碱则需要控制用量);④根据所选物质及实验条件,选择实验器材,规划活动方案(略)。立足元素价态视角,实验探究思路为(制备氯气为例):①识别目标产物中核心元素的价态(氯为0价);②结合氧化还原反应原理,考虑如何实现价态变化获得目标产物(还原高于0价的氯、氧化－1价的氯);③选择合适的氧化剂和还原剂[如$KMnO_4$＋HCl,$Ca(ClO)_2$＋HCl等]并确立反应条件(加热);④根据所选物质及实验条件,选择器材,规划活动方案(略)。

研究物质性质的探究类活动,立足类属的认识视角,实验探究思路为(以SO_2为例):①识别研究对象的物质类属(属于酸性氧化物);②根据类属预测物质的性质(与水、碱和部分盐能发生反应);③选择相关的反应物(水、氢氧化钠、碳酸盐等)并确立实验条件;④根据所选物质及实验条件,选择实验器材,规划活动方案;⑤开展实验,收集并处理证据,得出结论。立足元素价态的角度,实验探究思路为(以过氧化氢为例):①识别研究对象核心元素的价态(氧为－1价);②根据氧化还原反应原理,预测物质性质(既有氧化性,又有还原性);③选择相关物质($KMnO_4$、KI等)并确立反应条件;④根据所选物质及实验条件,选择实验器材,规划活动方案;⑤开展实验,收集并分析证据,得出结论。

结合上述分析可知,化学实验与探究活动能够全面培育与提升学生的化学学科核心素养。具体表现为:

(1) 化学实验与探究活动强调发现有探究价值的问题、提出合理假设与猜想、确定探究目的并设计探究方案,要求自主、合作探究,并对“异常”现象敢于提出自己的见解等,从而发挥对“科学探究与创新意识”核心素养发展的独特价值。

(2) 实验探究强调基于探究目的、按照特定认识角度与思路规划活动方案、获取事实证据,并对猜想假设进行证实或证伪,检验与完善原有认识模型,构建解决复杂问题情境的模型,因而能很好地培育“证据推理与模型认知”核心素养。

(3) 实验探究活动的开展需要学生具有探索未知、崇尚真理的意识,秉持严谨求实的科学态度,能积极探索、主动实践进而认识物质及其运动变化的客观存在性。同时,要求运用物质及其变化的认识角度与认识思路,依据绿色化学思想和科学伦理研究物质、创造物质并参与同化学有关的社会问题的科学决策，感悟化学对人类社会可持续发展的重要性，从而很好地培育学生“科学态度与社会责任”核心素养。

此外，化学实验与探究活动的本质是在物质及其变化的核心视角指引下，立足“宏微结合”“变化守恒”的认识思路，开展认识物质及其变化规律、运用物质及其变化规律研究物质与创造物质的实践活动，因而对培育学生“宏观辨识与微观探析”“变化观念与平衡思想”核心素养也能起到很好的作用。

三、凸显素养培育的化学实验与探究活动的教学策略

《普通高中化学课程标准(2017 年版)》强调：化学教学中，可通过引导学生开展实验探究活动学习化学、通过典型化学实验事实引导学生认识物质及其变化的本质与规律、利用化学实验史实引导学生了解化学知识的形成与发展过程、引导学生综合运用知识技能开展化学实验与探究活动以解决与化学相关的实际问题来发挥化学实验的教学功能，从而培育学生化学学科核心素养。在具体的实验活动中，应采用怎样的教学策略来实施教学？以下结合“盐类水解”的探究来加以论述。

1. 培育问题意识与设计能力，激活原有认识角度与思路

化学实验与探究活动总是围绕具体问题展开的，提出有价值的问题、根据问题目标指向规划活动方案，是实验探究的前提与关键，是落实“科学探究与创新意识”核心素养培育的重要路径。教学时，教师应指导学生识别问题情境、提出实验问题、确定问题类型、剖析任务实质，进而查找原型匹配、调用活动经验、做好实验活动方案的设计与规划。“盐类水解”的探究，指导学生立足正盐在水溶液中电离不产生 H^+ 和 OH^- 的事实提出“正盐溶液是否均显中性”问题，进而明确探究任务为盐(自变量)与对应溶液 pH(因变量)的关系。在此基础上，引导学生立足盐的组成、电离产生的微粒的微观角度，结合酸与碱溶液酸碱性分析的活动路径，对正盐溶液的酸碱性作出预测并设计活动方案。

2. 强调现象观察与本质分析，突出证据推理与宏微结合

化学实验与探究活动的最终目标，在于获取事实现象，证实(或证伪)探究活动中变量之间关系假设的合理性，并揭示自变量与因变量间的内在本质联系。这一目标的达成，需要认真观察实验、立足证据推理、揭示微观本质。因此，实验探究活动中，指导学生全面有序、科学严谨地观察实验，多方面获取事

实证据进而揭示现象的本质，是建构物质及其转化科学认识的关键。“盐类水解”的探究，基于检测盐溶液酸碱性的实验活动，得出盐溶液不一定显中性的事实。经归类分析，发现不同类型盐的溶液呈现不同的酸碱性。于是，探究任务转化为解决盐的组成（自变量）和溶液酸碱性（因变量）关系的问题。这就需要立足微观视角，综合考虑盐与水的电离、两者电离产生的微粒相互作用等方面，从而揭示盐溶液不显中性的原因。这样的教学，培育了“证据推理”“宏观辨识与微观探析”等核心素养。

3. 突出总结反思与迁移应用，发展证据推理与模型认知

化学实验与探究活动，往往通过有效的实验活动，得出物质及其变化的认识，建构相关的认识角度与思路。认识角度与思路的合理性、物质及变化认识的科学性还有待在进一步的问题解决过程中检验与完善，从而建构科学合理的认识结果与认识方式。因此，在观察现象、揭示本质的基础上，实验探究还需安排“表达与交流”等相关活动。在前述“盐类水解”学习的基础上，可安排学生总结盐类水解的概念与实质、盐的组成与溶液酸碱性的关系，提炼对盐溶液酸碱性的认识方式，从而建构起统摄性的认识。在此基础上，应用建构起来的分析盐溶液酸碱性的认识思路（盐溶液中存在的离子—存在的平衡关系—水的电离平衡移动—H^+及OH^-浓度的变化—盐溶液酸碱性的确定）去解决更多盐溶液酸碱性的问题，并通过溶液酸碱性的测定对认识思路的合理性、盐类水解实质及其规律的科学性加以验证。这将再次体现对“证据推理与模型认知”“宏观辨识与微观探析”核心素养的培育。

4. 拓展化学实验与探究任务，落实全面核心素养的培育

从目前的化学实验与探究活动看，因受教材篇幅或教师视域所限，不少实验与探究活动往往仅围绕一个目标任务来展开，从而制约化学认识的达成与学科素养的培育。为充分发挥实验探究活动的价值，教学时可适度拓展活动目标任务。如“盐类水解”，大部分教学的追求在于总括盐类水解的实质与规律、提炼分析盐溶液酸碱性的认识思路。实际上，作为一类化学反应，对盐类水解的研究还可以从反应速率与限度等更多的角度开展，从而多角度地建立对盐类水解的认识，实现更为全面的学科核心素养培育。为此，教学时可引导学生基于已有经验开展对盐类水解速率与限度的猜想，并开展相关的实验探究活动，从而实现对盐类水解更为全面的认识。开展这样的教学，对培育学生“变化观念

与平衡思想”核心素养也有助益。

总之,为充分发挥化学实验与探究活动对培育学生化学学科核心素养的价值,教学过程中,教师应引导学生面对陌生的探究情境与任务,调用课本实验探究原型及相应的认识方式,指导实验探究方案的设计与实施;实验探究活动过程中,注重捕捉关键事实证据,对猜想与假设进行证实与证伪,注重强调分析宏观现象背后的微观本质,建立两者间的逻辑联系,从而建立起对物质及其转化的科学认识;注重探究过程中认识角度与认识思路的发展与完善,并应用到新的、更为复杂的综合情境中,以检验评估认识思路与认识结果的科学合理性及应用适切性。只有如此,才能很好地发展实验探究在建立科学认识、建构思维方式、发展探究能力、培育优良品质等多方面的功能,从而有效培育与发展学生的学科核心素养。

3－5　有机化合物价值分析及教学实践

在物质世界中，有机化合物占绝大多数。自然界中的有机化合物，与生命活动有着十分密切的关系，是确保地球充满生机与活力的基础。近百年来，随着科学技术的发展，数以千万计的有机化合物被合成出来，极大地丰富了物质世界，并被广泛应用于生产生活中。中学化学课程安排了相当比重的有机化学相关内容，这些内容的学习，将帮助学生了解有机物的结构特点、重要性质、合成应用以及研究方法，认识有机物与能源、材料、饮食、健康、环境等的联系，感悟有机化合物与社会发展的关系，并积极参与与有机化合物紧密相关的社会性议题的评估与决策，以满足人们对高品质生活的追求。因此，有机化合物的学习与研究，能很好地培育学生的化学学科核心素养。

一、有机化合物内容体系及学习要求

有机化合物内容贯穿中学化学整个课程体系。根据课程目标和学生认识水平，义务教育化学课程、高中化学必修课程及选择性必修课程的有机化学内容、目标定位具有整体性的设计，并按内容逐步丰富、要求逐步提升作螺旋上升式的安排。中学化学与有机化合物相关的课程内容的编排及主题定位如图3－5－1。

1. 初中化学课程中的有机化学

初中化学教材虽然涉及煤、石油、天然气、乙醇、糖类、脂肪、蛋白质、维生素、塑料、合成橡胶和合成纤维等有机物，但这些内容安排在主题五“化学与社会发展”中。从标题便可看出，初中有机物的学习，重点不是立足有机物的结构与性质来认识、研究有机物，而是以这些有机物为载体，研究能源（化石燃料）、材料（有机合成材料）、健康（有机营养物质）等问题，“使学生知道自然资源并不是‘取之不尽，用之不竭’的，人类要合理地开发和利用资源，树立保护环境、与

有机化学

初中化学	高中必修化学		高中选择性必修化学		
主题五 化学与社会发展	主题4：简单的有机化合物及其应用	主题5：化学与社会发展	主题1：有机化合物的组成与结构	主题2：烃及其衍生物的性质与应用	主题3：生物大分子及合成高分子
化学与能源和资源利用；常见的化学合成材料；化学物质与健康	有机化合物的结构特点；典型有机物的性质；有机化学的研究价值	化学在材料科学与人类健康、在自然资源与能源综合利用、在环境保护中的作用	有机物的分子结构；有机物中的官能团；有机物中的化学键	烃及衍生物性质与应用；有机反应类型与合成；有机物的安全使用	聚合物的结构特点；生物大分子；合成高分子

图 3-5-1　中学有机化学编排及主题内容

自然和谐相处的意识，保证社会的可持续发展”①。

因此，初中化学课程中有机物的学习，强调从化学视角（关注有机物的组成、有机物的应用、有机物转化的快慢及能量变化等方面）审视社会问题（环境、健康、材料、能源等问题），从而正确认识化学与社会发展的关系，体现“引导学生初步认识化学与环境、化学与资源、化学与人类健康的关系，逐步树立科学发展观……使其在面临和处理与化学有关的社会问题时能做出更理智、更科学的思考和判断”②的课程性质。

2. 高中必修化学课程中的有机化学

高中必修化学课程中的有机化合物知识，既是初中化学课程有机化合物学习的进一步深入，同时也为后续选择性必修模块尤其是有机化学基础模块的学习奠定基础，从而使学生对有机物的学习更加系统与深入、更加密切联系社会生产生活实际，进一步建构与完善对化学科学的认识，理解化学与可持续发展的意义。

必修化学课程中的有机化合物，主要安排在“主题 4：简单的有机化合物及

① 中华人民共和国教育部. 义务教育化学课程标准（2011 年版）[M]. 北京：北京师范大学出版社，2012：28

② 中华人民共和国教育部. 义务教育化学课程标准（2011 年版）[M]. 北京：北京师范大学出版社，2012：2

其应用”中，同时还在“主题 5：化学与社会发展”中融合与渗透。一方面，综合考虑有机化合物的类型和官能团体系的学习需要，选择了甲烷、乙烯、苯、乙酸、乙醇等为代表物，研究它们的性质与应用、官能团与性质的关系以及转化关系，凸显有机物学习与研究的意义；另一方面，选择了与生产生活、资源利用和环境保护等关系密切的合成高分子、油脂、糖类、蛋白质等有机物，进一步认识化学对促进可持续发展的重要意义，化学科学在材料科学、人体健康等方面的重要作用。

可以看出，必修化学课程有机物知识的学习，强调建立有机化合物的初步认识框架(立足官能团对有机化合物进行分类)；结合典型有机物分子，建立对有机物分子结构的认识，了解有机物结构与性质间的密切关系；进一步了解有机物在生产和生活领域的重要应用，认识有机物与能源、环境、材料、健康等的关系，深化发展“化学与社会”的核心观念；建立起有机物组成结构、性质应用、反应转化等较为系统的认识①。显然，这一认识，比初中站在更高、更系统的角度，从有机物的组成结构认识有机物的性质与反应、从性质与反应理解有机物的应用，进而实现对化学与社会发展更深层次的理解。

3. 高中选择性必修化学课程中的有机化学

高中选择性必修课程是为满足学生个人需求与考试要求而设置的，因而此类课程具有系统性更强、综合性更高、学习要求更深等特点。为体现这些特点，高中选择性必修有机化学基础模块设置了“主题 1：有机化合物的组成与结构”“主题 2：烃及其衍生物的性质与应用”“主题 3：生物大分子及合成高分子”三个主题。三个主题的学习要求各有侧重，从而促进学生较为系统地掌握有机化学内容。

主题 1 从分子结构、官能团和化学键三个层次分析有机物的组成与结构特点，并探讨了有机物组成与结构的分析方法。主题具有统领性，暗扣有机化学学习的核心线索。主题 2 和主题 3 以烃和烃的衍生物、高分子化合物为代表，从分类的视角对各类典型有机物的结构特点、典型性质和关键应用进行探讨，强调能够参与环境保护、营养健康、材料使用等与有机物性质应用相关的社会

① 房喻，徐端钧.普通高中化学课程标准(2017 年版)解读[M].北京：高等教育出版社，2019：111－114

性议题的讨论，并作出有科学依据的判断、评价和决策。

因此，本模块的学习，以典型的各类有机化合物为载体，引导学生通过掌握有机物基本性质和基本反应，建构“结构决定性质、性质决定应用”的核心观念，形成基于官能团、化学键及反应类型认识有机物的一般思路，把握解决有机化学核心问题（有机物结构测定、有机物性质推测、有机合成）的主要方法和路径，建立起对有机化学内容的认识框架。最终，能够结合思路方法，指导参与与有机化合物性质与应用相关的社会性议题的讨论，并作出正确的评价与科学决策，促进人类社会的和谐与可持续发展。

通过对中学各阶段有机化学课程内容与学习要求的分析，可以发现各阶段有机化学的学习具有如下特点：

（1）价值追求相同。三个阶段的有机化学内容，都强调有机物的应用，强调有机物的应用与能源、环境、材料、健康间的关系，引导学生立足“化学与社会发展”的角度加以审视，从而树立科学的物质观与价值观，对学生科学素养的培育起到重要的作用。

（2）体现逻辑递进的有机化学学习要求。初中有机化学内容立足学生认知和课程目标，涉及少量有机物并侧重从应用的角度来学习。高中必修阶段拓展了有机物的种类和数目，并让学生从结构角度初步认识物质的性质与反应，进而认识其在生产生活中的应用。高中选择性必修阶段则提出更高的要求，强调让学生更为系统地认识有机物，深化对有机物组成、结构与性质的认识，形成认识有机物的一般思路，并能认识、解决有机化学的核心问题，建立有机化合物的整体认识框架。

二、有机化学知识的价值分析

1. 有机化学认识发展的整体性要求

中学有机化合物知识的学习，主要以典型代表性有机物（甲烷、乙烯、苯、乙酸、乙醇等）、类别有机物（各类烃及烃的衍生物）和多官能团有机物（糖类、油脂、蛋白质、高分子材料）为研究对象，立足有机物结构（分子组成、碳骨架、官能团、基团间相互影响、化学键）与反应（反应的类型、反应物与生成物、反应条件和反应伴随的现象等）的核心视角来研究，从而建立起各种有机化合物的组成与结构、性质与反应、转化与应用等方面的系统认识。

在建立有机物组成、结构、性质、应用系统认识的同时，丰富与发展有机物结构与反应的核心视角，形成“结构决定性质、性质决定应用”的核心观念，建立有机化合物分子结构的认识模型（图 3－5－2）和多角度认识有机反应的思维模型（图 3－5－3）[①]，从而在面对陌生、复杂情境与问题时，能够正确、有序地分析与解决有机物结构的确定、有机物性质的探究、有机合成和有机推断等相关问题。

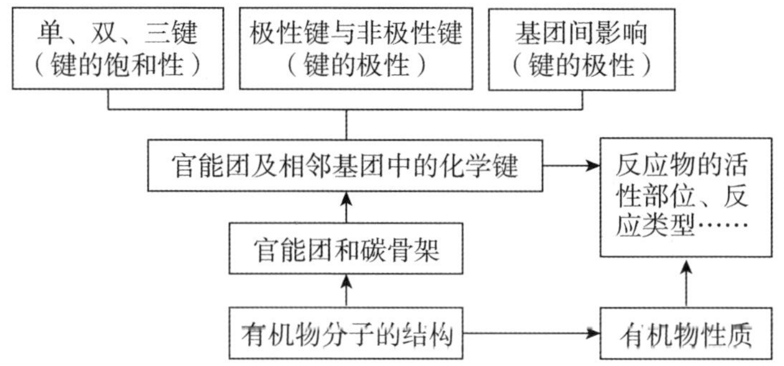

图 3－5－2　有机化合物分子结构的认识模型

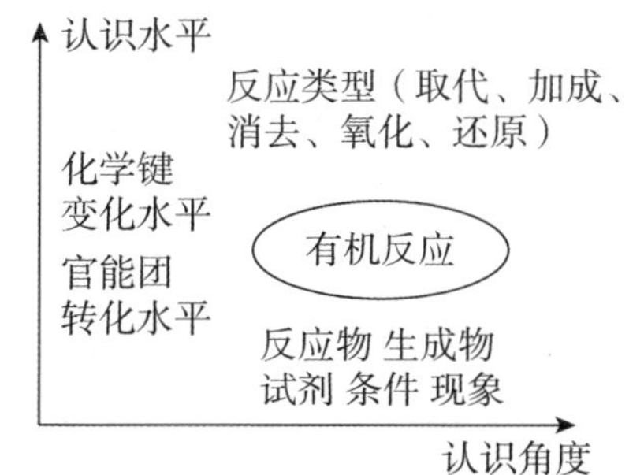

图 3－5－3　多角度认识有机反应的思维模型

此外，有机物是人类赖以生存的重要物质基础，广泛存在并应用于现代生产、生活、科研等各个领域。人工合成功能性材料，大大改善了人们的生活质量，满足了人们对美好生活的追求。当然，合成材料的使用过程，也带来了一些环境等相关问题，需要人们正视这些问题。因此，有机物组成与结构、性质与应用的学习，还有助于学生认识有机物与人类生产生活的关系，感悟有机化学对提高人类生存质量、促进社会和科技发展、提高人类社会文明发展的重大作用，

① 王磊等.基于学生核心素养的学科能力研究[M].北京：北京师范大学出版社，2017：304

同时让学生能够运用所学知识与思路方法参与有关社会性议题的讨论，权衡利弊、科学决策。

2. 有机化学对培育学生化学学科核心素养的价值分析

根据前述有机化学认识发展的要求可知，中学化学有机化学课程体系对全面培育学生五个方面的学科核心素养能起到很好的作用，分析如下：

初中和高中必修有机化学内容，被安排或融入"化学与社会发展"主题；选择性必修模块不仅密切关注烃与烃的衍生物在生产生活中的重要应用，而且强调生物大分子与人体健康的关系、新型高分子材料在高新技术领域的应用等，并提出"从有机化合物及其性质的角度对有关能源、材料、饮食、健康、环保等实际问题进行分析、讨论和评价""能够参与环境保护、营养健康、材料选择与使用、垃圾处理等与有机化合物性质应用相关的社会性议题的讨论，并作出有科学依据的判断、评价和决策"的要求。显然，这强调了"科学态度与社会责任"核心素养的培育。

有机化学的学习，核心在于认识有机物分子结构特点，建立结构特点与性质反应间的关系，能够对结构与反应等进行描述和符号表征，因此注重对"宏观辨识与微观探析"核心素养的培育。具体表现为：认识有机物分子的组成与结构特点，并对有机物进行分类；能依据有机分子的官能团类别、化学键特征和多官能团的相互作用等分析有机物的性质、有机物反应的特点或对陌生有机物性质进行预测；能对有机物的组成结构、性质、应用等进行互推并建立三者的关系，建立"结构决定性质、性质决定用途"的核心观念等。

有机物分子的结构、性质及其关系的认识，离不开宏观、微观层面的证据，需要结合多样化的证据进行合理推论，从而得出有关有机物的科学合理的结论性认识。这一认识过程，将促进学生建构有机化合物分子结构分析模型和多角度认识有机反应的思路模型。同时，又要求学生根据具体的化学问题情境，选择性地利用所建构的分析思路模型，解释与预测陌生有机物的组成、结构、性质及其应用，并在问题解决过程中结合新的事实证据等进一步完善与发展分析思路模型，最终实现分析推理能力的提升、有机认识模型的完善，从而培育"证据推理与模型认知"核心素养。

有机物的学习，需要建立起各类有机物结构、性质与反应的认识。对有机物的反应与转化的系统认识，需要从反应物与生成物、反应条件、反应类型、反应现象甚至反应动态机理等多角度把握。同时，在掌握有机物反应与转化系统认识基础上，根据生产生活等需要，立足“绿色化学”理念，根据有机物的性质及反应规律，通过合理选择试剂、科学规划路径、有效控制条件，开展有机物的合成，解决实际问题。因此，有机化学的学习过程，是培育与发展学生“变化观念与平衡思想”核心素养的过程。

有机物性质的研究，是根据特定对象、基于性质预测、设计实验方法、运用化学实验开展实验探究的过程；有机物转化与合成的研究，需要根据官能团特征设计实验并进行有机物检验、鉴别、除杂、分类等；有机物结构的确定，是立足探究活动并在获取事实证据基础上，结合结构与性质关系进行推理论证的过程。由于有机物组成、结构、性质等的学习与研究，离不开化学实验，需要创造性地开展探究活动，因而也能很好地培育学生“科学探究与创新意识”核心素养。这正是有机化学基础模块将“认识实验在有机化合物研究中的重要作用，了解有机化学研究的基本方法，掌握有关实验的基本技能”作为目标的原因所在。

三、凸显素养培育的有机化学教学实践

1. 落实素养培育的有机化学教学策略

“结构决定性质”是有机化学主题要培养与发展的学科核心观念。这一核心观念的培养，需要厘清“结构是什么”“性质是什么”“结构与性质间的关系是什么”三个关键问题。因此，有机化学教学时，应结合具体的情境与任务，将这些问题具体化，并综合运用有机物的结构与性质、典型的有机反应类型、有机物分子结构分析模型，引导学生多角度认识有机反应模型，解决陌生情境下的真实问题，从而建构有机化学核心知识及思想方法，建构有机物认识方式，培育分析问题、解决问题的能力，促进学生学科核心素养的培育与发展。教学时要达成此目标，必须落实以下方面：

（1）选择紧密联系生产生活的情境与问题，驱动学生积极探究。

有机化合物广泛存在于生产生活中，并在生产生活、科学研究等各领域具有广泛的应用。因此，教学时应立足生产生活选择有机物，并以该有机物与生命活动、环境、能源、医疗等方面的联系作为情境素材，设置关于该有机物组成结构、性质应用、转化合成等方面的问题任务，以此驱动学生的探究。这将有助于激发学生学习兴趣，引导学生在问题解决中学习相关知识，并增进对有机化合物与社会发展关系的认识。

(2) 开展有机物结构特点分析,建构与发展分子结构分析模型。

教学时,应根据所研究的有机化合物,引导学生从碳原子的饱和性、化学键类型、官能团等角度分析有机物,从而把握有机物的结构特点。在此基础上,预测有机物可能具有的性质,梳理分子结构与物质性质的联系,从而建立分析有机物分子结构的角度和思路,发展有机物分子结构分析模型。这是有机化学教学的重要任务,是培育"结构决定性质"核心观念的关键。

(3) 多角度分析典型有机化学反应,建构认识有机化学反应的系统思路。

有机化学反应是一个复杂的系统,常常伴随副反应的发生,而且当反应环境、反应温度等条件改变时,反应过程与结果也将发生改变。因此,对典型有机化学反应的研究,要求全面认识反应物、反应环境、反应条件、反应现象、反应产物等,同时还要尽可能从微观动态视角分析反应过程中官能团的改变、化学键的断裂与生成等,进而深化对反应规律与反应系统的认识,建构多角度认识有机化学反应的系统思路并以此思路分析解决陌生真实的问题。这是发展有机"变化观"的关键路径。

(4) 强化有机化学内容的系统反思,提升有机化学认识的结构化水平。

基于多角度分析分子结构、多维度认识有机化学反应并以此指导解决复杂陌生的有机化学问题后,学生将建立对具体物质的结构、性质及反应、应用等的认识。为增进对"结构决定性质、性质决定应用"核心观念的理解,还需指导学生结合具体物质开展对"结构—性质—转化—应用"内在联系的系统反思,提升对系统关联和动态转化的有机结构化认识水平,促进学科核心素养的全面发展。

2. 凸显素养培育的"探秘神奇的医用胶"项目学习①

(1) 研究对象的选择。

教学设计时,考虑到中学生有机化学知识较为有限,执教者认为应选择一种来自于真实世界的、学生感兴趣的、含有典型官能团且结构不太复杂的有机物作为研究对象,并结合有机化学学习的重点,设置围绕该有机物的功能、性质、结构、合成等方面的探究任务,以引导学生多角度分析有机物分子结构,多

① 陈颖等.高中化学项目教学案例——探秘神奇的医用胶[J].化学教育,2018(19):8-14

侧面认识有机化学反应，从而培育学生化学学科核心素养。

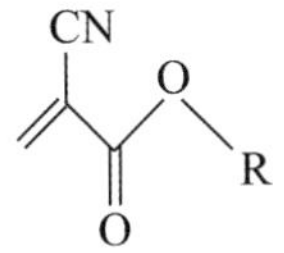

经过审慎思考与精心选择，执教者选择广泛应用于医疗领域的"α-氰基丙烯酸酯医用胶"作为研究对象。资料表明，该医用胶的神奇功能与α-氰基丙烯酸酯分子结构（如右图）密切相关：①α-氰基丙烯酸酯分子中C=C键能够在一定条件下聚合成稳定高分子，而—CN及—COO—等基团能够起催化活化作用，促进C=C聚合反应在温和条件下发生，满足人体使用；②—CN能与蛋白质大分子形成氢键，有助于医用胶高分子与人体组织紧密结合；③—COO—一定条件下能够发生水解反应，有利于医用胶在人体内降解。正因如此，α-氰基丙烯酸酯医用胶表现出良好的黏合及止血性能。

（2）教学构想与规划。

复习时，围绕"探秘神奇的医用胶"开展项目学习活动，围绕医用胶功能的认识、功能与性质及结构关系的认识、设计合成路线、论证医用胶使用安全性等方面开展相关探究学习，并以"设计医用胶的分子结构及合成路线"项目成果形式来体现，从而巩固学生对常见有机物性质及转化的认识，帮助其形成解决真实问题的思路方法，巩固对有机物结构及其反应的认识角度和认识思路，深刻体会有机化学所蕴含的创造性魅力，实现"知识结构化、问题解决思路化"教学目标要求。

教学活动规划时，引导学生沿着科学家的探究过程，突出抓好4个核心环节与任务：从性能需求探密医用胶的结构及黏合原理，基于使用需求设计医用胶分子结构，设计医用胶合成路线，论证医用胶使用的安全性。为使学生能够顺利完成学习活动，教学分两课时进行。第一课时完成"从性能需求探秘医用胶的结构及黏合原理""基于性能需求设计改良医用胶分子结构"两个任务，第二课时完成"设计医用胶的合成线路""论证医用胶使用的安全性"两个任务。

（3）教学内容与活动。

环节一　从性能需求探密医用胶的结构与原理

简介"501""504"等医用胶及其在医疗中的作用以及"医用胶"具有的性能特点。

驱动任务：医用胶为什么具有黏合人体组织的神奇功能？

学习活动：结合"资料卡片"中"501"和"504"医用胶结构与性能等内容的阅读，解决如下两个问题：(1)从性质、结构角度分析黏结强度好、常温常压下迅速固化等性能的化学含义;(2)归纳满足医用胶黏合性能需求的分子结构特征。

设计意图:选择紧密联系生产生活的情境激发学生学习兴趣,引导学生开展有机物结构特点分析,并建立起性能、性质及结构的关联。同时巩固学生对碳碳双键等典型官能团的结构及性质的认识。

环节二　基于性能需求设计改良医用胶分子结构

简要介绍医用胶使用过程存在单聚体结合放热而造成人体细胞与组织的危害、聚合后的薄膜韧性不够等问题,指出生产医用胶时需要改进这些问题。同时,以"资料卡片"形式呈现解决这些问题的思路。

驱动任务:怎样设计满足性能需求的医用胶分子结构?

学习活动:结合"资料卡片"的阅读,采用小组合作学习的方式,在分析讨论基础上完成两个活动:(1)设计符合需求的医用胶的分子结构;(2)依据结构、性质和性能的关系论证所设计结果的合理性。

设计意图:帮助学生应用多角度分析有机物结构和多角度认识有机反应的思路方法解决有机物结构设计问题,提升学生分析、解决陌生问题的能力。

环节三　设计医用胶的合成路线

简要总结满足性能需求的医用胶分子的结构特征,提出问题:该如何选择合适的有机分子、反应条件以及通过怎样的反应来合成医用胶?

驱动任务:怎样合成医用胶?

学习活动:在回顾有机物结构、性质与反应以及有机合成思路的基础上,采用小组合作的形式完成两个活动:(1)设计医用胶的合成路线并用海报展示;(2)评价其他小组设计的合成路线,并提出优化的合成路径与依据。

设计意图:通过应用有机合成的一般思路设计医用胶合成路径,巩固对常见有机物转化关系的理解,深化对有机物性质及其反应的认识,提升学生应用化学知识分析与解决陌生问题的能力,培育与发展学生的有机"结构观"和"变化观"等核心观念。

环节四　论证医用胶使用的安全性

简要总结医用胶分子结构、性能及合成线路;呈现"医用胶在人体组织中的代谢条件、代谢产物"等"资料卡片",引导学生探讨医用胶使用的安全性问题。

驱动任务:设计的医用胶满足安全使用的需求吗?

学习活动:小组结合"资料卡片"中关于医用胶在人体组织中的代谢条件、

代谢产物等内容的阅读，完成两个任务：(1)认识医用胶在人体内的代谢，分析医用胶可能存在的安全隐患；(2)探讨医用胶分子结构与使用安全性的关系。

设计意图：指导学生多角度认识有机反应，论证人体内医用胶的代谢及使用安全性等实际问题；巩固重要的有机反应规律，增进对有机物结构、性质与用途关系的认识，培育学生“科学态度与社会责任”学科素养。

环节五　项目学习活动总结

简要回顾本课研究的医用胶的神奇功能、医用胶的功能与分子结构间的关系以及合成医用胶等问题，指导学生开展项目学习小结。

驱动任务：如何开展有机合成线路的设计？

学习活动：结合医用胶性能、性质、结构、合成的研究，梳理有机物结构、性质、性能三者间的关联，体会科学家的研发思路。

设计意图：引导学生整合性能、性质、结构三者的关系，总结实际应用领域的有机物合成的思路方法，感悟有机物研究与合成在生产生活中的应用与意义。

4　基于素养培育的化学教学设计

《普通高中化学课程标准(2017 年版)》指出:“发展学生的化学学科核心素养,要求教师积极开展‘素养为本’的课堂教学实践,主动探索‘素养为本’的有效课堂教学模式和策略”。同时强调,“‘素养为本’的化学课堂教学设计与实施,对教师来说是一个全新的、富有挑战性的研究课题”。因此,在化学教学中培育与发展学生的化学学科核心素养,有必要厘清什么是“素养为本”的教学、如何开展“素养为本”的教学等问题,这是提升“素养为本”课堂教学能力的前提与关键。

为此,本专题根据《普通高中化学课程标准(2017 年版)》提出的“教学与评价建议”,结合相关化学教学案例,分析了“素养为本”教学的内涵、提出了“素养为本”教学的流程与策略。在此基础上,进一步探讨如何开展“素养为本”教学的教学目标设计、情境素材开发与使用、学科知识结构化设计、课堂教学任务与活动的规划以及教学评价设计等方面。

这些方面的介绍,旨在帮助教师制定基于化学学科核心素养发展的教学目标,规划多种形式的课堂学习活动,设计基于真实情境的问题解决任务,掌握发展学科核心素养的有效途径、方法和策略,从而引导学生在问题解决活动中建构结构化的学科知识、形成化学核心观念,以逐步发展学科核心素养。

4－1　“素养为本”教学的内涵、流程及策略

《普通高中化学课程标准(2017年版)》指出:化学教学与评价时,应紧紧围绕发展学生化学学科核心素养的主旨,深入开展“素养为本”的教学,有效培育学科核心素养,落实立德树人根本任务。然而,“素养为本”的教学,是一个新的、富有挑战性的研究课题[①],对教师提出了更高的专业素养要求。因此,化学教学时,教师应积极开展“素养为本”的教学设计实践研究,主动探索“素养为本”的课堂教学模式与策略,提升开展“素养为本”的课堂教学能力。为更好地理解“素养为本”的教学,以下结合《普通高中化学课程标准(2017年版)》“附录2　教学与评价案例”中“氧化还原反应”来加以阐述。

一、“素养为本”的教学

何谓“素养为本”的教学?很显然,“素养为本”的教学是相对“知识为本”的教学而提出的。“知识为本”的教学,立足“学科”角度,强调学科知识传授;而“素养为本”的教学,从“育人”视角出发,要求充分挖掘与发挥课程资源价值,优化教与学的方式与活动,培育与发展学生学科核心素养。因此,化学教学过程中,应以化学基本观念的建构、化学学科思维的培养和科学探究等实践活动作为培育化学学科核心素养的突破口。[②]

由于“素养为本”的教学关注的是培育学生学科核心素养,因此“素养为本”的教学是一个关注学生深层思维、强调知识的应用与创造、促进重要技能与品质发展的教学过程。这一教学在内容上也选择和讲授事实性知识,但其落点不在于学科知识的记忆与重现,而是将学科知识作为发展学科核心素养的载体,

① 中华人民共和国教育部.普通高中化学课程标准(2017年版)[M].北京:人民教育出版社,2018:77

② 《基础教育课程》编辑部.素养为本·多元发展·与时俱进——访普通高中化学课程标准修订组负责人徐端钧[J].基础教育课程,2018(01):59

引导学生在真实而有意义的情境中运用学科知识、思想方法去分析、解决化学问题，从而逐步形成正确价值观念、必备品格和关键能力。

注重“知识为本”的“氧化还原反应”教学，将氧化还原反应的概念和本质、氧化反应与还原反应、氧化剂与还原剂、氧化产物与还原产物等相关具体性知识作为重点，并通过具体事例分析，让学生记住这些概念性知识和相互关系，并能够对一些陌生的化学反应进行分析判断。而“素养为本”的教学，采用图 4－1－1 的教学思路来进行。教学时，也注重氧化还原反应的概念、本质及其应用等方面，但这些方面的学习与掌握，并不是靠单纯的“教师讲、学生听”来完成，而是强调结合具体任务的学习来展开，并在问题解决过程中让学生掌握相关知识、形成认识思路、建构认知模型，从而培育与发展化学学科核心素养。具体操作为：在三个教学环节中，依次安排“实验探究食品脱氧剂的作用”“揭示氧化还原反应的本质”“建立氧化还原反应认识模型”和“运用氧化还原反应原理，设计并讨论汽车尾气绿色化处理方案”的学习任务，通过实验探究、小组讨论、方案设计等活动，帮助学生在掌握相关知识的基础上，发展化学变化的认识水平、形成认识化学反应的微观视角、建构氧化还原反应的认识模型、感受氧化还原反应的价值、增强社会责任感等，从而培育与发展化学学科核心素养。

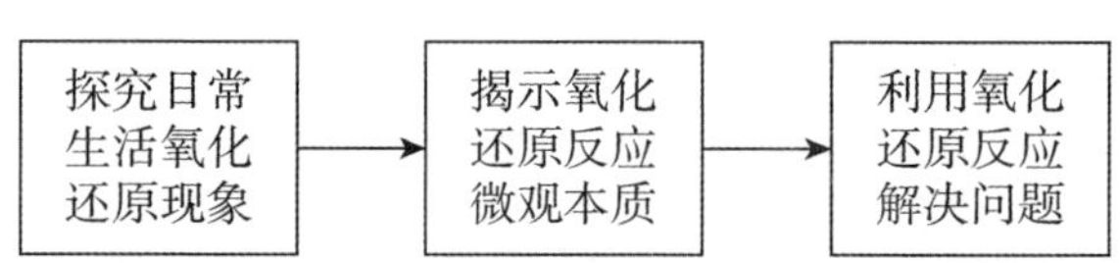

图 4－1－1 “氧化还原反应”教学思路

二、“素养为本”教学的流程

如何开展“素养为本”的教学设计与实施？《普通高中化学课程标准（2017 年版）》强调：“教师应科学制订具体可行、基于化学学科核心素养发展的教学目标，挖掘教学内容在化学学科核心素养发展方面的独特价值，设计和开展多种形式的实验探究活动，有目的、有计划地引导学生运用化学学科思维方式和方法学习化学知识，注重引导学生在化学知识结构化的自主建构中理解化学核心观念，设计基于真实情境的问题解决任务，使学生在解决问题的活动中逐步发展化学学科核心素养。”①同时，还应充分发挥教学评价的应有功能，通过多样化

① 中华人民共和国教育部.普通高中化学课程标准（2017 年版）[M].北京：人民教育出版社，2018：76

的评价方式，精准诊断学生化学学科核心素养达成情况并有针对性地提出促进素养发展的教学改进建议，有效实施“教、学、评”一体化教学。

因此，“素养为本”教学的教学设计与实施的流程如图 4-1-2。

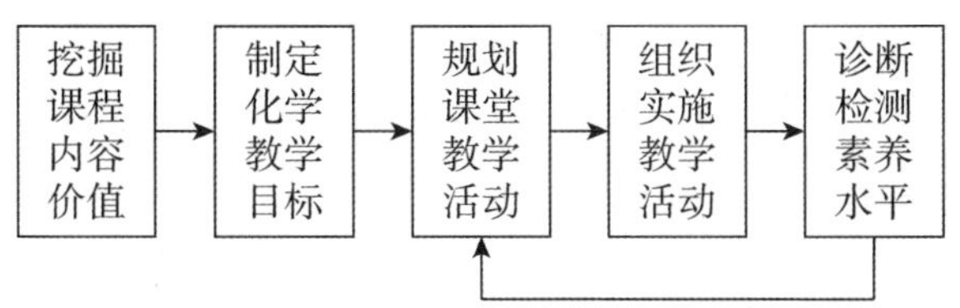

图 4-1-2　“素养为本”教学设计与实施

以下围绕“素养为本”教学的教学设计环节（主要为图 4-1-2 中的前三环节）的任务要求进行较为深入的分析。

“价值分析”环节：要求结合课程标准和教材，立足化学认识发展的视角，分析相应课程内容的学习将对学生认识的深度与广度、思路与水平、价值观念与个性品质等产生怎样的影响，从而概括提炼出课程内容对学生学科核心素养培育与发展的价值。如“氧化还原反应”的学习，将提升学生认识化学反应的水平（从物质变化发展到元素价态变化及电子转移），促进学生建立起宏观（元素）与微观（电子转移）、质变（元素价态变化、电子转移）与量变（化合价升、降代数和为 0 或电子得、失总数相等）分析氧化还原反应的认识思路与模型，感受氧化还原反应的学科价值（是一种重要的化学反应类型，是对化学反应认识的拓展）及社会价值（在生产生活中具有广泛的应用）等。

“目标制定”环节：明晰课程内容价值后，需结合学生情况和学习进阶进一步梳理，并根据教学目标表述的规范性要求（通常包含学习条件或路径、学习内容及达成标准等）将内容价值实现转化为教学目标。如《化学 1》“氧化还原反应”新课的学习，由于学生刚刚接触这一内容，只要求学生初步建立氧化还原反应的认识模型。对于氧化还原反应认识模型的建立，需要基于氧化还原反应本质的研究与揭示；要让学生感受氧化还原反应的社会价值，必须引导学生运用氧化还原反应理论去分析生产生活问题。因此，可将这两个方面的价值追求转化为“通过氧化还原反应本质的认识过程，初步建立氧化还原反应的认识模型”“通过设计汽车尾气综合治理方案的活动，感受氧化还原反应的价值，初步形成绿色应用的意识，增强社会责任感”的教学目标。

"教学规划"环节:教学目标制定后,便要制定教学目标达成的行动方案,以促进目标的达成。由于教学目标包含了学习条件或路径、学习内容与学习需要达成的标准,这就为教学需要创设怎样的条件或路径组织学生开展相关内容的学习并达成怎样的学习标准等指明方向,因此教学设计时要紧紧抓住教学目标。如"通过氧化还原反应本质的认识过程,初步建立氧化还原反应的认识模型"目标,强调学生基于氧化还原反应本质的认识过程(学习路径)来初步建立(学习要求)氧化还原反应的认识模型(学习内容)。因此,为达成这样的目标,需要结合具体的氧化还原反应的分析活动,揭示氧化还原反应的特征与本质;在此基础上,引导学生从宏观与微观、质与量的视角进行揭示,从而进一步提炼氧化还原反应的认识思路。教学设计时,对每一目标对应的教学活动进行设计,并按认知发展逻辑加以组织,形成完整的教学活动方案。

需要说明的是:为实现有效促进学生学科核心素养发展的目标要求,教学方案设计时,还应结合教学目标要求、根据课堂教学进程及时开展学生学习活动及其结果的评价,在课堂教学中全程跟踪学生是否达成相应的素养水平,以便及时调整教学计划,从而充分发挥学习评价的诊断与发展功能。为此,《普通高中化学课程标准(2017 年版)》特别强调教师在教学设计时,要围绕发展学生学科核心素养的宗旨,注重教学目标与评价目标、学习任务与评价任务、学习方式与评价方式的一致性设计,即落实"教、学、评"一体化设计。对于如何落实"教、学、评"一体化要求,将在后续章节继续展开分析研讨。

三、"素养为本"教学的策略

《普通高中化学课程标准(2017 年版)》指出:学科核心素养是在相应学科课程学习过程中培育与发展起来的关键素养,是具有学科特质的关键能力与品质,是学科育人价值的体现,是知识、技能、能力、态度等的综合表现。而且,学科核心素养具有"具身性""情境性""实践性""整体性""复杂性"和"组织性"等特征①。因此,培育与发展学生化学学科核心素养的教学设计与实践,需要凸显化学学科特征、挖掘知识多维价值、合理组织教学内容、创设真实问题情境、优化学习认识活动等。

---

① 张良.论素养为本的知识教学——从"惰性知识"到"有活力知识"[J].课程·教材·教法,2018(03):52

1. 凸显化学学科特征

由于化学学科核心素养是具有学科特质的关键素养并反映学科独特的育人价值，故培育学科核心素养的教学必然要凸显“从微观层次上认识物质、以符号形式描述物质、在不同层次上创造物质”的学科特征。凸显学科特征的教学，强调立足于学科独特视角来审视物质及其变化，帮助学生掌握研究物质及其变化的学科思想方法、建立起“宏观—微观—符号”三重表征的化学思维、形成科学物质观等化学基本观念、领悟化学与社会发展的关系等，这是培育学科核心素养的关键。正如专家所言：“唯有用学科独特的视角审视问题、分析问题和解决问题，才能形成真正意义上的学科素养。”①如“氧化还原反应”教学，立足宏微结合的视角来看待化学变化，建立从“物质”到“元素”到“微粒(电子)”认识化学反应的思路、建立氧化还原反应认识模型，并在“运用氧化还原反应的原理解决汽车尾气处理问题”中感悟化学科学的社会价值。这样的教学，很好地凸显化学学科特质，从而很好地培育学科核心素养。

2. 挖掘知识多维价值

知识是培育学科核心素养的重要载体，素养培育过程是学生通过知识学习从而实现能力、态度、情感等全面发展的过程。因此，“素养为本”的教学必须充分发挥化学知识多维价值——迁移价值(先前习得的知识有利于后续学习及问题解决)、认知价值(知识的学习和掌握能够丰富认知结构、提高认知水平与能力)和情意价值(知识的学习过程会对学生情感、态度和价值观念等产生积极影响)②。如“氧化还原反应”教学，不仅强调学生应用氧化还原反应原理解决相关问题，而且强调学生形成认识化学反应的微观视角，发展从宏观到微观的化学变化认识思路，建构起氧化还原反应的认识模型，同时还注重引导学生通过“月饼包装袋中物质(脱氧剂)作用的探究”“如何对汽车尾气无毒化处理”等真实问题的解决，从 STSE 视角强化知识的社会价值等。通过多重价值的挖掘与揭示，将很好地发挥学科知识在培育学生学科核心素养上的应有功能。

3. 合理组织教学内容

如何实现学科知识向学科素养转化?《普通高中化学课程标准(2017 年

① 余文森.核心素养导向的课堂教学[M].上海：上海教育出版社，2017：60

② 毕华林，亓英丽.化学课程编制中的知识价值观[J].化学教育，2002(7－8)：22

版）》指出：内容的结构化是实现这一转化的关键。因此，教学过程中，不仅要按逻辑关系组织教学内容、建立知识网络，还需结合分析与解决问题的过程，梳理并建构研究物质及其变化的思维路径，从而帮助学生提升知识结构化水平，形成统摄性认识。如"氧化还原反应"的教学，教师引导学生基于"揭示氧化还原反应的本质"和"建立氧化还原认识模型"两个学习任务，帮助学生从"宏观与微观""质与量"两个维度认识氧化还原反应，进而提炼氧化还原反应的一般认识思路与模型，并在"运用氧化还原反应的原理解决汽车尾气无害化处理问题"中得以应用、完善与发展。这样的教学，能够很好地提升知识关联和认识思路结构化的水平，从而很好地培育"证据推理与模型认知""宏观辨识与微观探析"等学科核心素养。

4. 创设真实问题情境

素养具有"情境性"的特征，正如《普通高中化学课程标准(2017 年版)》强调的，"真实、具体的问题情境是学生化学学科核心素养形成和发展的重要平台"。因此，化学教学过程中，应重视借助生产生活资料、化学史实材料、化学实验等创设真实的学习情境，设置富有价值的问题。教学时，通过呈现多样化的问题情境，将化学学科知识、学科思想方法、学科价值追求等方面统一于真实情境下的问题解决之中，从而培育正确价值观念、必备品格与关键能力，发展学科核心素养。如"氧化还原反应"的教学，教师提供有关"汽车尾气及其危害"的素材，同时提出"如何根据氧化还原反应原理对汽车尾气进行绿色化处理"的问题。在此情境与问题驱动下，引导学生开展问题解析、方案设计、实验探究等多样化的活动，并解决学习任务。这样的学习，将知识的学习、能力的发展与价值观念的培育融合起来，有效培育学科核心素养。

5. 优化学习认识活动

正确价值观念、必备品格与关键能力的形成与培育过程，是学生自主建构的过程。化学学科核心素养的培育，需要在化学学习活动过程中发展、在合作交流中激荡、在反思实践中生成。因此，化学教学活动中，教师应基于课程目标和问题情境，引导学生围绕学习任务与要求，采用独立思考、小组合作、实验探究等多样化的学习方式，开展分类与概括、推理与论证、模型与解释、符号与表征等具有学科特质的学习活动，从而掌握化学知识、启迪科学思维、发展关键能力、建立价值观念等。"氧化还原反应"教学中，围绕理解氧化还原反应学科价值与社会价值以及发展学科核心素养的目标，结合“分析食品脱氧剂作用、揭示氧化还原本质、建构氧化还原模型、汽车尾气绿色化处理”等任务，开展多样化学习和系列化活动，最终实现“形成微观视角、认识反应本质、建构认识模型、增强社会责任”的教学追求。

6. 融教、学、评一体

一节化学课是由一系列教学板块构成的。各板块既相对独立(有自己的学习任务与要求)，又相互联系(各教学板块安排符合学科逻辑、认识逻辑以及教学逻辑等)。化学教学过程，便是在解决各板块学习任务、达成板块学习要求基础上逐步建立起系统化、结构化的认识，最终达成教学目标的过程。[①] 由于各板块存在逻辑关联，教学时应做好各板块学习达成情况的评价。因此，课堂教学时，应融教、学、评于一体，即教学时认真做好每一板块的评价活动，及时监控板块学习达成情况并为后续教学开展提供决策依据。如何做好“教、学、评”一体化工作？这就需要教师备课时，根据教学目标设置板块学习任务、明晰学习达成要求；教学时，通过设置有素养诊断价值的问题，并通过课堂提问、现场作业、板书演示等途径来考查学生板块学习达成情况。如“氧化还原反应”教学设计，规划了“感受氧化还原反应的存在”“感受氧化还原反应的本质”“感受氧化还原反应的价值”三个体现学生认知逻辑与学科逻辑的教学板块，并对每个教学板块安排相应的学习任务(如第二板块设置了“揭示氧化还原反应的本质”和“建立氧化还原反应认识模型”的学习任务)，组织学生开展学习活动，同时对各自的学习任务提出具体水平层次(“物质水平”“元素水平”和“微粒水平”等)，以利于课堂教学时诊断评价。

结合前述分析可知，“素养为本”的教学是以培育与发展学生化学学科核心素养为目标追求的教学。它不是一种教学行动模式，而是教学理想追求，强调教学目标确立、教学内容组织、教学活动实施、教学效果评价共同指向学科核心素养(如图 4-1-3)。为达成这样的追求，“素养为本”的教学具有如下特征：教学目标反映学科知识本质和学科思想；教与学以学科核心概念为基础；教学情境为真实的认知情境；教学方式为建构式；学习方式为体验式，通过亲身经历，

---

① 房喻，徐端钧.普通高中化学课程标准(2017 年版)解读[M].北京：高等教育出版社，2018：182-183

总结经验规律，形成自己的“概念”；评价方式注重思维方式和思维过程。①

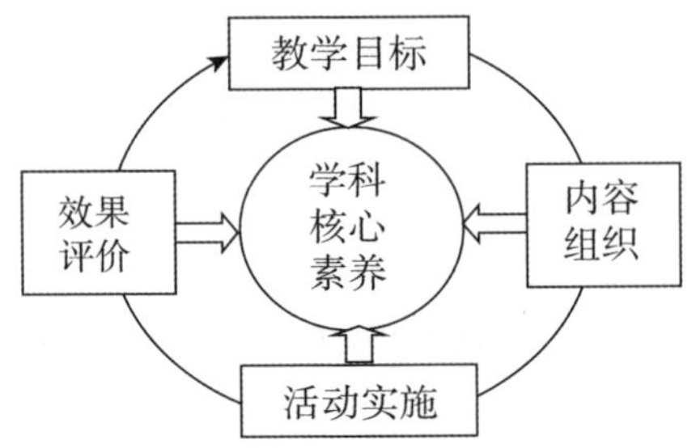

图 4－1－3 “素养为本”的教学追求

进一步对比分析，不难发现“素养为本”的教学与“知识为本”的教学存在如表 4－1－1 的主要区别：

表 4－1－1 “素养为本”教学与“知识为本”教学的区别

	“知识为本”教学	“素养为本”教学
教学目标	教学注重对具体性知识的学习和思考，具体性知识的记忆和浅层次理解是教学和学习的最终目标	教学也注重具体性知识的学习和思考，但最终目的是把具体性知识作为载体和工具来帮助学生形成学科核心素养
内容选择	以课标及教材的具体知识内容为主，局限于对这些材料的组织与呈现	以居于学科中心的大概念为核心，结合课标和教材的要求以及其他资源，选择那些能形成素养和体现这些素养的具体知识内容进行组织与呈现
教学过程	旨在记住这些知识，多采用讲授式，教师讲、学生听	旨在发展综合思维和深层理解力，采用自主、合作、探究等多样化学习方式
教学分析	缺少对知识层次结构和知识之间关系的分析	以大概念为核心，主要分析知识的层次结构和知识间的相互联系
教学活动	围绕具体性知识的讲解展开，缺乏情境的创设、问题与活动的设计	围绕素养发展目标创设丰富情境和序列问题并组织探究活动的展开
教学评价	侧重于双基（基础知识与基本技能）掌握情况的评价	关注知识结构化水平、认识角度与认识思路的建构与发展、真实情境下问题解决关键能力的达成

① 姜显龙，郑长龙.“学科素养为本”的课堂教学特征及策略[J].教育理论与实践，2017(17)

4－2 指向素养培育的教学目标设计

“教学目标是教学的起点和依据，规定着化学学与教的方向，支配着化学教学的全过程。”①为培育与发展学生化学学科核心素养，化学教学设计时，应在深刻领会化学学科核心素养内涵基础上，根据具体教学内容的特点和学生实际，科学制定具体可行、基于化学学科核心素养发展的教学目标。教学目标是否准确、清晰、明确和具体，不仅对教学活动的规划和教学结果的监控起决定性作用，同时还会对教学起点确立、教学任务分析、教学内容确定、教学资源选择产生较大的影响。然而，从中学化学教学实际情况看，大部分教师由于缺乏“目标意识”，导致教学目标的制定与陈述普遍存在含糊性、随意性等问题。因此，有必要开展指向素养培育的教学目标设计的研究。

一、教学目标及其功能价值

1. 教学目标及内容指向

教学目标是指通过有目的的教与学实践活动，期望学习者所能达成的学习标准或发生的行为变化。由于学科核心素养是学生通过学科学习而逐步形成的价值观念、必备品格和关键能力，因此，指向素养培育的目标应包含师生在具体的教与学实践活动之后，学习者在价值观念、必备品格和关键能力上发生的应有变化。此外，学科核心素养的培育以具体的学科内容为载体，是在具体学科知识学习的基础上培育与发展起来的，故指向素养培育的目标还包含具体的学科内容(知识技能)。所以，教学目标应指向图 4－2－1 所示的四个方面。于是，通过对教学目标的分析，就可以清晰地知道教学活动应促进学生在哪些方

① 毕华林等.化学教学设计——任务、策略与实践[M].北京:北京师范大学出版社，2013:73

面得到发展。如"氧化还原反应"(必修)第一课时教学目标如下[①]:

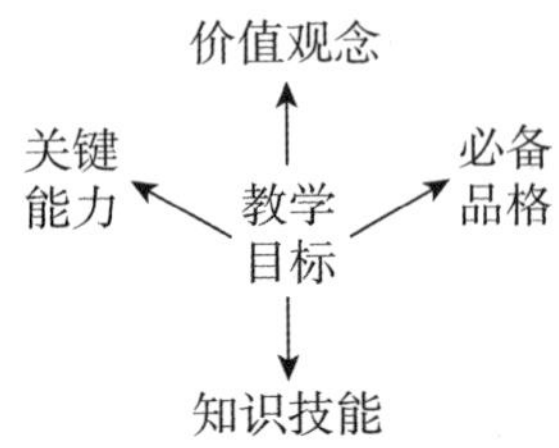

图 4-2-1　教学目标内容指向

(1) 通过实验探究日常生活中存在的氧化还原现象。

(2) 通过氧化还原反应本质的认识过程,初步建立氧化还原反应的认识模型。

(3) 通过设计汽车尾气综合治理方案的活动,感受氧化还原反应的价值,初步形成绿色应用的意识,增强社会责任感。

这样的三条教学目标,强调学生基于"氧化还原反应"第一课时的学习,掌握氧化还原反应的概念、特征及其本质等化学知识,发展学生实验探究能力、应用氧化还原原理及认识模型分析与解决问题的能力,培育勤于思索、独立思考、乐于探究、善于合作的品格,同时在问题解决过程中感悟化学学科的社会价值、增强社会责任感等。

2. 教学目标的功能价值

仔细分析上述三条教学目标,不难发现教学目标对"学(教)什么""怎么学(教)"和"学(教)到什么程度"等三个方面做了具体的规定,从而实现教学全过程的指向、导引与监控等作用。具体体现在:

(1) 教学目标指明了教与学的对象与内容。对于本课,学习的对象与内容主要包括如下方面:从化合价变化及电子转移的角度认识氧化还原反应的特征与本质,学习从"宏观与微观""质与量"的视角分析氧化还原反应的一般思路,感受氧化还原反应的社会价值等。

(2) 教学目标指明了教与学的起点与方式。如氧化还原反应的概念等学习,以日常生活中存在的氧化还原反应现象作为研究对象,并采用实验探究的

① 中华人民共和国教育部.普通高中化学课程标准(2017 年版)[M].北京:人民教育出版社,2018:93

方式来进行；氧化还原反应认识模型的建立，需要基于氧化还原反应本质的分析与揭示，进而提炼氧化还原反应的一般认识思路等。

(3) 教学目标指明了教与学应达成的标准。具体包括：理解氧化还原反应的本质，能够识别常见的氧化还原反应；初步建立"宏观与微观""质与量"分析氧化还原反应的思路方法；认识到人们可以利用氧化还原反应原理造福人类等，激发积极学习化学的兴趣，建立学好化学的信念。

正是由于教学目标同时指明了教与学的对象与内容、起点与方式、达成的标准等三个方面(如图 4-2-2)，因此它对教学全程起到很好的指向、导引与监控作用，从而有助于开展优质、高效的教学，实现学科核心素养的培育。

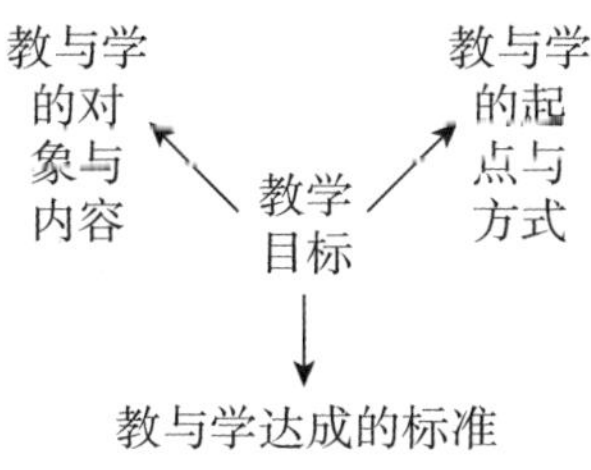

图 4-2-2　教学目标的功能

然而，目前一些教师由于缺乏"目标意识"，未能开展对课程标准的深入研究，没有掌握教学目标制定的技能，没能领悟教学目标的价值，使得教学目标编制时存在目标与教学不一致、目标陈述缺规范、目标定位不恰当等问题[①]，导致课堂教学的低效。

二、教学目标的设计与描述

如何解决目前中学一线教师在目标制定中存在的问题，从而充分挥发教学目标对教学全过程的指向、导引与监控等作用？这就需要掌握教学目标制定与描述(陈述)技巧。从实践层面看，教学目标制定及描述的流程如图 4-2-3。以下结合高中必修化学"电离及离子反应"单元教学设计来加以阐述。

1. 关于学科知识价值

教学目标是学科知识在培育与发展学生方面的学科价值的外在表现，因此目标设计的核心工作之一便是分析学科知识的价值。专家指出："基于学生化

① 林能顶，陈美智.新课程化学教学目标编制存在的问题及纠正建议[J].化学教育，2012(07)：17-20

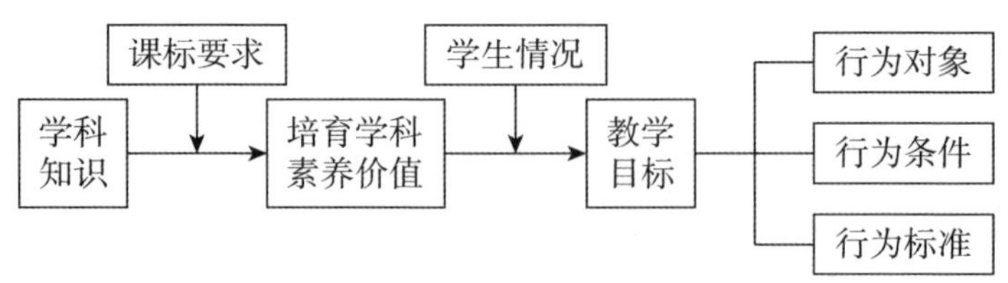

图 4-2-3　教学目标设计及描述流程

学学科核心素养发展的课堂教学，应高度重视学生化学认识视角和化学认识思路的形成，以此来发展学生的化学学科思维方式和解决真实化学问题的能力。”①因此在教学目标设计时，对于学科知识的价值分析，就是要结合课程标准，充分挖掘学科知识在帮助学生建构与发展化学认识视角和化学认识思路等方面的价值。

化学学科思维方式内涵包括“从哪儿想”“怎么想”两方面，而化学认识视角与认识思路分别解决这两方面。化学认识视角与认识思路，分别指向认识物质及其变化的特征及其规律的角度（侧面或切入点等）与思路（程序或框架等）。如“电离及离子反应”，强调从宏观与微观、定性与定量的视角按照“溶液能导电—溶液中存在自由移动离子—自由移动离子间能发生碰撞而相互作用—用化学符号表征离子间的相互作用”的思路认识电解质在水溶液中的行为及结果。

因此，化学认识视角与认识思路的建立，就会启发和指导学生思维的方向与路径，帮助学生寻找解决陌生情境下复杂化学问题的突破口和分析框架。显然，化学认识视角和认识思路都是对具体化学知识的超越，具有一般方法论的意义和价值。它们一旦形成，对化学学科核心素养的培育与发展具有非常重要的价值。当然，作为学科内容价值的分析，除关注化学认知价值外，还需关注知识的学习对培育学生情感态度和价值观方面的情意价值。

2. 知识学习要求梳理

知识学习要求的梳理，是在把握课程目标基础上，明确具体知识的主题功能定位、内容学习要求、教学活动建议及学业达成标准（如图 4-2-4）。“内容

---

① 房喻，徐端钧. 普通高中化学课程标准（2017 年版）解读[M]. 北京：高等教育出版社，2018：193

要求”的研究，可立足“主题”整体视角把握主题定位及各知识内容的关系，明晰学科知识总体学习要求；“教学提示”的分析，可以明确教学应采取怎样的策略、设计怎样的学习活动以及可开发利用哪些情境素材；“学业要求”的解读，则能准确把握学科知识学习后所应达成的层次水平。因此，通过对课程标准的梳理，有助于厘清“为何教(学)”“教(学)什么”“怎么教(学)”以及“教(学)到什么程度”等问题，从而指导教学目标框架的搭建。

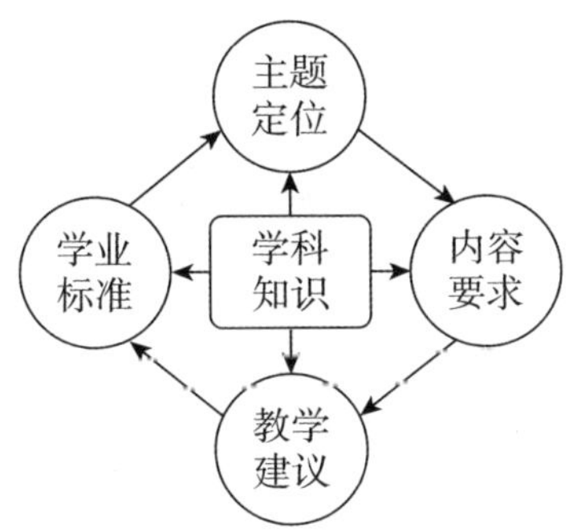

图 4－2－4　学科知识学习要求分析

对于“电离及离子反应”，课程标准将其安排在必修化学“主题 2：常见的无机物及其应用”中，该主题用“元素与物质”这一大概念将“氧化还原反应”“电离与离子反应”等核心概念整合在一起，旨在帮助学生立足分类及转化的视角、宏观与微观的角度研究常见无机物及其应用。对于“电离及离子反应”，明确提出“认识酸、碱、盐等电解质在水溶液中或熔融状态下能发生电离。通过实验事实认识离子反应及其发生的条件，了解常见离子的检验方法”的内容要求，学习包括电离、电解质、离子反应等关键概念和电离方程式与离子方程式的书写、离子反应的条件及本质等核心知识，并能应用相关知识解决实际问题等。

如何开展“电离和离子反应”的学习？课程标准强调“重视开展高水平的实验探究活动，紧密联系生产和生活实际，创设丰富多样的真实问题情境，鼓励使用多样化的教学方式和学习途径”的教学策略，开发“电离理论建立的化学史料”等化学史实，组织开展“电解质的电离，探究溶液中离子反应的实质及发生条件，溶液中常见离子的检验”等学习活动。通过这样的学习活动，达成“能利用电离、离子反应等概念对常见的反应进行分类和分析说明，能用电离方程式表示某些酸、碱、盐的电离”的学习要求。

3. 知识认知价值分析

高中必修阶段的“电离及离子反应”，被安排在“主题 2：常见的无机物及其应用”中。很显然，学习的价值在于促进学生对常见无机物及其转化的认识，希望学生从微观审视物质（电解质）在水溶液系统中的行为、存在形式及其性质与转化等相关问题，从而在本质上理解常见无机物的性质、转化，并在此基础上发展对物质性质及物质转化价值的认识。这些问题，从本质上解决“为什么要学习电离”以及“学习离子反应有何价值”等问题。因此，“电离和离子反应”的认知价值如下：

(1) 发展对物质及其变化的认识。基于物质（电解质）溶解于水时产生自由移动离子的认识，理解溶液导电性和均一、稳定特性；立足酸、碱、盐等电解质在水中电离行为及其结果，从组成特点视角理解其性质，建构微观视角分析酸、碱及盐的性质及其反应的思路；基于单一电解质的电离，理解多溶质水溶液系统中微粒间作用（定性与定量），准确把握反应的条件、本质与规律，学习使用化学符号表征反应并建立“宏观—微观—符号”间的关系。

(2) 发展对化学价值观念的认识。基于物质及其变化的前述认识，自觉运用学习过程中建立起来的审视物质性质及其变化的微观视角去分析、解决生产生活的问题，感悟离子反应等在生产生活和化学科学研究中的作用。同时，“电离”及“离子反应”等的学习，促进学生对化学世界（物质及其变化）的和谐统一的感受；通过“离子反应的应用、离子检验”的学习，形成将化学知识应用于生产生活实践的意识，赞赏化学科学对社会发展的贡献等。

4. 学生情况综合分析

前述分析厘清了单元内容的认知角度（微观、定量与动态视角）、认识思路（电解质溶液—微粒种类数目—微粒相互作用—符号表征）以及学科价值（应用离子反应解决问题）等，从而为教学追求给出了基本框架。为确立目标，还要深入分析学生情况，从而为学习条件的确立与学习互动的规划奠定基础。学生情况分析时，通常采用文献研究、经验分析、学生访谈或问卷调查等方法来进行，从而把握学生已有知识基础、能力水平及思维方式，并和前述教学追求进行对比分析，立足学情和教学追求差异性，对学习条件以及活动作界定。

本课学习前，学生的总体情况为：学生对物质溶于水、溶液导电性等有所认识，对酸、碱的性质与溶液中 H^+、OH^- 关系有初步了解，但因尚未建立电离、电解质等概念，对何物质能产生离子、如何产生离子及其数量等关键问题不明确，更没能建立起溶液中离子与物质性质的对应关系。对于常见酸、碱及盐间复分解反应，只能从物质类别和现象的宏观角度分析，不能从微观粒子的角度把握反应的规律与本质。而这些方面，恰恰是本单元学习期望达成的。

因此，教学设计与规划时，应基于学生的上述情况和学习内容的特点创造教学条件，帮助学生建立起已有认知与本课教学目标追求间的联系。如"电离"的学习，结合学生对固体物质溶解、溶液的初步认识，通过溶液导电性等实验，基于对宏观现象等的分析推理，建立宏观现象与微观本质的联系；"离子反应"的学习，以常见的复分解反应为例，通过测定反应前后电解质溶液的电导率，基于电导率变化情况分析推断溶液中哪些微粒发生了作用、如何发生作用、为何发生作用等，从而认识离子反应的现象、本质及其条件等。这些方面的确定，将为教学目标的准确表述奠定很好的基础。

5. 教学目标的表述

在明确课程标准要求、教材价值及要求、学生拥有的知识经验与思维水平的基础上，就可较好地界定本课的教学目标。对教学具有指导意义的教学目标，需要明确界定"谁学习""在什么条件下开展学习""学习什么内容""学习程度如何"等，即清晰表达"行为主体""行为条件""行为内容"和"行为程度"等，并按"行为主体＋行为条件＋行为程度＋行为内容"的方式来进行表达，从而对教师教学活动的设计、实施与评价发挥很好的"处方作用"，利于课堂教学有效开展。①

由于教学目标是学生通过学习活动后所应达成的预期结果，反映了学习者在教师引导下所达成的能动性表现，因此学习目标的行为主体是"学生"；"行为程度"（行为标准）指学习行为的表现程度，主要用来评价学生学习表现或学习结果能够达到的最低表现水平程度；"行为条件"可以从两个方面来理解：一是教师为帮助学生达成内容标准而提供的学习条件（或情境），二是学习者为体现自己已经达成了内容标准而借助的外在条件（或情境）。

综合前述几个方面的分析，对于必修化学"电离及离子反应"的单元教学目

---

① 毕华林等.化学教学设计——任务、策略与实践[M].北京：北京师范大学出版社，2013：76－77

标，整体规划如下[①]：

（1）通过证明粗盐溶液中杂质的存在形式和分析食盐精制过程发生的反应等学习活动，建立电离、电解质、非电解质等关键概念，能够从微观角度认识和描述电解质在水溶液中的电离和反应，并用电离方程式和离子方程式等进行表征。（宏观辨识与微观探析、证据推理）

（2）通过画出粗盐溶液中溶质的微观示意图，初步建立从微观角度认识电解质溶液的分析思路，认识离子数量与物质宏观组成之间的关系。（微观探析、变化观念）

（3）通过归纳复分解型离子反应发生的条件，认识离子反应的本质。建立宏微相结合的认识角度，能依据宏观现象分析离子间的相互作用，能依据离子反应的发生条件预测宏观现象。（宏观辨识与微观探析）

（4）通过配制溶液、污水处理等实际问题的解决，固化宏微结合、定性定量结合的分析思路：确定认识对象（溶质或溶剂）—分析微粒种类和数量—分析微粒间相互作用—分析作用结果（宏观现象等）。（宏观辨识与微观探析、变化观念、科学态度）

---

① 房喻，徐端钧.普通高中化学课程标准（2017 年版）解读[M].北京：高等教育出版社，2019:201 - 202

4－3 教学情境素材的开发与使用

情境是认知和思维的基础，是人类建构知识的土壤。教学作为促进知识建构、培育学科素养的特殊活动，离不开具体的情境。因为，素养是人在特定情境中解决问题的高级能力与人性能力。离开教学情境谈素养，素养培育将成无源之水、无本之木。为促进教学活动的有效开展，课程标准研制者在相应学习主题中设置了“情境素材建议”栏目，就主题教学可以开发使用的情境素材提出了参考意见。本专题结合具体的教学案例，就教学情境素材及其遴选、使用进行探讨，旨在厘清如何更好地创设教学情境以驱动学习活动的开展、实现学科核心素养的培育。

一、教学情境的构成及价值

1. 教学情境的构成

所谓教学情境，是指课堂教学中教师根据教学目标要求以及学生具体情况，为促进教师的教与学生的学有效开展而创设的一种特殊的课堂环境与氛围。很显然，教学情境是教学活动顺利开展的载体和基础，是实现教学目标有效达成的必需路径。适宜的教学情境，其结构特征包含特定时空、具体事件、核心问题、活动框架、目标结果等五个方面（如图 4－3－1）[①]。因此，教学情境创设的意义，是在特定教学时空下，驱动教师与学生围绕教学具体事件和特定问题，在特定学习的活动框架指导下开展教学活动，从而达成相应的教学目标。

如在“铁及其化合物的应用”教学中[②]，利用“营养麦片的功能”“补铁剂”“硫酸亚铁的保存”等素材来创设研究麦片里是否添加铁及为何添加铁、如何促进

---

① 王伟，王后雄.《普通高中化学课程标准（2017 年版）》中“情境素材建议”内容特点及使用建议[J].化学教学，2018(10)：15

② 王星乔等.基于核心素养的教学设计——以“铁及其化合物的应用”为例[J].化学教学，2017(05)：51－55

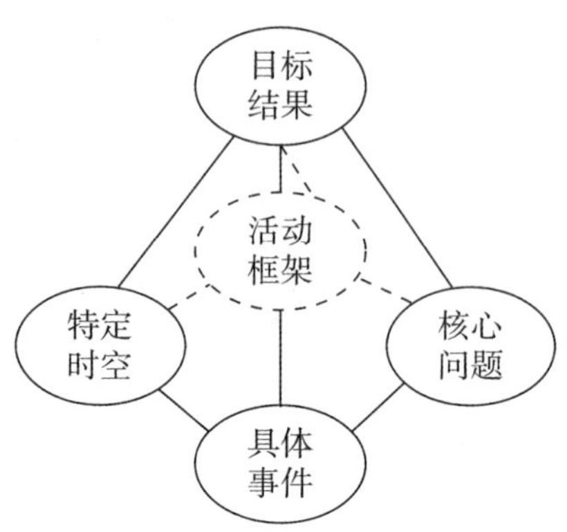

图 4－3－1　教学情境的结构特征

麦片中铁的吸收、如何检验物质中含铁情况等序列化问题的教学情境。对于教学情境序列中的三个教学情境，依次按教学先后顺序展开，体现教学情境时空性；对于“麦片里是否添加铁及为何添加铁”的教学情境，围绕认识含铁物质性质及用途的教学事件、如何检验铁元素的核心问题和实验探究的学习活动框架来展开(其他教学情境也类似)。显然，序列化的教学情境，指向学生掌握铁及其重要化合物的性质，发展学生基于“价类二维”的元素化合物性质及转化的研究思维，培育宏微结合、变化观念、证据推理与模型认知等化学学科核心素养。

2. 教学情境的价值

认真分析教学情境的结构特征，可以发现其具有认知属性(情境中包含知识)、学科属性(反映学科特质)、社会属性(体现学科价值、倡导学以致用)、交往属性(驱动师生、生生间的交往互动)、过程属性(揭示知识形成过程、学习发展历程)、发展属性(符合学生认知发展和知识内在逻辑)、生成属性(在课堂教学活动中即时生成)等属性。① 如前述“铁及其化合物的应用”教学情境序列，包含由易到难的学习任务。情境任务驱动学生开展探究活动，从而认识铁及其化合物的性质及其转化关系，建构研究含铁物质性质及其转化的“价类二维”思维，明确含铁物质中铁元素的价态与性质的关系，研究含铁物质性质及其转化的意义，掌握含铁物质相互转化的条件与路径，理解含铁物质的性质及其转化与应用等。

① 王伟，王后雄.课堂教学情境的属性[J].河北师范大学学报，2018(06)

正因为课堂教学情境具有如上属性，因而教学情境有利于激发学生的学习动机，有利于学生认知理解的提升强化，有利于知识技能的迁移应用，有利于弘扬学科的功能价值，有利于促进教与学更加和谐协调发展，最终将对学生核心素养的培育与发展起到非常关键的作用。值得注意的是，因构成素材、呈现时空、对应事件及核心问题等不同，不同类型的教学情境对应的功能追求与目标指向也将各有差异或自有侧重。这就需要教师在教学设计与实施过程中，在明确各类教学情境及其功能目标追求的基础上，开发多样化的教学情境素材，创设多样化、序列化的教学情境以实现功能互补，从而实现培育学生学科核心素养的最终追求。

二、教学情境素材的类型

1. 教学情境素材的类型

教学情境素材是教学情境的重要构成要素，它对学习动机的激发、教学任务的提出、教学活动的开展起到定向作用，因而对教学目标的达成有非常重要的价值。因此，课程标准在每个“内容主题”中均设置了“情境素材建议”栏目，安排了大量的教学情境素材内容，方便一线教师教学设计时借鉴与使用。认真分析这些教学情境素材，可以发现其内容指向上有差异。针对这一差异，可将情境素材划分为实践类、生活类、社会类、自然类、生产类、史料类等类型。① 以下结合《普通高中化学课程标准（2017 年版）》必修化学“主题 2：常见的无机物及其应用”中的“情境素材建议”栏目加以分析。

（1）实践类：主要涉及化学实验等实践活动。如“菠菜中铁元素的检验”。

（2）生活类：以现实生活中的各种现象与经验等为内容。如“雷雨发庄稼”“含氯消毒剂及其合理使用”“日常生活中的氧化还原反应”等。

（3）社会类：以能源、环境、生态等热点话题为素材。如“氯气、氨气等泄露的处理”“酸雨的成因与防治”等。

（4）自然类：主要涉及自然界中的化学变化和现象。如“氮的循环与氮的固定”“火山喷发中含硫物质的转化”等。

（5）生产类：主要为化学在工农业生产中的应用、工艺等。如“工业合成氨”“工业制硫酸（或硝酸）”和“氮肥的生产与使用”等。

---

① 田润.中美化学教科书情境特征的比较研究[D].华东师范大学，2017

(6) 史料类:以化学史实为主要内容。如"电离理论建立的化学史料""氧化还原理论建立的史料"等。

由于不同类型的情境素材所包含的内容各不相同,教学实践时,基于情境素材的问题设置、活动安排、教学追求也将各有差异,因而承载着不同的育人价值,发挥着不同的教学功能。

2.《普通高中化学课程标准(2017 年版)》情境素材安排情况

《普通高中化学课程标准(2017 年版)》在各模块、各主题中均安排了大量的教学情境素材,供教材编写和一线教师教学设计时借鉴与使用。有研究者对各种类型情境素材在各个模块教材中的分布情况进行统计研究,结果如表 4-3-1[①]。

表 4-3-1　各类情境素材在各模块教材中的分布情况

模块	情境素材类型及数量							合计
	实践类	生活类	社会类	自然类	生产类	史料类	其他	
必修	6	10	24	7	22	17		86
化学反应原理	9	6	4	6	6	6		37
物质结构与性质		2	5		14	6	7	34
有机化学基础	1	4	6	1	8	1	5	26
小计	16	22	39	14	50	30	12	183

三、教学情境素材的开发遴选与教学使用

不论是情境素材的开发遴选,还是情境素材的教学使用,都是为了教学目标的顺利达成,从而培育与发展学生的学科核心素养。为更好地帮助老师们理解如何开发遴选、利用情境素材,以下结合"氯及其化合物"的教学设计加以论述。

1. 教学情境素材的开发遴选

教学情境素材是服务于教学情境需要而开发使用的,而教学情境是促进教学目标达成的重要载体。因此,基于教学目标是遴选教学情境素材的核心原

① 王伟,王后雄.《普通高中化学课程标准(2017 年版)》中"情境素材建议"内容特点及使用建议[J].化学教学,2018(10):17

则。教学实践中，教学情境素材遴选与教学情境创设的路径如图 4－3－2 所示。

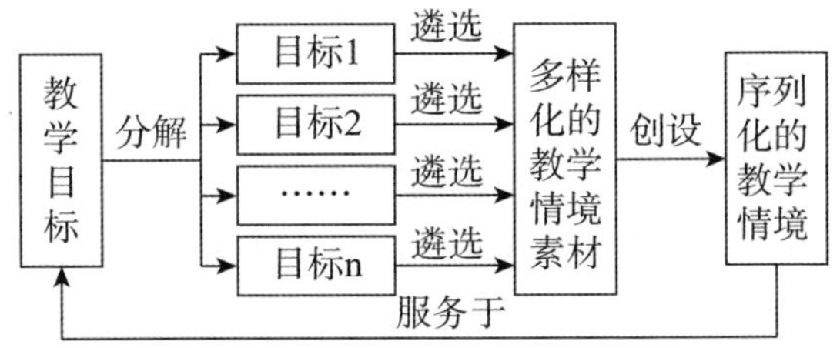

图 4－3－2　教学情境素材遴选与教学情境创设路径

教学设计时，应先对教学目标进行分解，将其分解为下一层级的子目标序列。在此基础上，根据每个次级目标的特点与要求，开发教学情境素材，并构成多样化的教学情境素材群。最后，以多样化的教学情境素材为基本依托，设置相应的核心问题与学习活动，并按教学时序予以呈现，从而构成序列化的教学情境。

“氯及其化合物”是高中化学必修课程重要的元素化合物内容，课程标准将其安排在“主题 2：常见的无机物及其应用”中，并提出了解氯及其重要化合物的性质、认识氯及其重要化合物在生产中的应用等学习要求。根据该主题定位及学业水平要求，本单元内容的学习，旨在引导学生通过问题解决、实验探究等学习活动，建立基于物质“价类二维”预测和检验物质性质的研究思维与认识模型，提升学生对于物质性质与用途的关联、物质及其变化的社会价值的认识水平，进一步培育与发展学生解决实际问题的能力。根据这一单元学习要求，可进一步分解为如下三方面的目标：

- 通过实验探究氯气的主要化学性质，初步形成基于物质类别、元素价态对物质的性质进行预测和检验的认识模型。
- 通过含氯物质及其转化关系的认识过程，建立物质性质与用途的关联。
- 通过设计氯气泄漏处理方案、自制家用含氯消毒剂等活动，感受物质及其变化的价值，进一步增强合理使用化学品的意识。

为达成上述教学目标，教学设计时必须开发必要的教学情境素材、设计相应的教学活动。那么，教学设计时需要遴选哪些必要的教学情境素材？

首先，必须开发相应的教学情境素材，引导学生通过阅读思考等相关学习活动，感知开展“氯及其化合物”学习与研究的必要性；同时，基于学生对含氯物质认识不够丰富的实际（初中化学仅接触盐酸、氯化钠等少量的含氯物质），因而要丰富学生对含氯物质的认识，才能很好地开展含氯物质及其转化关系的认识。为此，教学设计时，可开发“氯气的发现史”“我们周围的氯元素”“含氯物质的安全及合理使用”等情境素材。

其次，为达成“认识氯气的主要化学性质”的教学目标，可开发“氯气泄漏的处理”“含氯消毒剂的制备、使用与保存”等情境素材。通过对这些情境素材的分析，让学生认识氯气参与的相关反应，并结合物质的类别、元素价态的变化以及实验探究活动来预测、检验氯气的主要性质。同时，这些素材的利用，还能帮助学生认识含氯物质及其转化，达成“建立起物质性质与物质用途的关联”的教学目标。

在掌握氯气的主要性质、理解含氯物质转化关系的基础上，可开发遴选“氯气泄漏事故处理现场”“含氯消毒剂标签（包含安全及合理使用等）”等情境素材，进一步揭示物质性质与用途、使用的关系，从而让学生“感受物质及其变化的价值，进一步增强合理使用化学品的意识”等。

前面提到的教学情境素材，在课程标准的“情境素材建议”栏目中得到很好的体现。因此，教学设计时，应认真研究课程标准，准确把握相关情境素材与内容学习要求（教学目标）的关系，并根据学习要求合理使用、补充开发必要的情境素材，从而使得情境素材有效服务于教学并确保教学目标的达成。

2. 教学情境素材的使用

经过第一阶段工作，教师已经结合教学目标要求，初步确定应该遴选的教学情境素材。但这些遴选工作还处于较为粗放的状态，仅仅考虑选择什么素材，至于素材具体应该包含哪些内容、可以如何使用等尚需进一步分析研究。尤其是直接遴选“课程标准”中“情境素材建议”栏目情境素材，更需要进一步深入研究。受课程标准篇幅所限，“情境素材建议”栏目所提供的教学情境素材叙述简单，仅以内容条目的形式呈现（类似于文章标题或内容范围），至于情境素材包含哪些具体内容、可以服务于什么教学目标、如何系统设计与呈现以达成相应的教学目标等并没有作过多的分析与说明，这给情境素材的使用带来诸多不便。为此，教师在教学设计时，要结合课程主题的“内容要求”“教学策略”“学习活动建议”“学业要求”等栏目，把握教学情境素材功能价值的指向性（如图4－3－3）。

厘清上述关系，便能很好地思考如何合理加工、组织与使用教学情境素材。

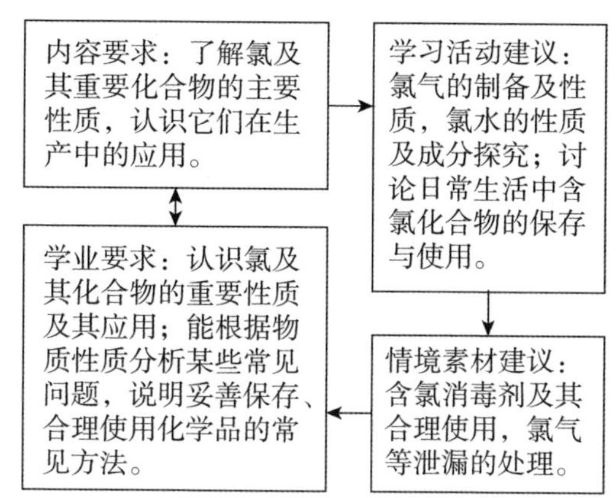

图 4－3－3 情境素材与内容要求、学习活动及学业要求的关系

根据建构主义理论，情境和协作、会话、意义建构是构成课堂学习环境的四大要素。① 而且学生与学生（或教师）间的协作、会话以及意义建构等活动，总是围绕特定目标、在一定情境下进行并为达成教学目标服务。因此，教学情境的创设，应围绕具体的教学目标，并与协作、会话和意义建构活动追求相一致。正如研究者指出：研究情境素材的使用，就是要研究从情境素材到教学情境的生成逻辑……从情境素材到教学情境的生成逻辑是：教学目标—情境素材—（核心问题）—教学活动（情境），如图 4－3－4 所示②。很显然，依据教学目标、结合相应的情境素材开发设计学习任务（核心问题）是关键。因为在课堂教学中，学生与学生（或教师）间的协作、会话以及意义建构等活动总是在特定情境下围绕特定任务（问题）来展开，并通过任务（问题）的解决来达成教学目标。

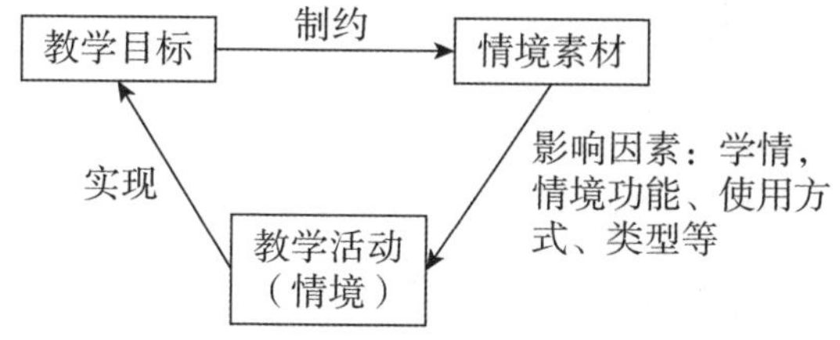

图 4－3－4 从素材到情境的生成逻辑

① 何克抗.建构主义革新传统教学的理论基础（上）[J].电化教育研究，1997(03)：3－9

② 王伟，王后雄.《普通高中化学课程标准（2017 年版）》中“情境素材建议”内容特点及使用建议[J].化学教学，2018(10)：15

结合前述教学情境素材遴选的分析，"氯及其化合物"情境素材的选择与使用主要为达成四个方面的目的：一是激发学生学习兴趣，丰富对含氯物质的认识；二是认识氯气的主要性质，形成基于"价类二维"的物质性质认识模型；三是认识含氯物质的转化，建立物质性质与用途的联系；四是感受物质及其变化的价值，增强合理使用化学品的意识。为此，教学设计时，研究教学情境素材的使用，就是要基于前面所开发与遴选的含氯物质及其应用情境素材，结合情境素材使用期望达成的四个方面的学习目标，并在综合考虑学生情况、学习规律等基础上，设计出驱动学生学习的序列化学习任务。为此，本课教学情境素材、学习任务设计及设置意图等情况如表 4－3－2。

表 4－3－2 "氯及其化合物"教学情境设计

教学情境素材	学习任务设计	设计意图
1. 氯气在工业中的用途 2. 生产生活中常见的含氯物质(包括含氯消毒剂、氯酸盐等)及其应用	1. 描述含氯物质的存在情况及其在生产生活中的重要性 2. 识别含氯物质以及氯元素的存在形态(化合价)	联系实际，激发兴趣，丰富对含氯物质存在、应用等的认识
1. 液氯的运输、储存 2. 集满氯气的集气瓶 3. 氯气发现史(舍勒用盐酸与软锰矿制得氯气，并发现氯气溶于水后所得溶液的一些特性) 4. 含氯化合物的漂白作用与消毒作用	1. 观察并分析氯气的物理性质 2. 从氯气的类属及氯的原子结构预测氯气的化学性质，并设计实验方案 3. 探究氯与水能否发生反应 4. 漂白粉的制取与作用原理 5. 用流程图的方式表示含氯物质间的转化关系	结合情境与任务，掌握 Cl_2、氯水性质；基于"价类二维"思维，建立类属、价态与含氯物质性质及转化的认识，理解含氯物质性质与用途的关系
1. 运输氯气槽罐车侧翻造成的氯气泄漏事故(视频) 2. "洁厕灵"和"84 消毒液"混用导致中毒的新闻报道	1. 设计氯气泄漏处理方案 2. 制作家用含氯消毒剂安全使用说明书	通过实际问题的解决，迁移应用学科知识、认识思路方法，促进深度学习，增强合理使用化学品的意识

4-4 学科内容结构化分析与设计

学科内容是培育学生化学学科核心素养的重要载体。要充分发挥学科内容的价值，从而培育学生学科核心素养，需要教师在化学教学过程中优化化学课程内容的组织。《普通高中化学课程标准(2017年版)》强调："化学教学内容的组织，应有利于促进学生从化学学科知识向化学学科核心素养的转化，而内容的结构化则是实现这种转化的关键。"为何强调学科内容的结构化组织？学科内容结构化组织有哪些形式？如何实现课程内容的结构化组织？这些都是教学设计必须关注的问题。

一、学科内容结构化组织的重要性

《普通高中化学课程标准(2017年版)》指出，"宏观辨识与微观探析""变化观念与平衡思想""证据推理与模型认知"等化学学科核心素养是对化学学科思想方法、思维方式、学科观念等的描述，是化学学科思维的外显方式。这些维度素养的培育要求，强调学生在面对陌生情境与真实问题时，立足化学学科独特的视角，合理运用化学学科思维并调用化学相关知识去分析问题、解决问题。因此，这些学科核心素养的培育，核心在于帮助学生建立"宏观—微观—符号"的三重表征思维，确立宏微结合、变化守恒的学科视角，培育证据推理与模型认知等分析问题与解决问题的思路。

学科思维的建立，靠零散的知识是无法达成的，它必须建立在对相关学科内容系统化、结构化认识的基础之上。只有建立起系统化、结构化的认识，厘清相关内容的内在逻辑联系，并在此基础上建构起多样化的认识视角和有序化的认识思路，最终达成统摄性的学科基本认识，才能充分发挥课程内容的认知价值，进而培育学科思维、建构学科观念、培育学科素养。研究指出：只有结构化和功能化的知识才有素养价值。因此，教学组织设计与实施时，只有高度重视学科内容的结构化设计，准确理解内容结构化的重要性，才能提升学生化学认识的结构化水平，从而较好地发展化学学科核心素养。这正是课程标准采用“主题式”组织课程内容的原因所在。

如高中化学“典型金属及其化合物的性质”，如果仅仅要求学生记住钠、铁等典型金属单质及其主要化合物的性质，这样的学习，学生只能记住大量事实性知识，无法培育学生基于元素、分类及转化视角看待元素化合物的学科观念，对于素养的培育与发展毫无意义。为转变这种传统课程与教学上的问题，课程标准采用元素观这一大概念来组织统摄，采用“价类二维”元素化合物研究思维指导研究。具体为：基于“物质类别”“元素价态”“物质转化”的一般思路与方法来指导金属及其化合物的性质与转化的研究，统摄相关学科知识内容，从而拓展与丰富学生“宏观辨识”“证据推理与模型认知”等学科核心素养。同时，研究钠、铁等物质及其转化在日常生活和工农业生产中的广泛应用，感受化学学科价值，培育“科学态度与社会责任”素养。①

二、学科内容结构化组织的类型

《普通高中化学课程标准（2017 年版）》指出：内容结构化主要包含基于知识关联的结构化、基于认识路径的结构化②和基于核心观念的结构化三种基本形式。它们将按照特定的内在逻辑、采用图表或特定术语的方式，将相关学科内容加以结构化组织统整。由于不同的结构化组织形式所揭示的知识内在逻辑、体现的知识统摄程度不同，因而在素养培育上承载不同的价值。具体分析如下：

1. 基于知识关联的结构化

这是目前化学教师在化学教学尤其是复习教学中使用的最为常见的结构化方式之一。这种结构化的路径，在于将相关化学学科知识按照知识间的逻辑关系来加以组织，体现了关于物质体系及其分类的逻辑关系。

对于知识关联的结构化，其所反映的物质间逻辑关系通常分为层级逻辑关系（从属关系）（如图 4－4－1）；因果逻辑关系（即化学知识之间存在因果关系，

---

① 房喻，徐端钧.普通高中化学课程标准（2017 年版）解读[M].北京：高等教育出版社，2018：181

② 注：《普通高中化学课程标准（2017 年版）》提出的是“认识思路结构化”。由于对化学的学习研究，同时存在认识角度和认识思路两个维度。为避免混淆，这里采用“认识路径结构化”来替代。

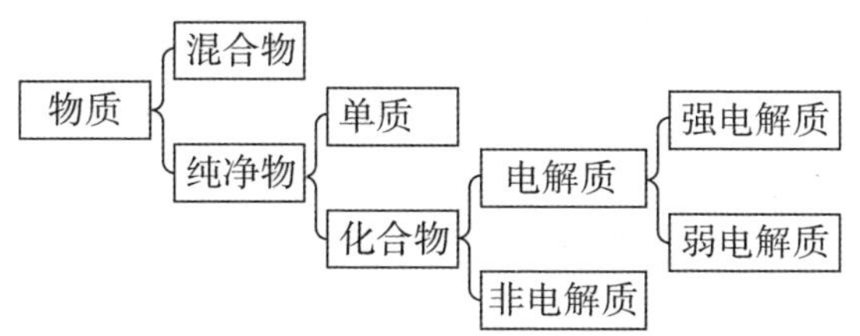

图 4－4－1　“物质”体系与分类关系图

如物质组成—物质性质或反应—物质用途三者间的关系)，如图 4－4－2 体现了氢氧化钙的组成、性质及其应用的因果逻辑；发展逻辑关系(即化学知识之间存在时空发展或数量发展关系)，如图 4－4－3 体现了氢氧化钙与二氧化碳反应，随二氧化碳的通入，反应产物的改变等。显然，知识关联结构化所反映的化学知识间的逻辑关系是显性的，教师与学生容易把握，这里不再赘述。

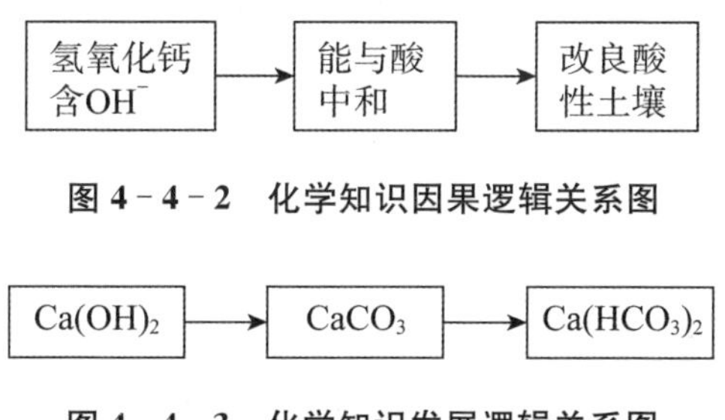

图 4－4－2　化学知识因果逻辑关系图

图 4－4－3　化学知识发展逻辑关系图

2. 基于认识路径的结构化

认识路径结构化是从学科本原对物质及其变化的认识过程的一种概括化。对物质及其变化的认识过程，同时包含认识角度和认识思路两个维度。因此，认识路径结构化，强调从有逻辑关联的多个角度、按内在本质发展的认识思路来开展学习研究，从而建立起对物质及其变化的结构化认识。

(1) 化学认识角度及其结构化

化学认识角度是指“对物质及其变化的特征及其规律进行认识的侧面、角度或切入点”，它回答了“从哪儿想”的问题。[①] 如高中必修课程中的“常见的无机物及其应用”，强调从物质类别和元素价态变化的角度认识无机物的性质及

---

① 房喻，徐端钧.普通高中化学课程标准(2017 年版)解读[M].北京：高等教育出版社，2018：193

其转化，从原子结构的角度理解元素性质递变规律，从构成物质微粒、化学键等的角度把握常见物质的主要性质，从生产生活的角度看待物质在自然界中的存在状态及其转化、物质及其转化的社会价值及影响，等等。这里的“从……角度”，便是认识常见无机物的视角。显然，化学认识角度是立足化学研究任务、具有方法论价值的知识。当对认识角度建立起结构化关联时，认识角度之间具有包容、解释、决定、反映等相互关系。这种结构化的化学认识，对学科核心素养的培育具有重要价值。化学教学过程，如能帮助学生建立起如图 4－4－4 的常见无机物认识角度的结构化认识，就能很好地培育“宏微结合”“变化观念”等学科核心素养。

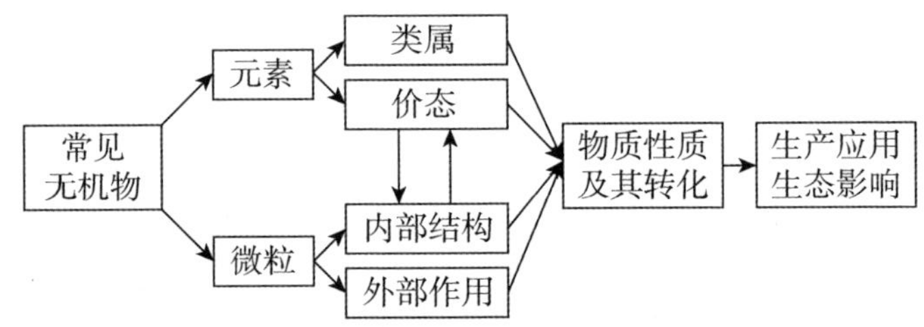

图 4－4－4 “常见无机物”认识角度及其结构化关系

(2) 化学认识思路及其结构化

“从哪儿想”“怎么想”是化学学科思维方式内涵的两个重要方面，“怎么想”的实质就属于化学认识思路，其内核指向对物质及其变化的特征与规律进行认识的程序、线路或框架。与认识视角一样，认识思路也具有一般的方法论意义和价值。化学认识思路的建立，将启发和指导学生在面临陌生情境与问题时按照怎样的思维程序与流程去分析、解决问题。认识思路结构化，强调认识过程体现化学学科本质、反映学生认识逻辑。学生建立起结构化的认识思路，正是学生具有学科素养的关键表现。如“元素周期律”的学习，要求学生建立起如图 4－4－5 所示的原子结构、元素性质及其在周期表中位置三者间的关系。学生建立了这一认识思路，在分析陌生元素性质时，就可从该元素的原子结构入手，进而将元素置于元素周期表中，根据元素所处的位置、结合同主族及同周期元素性质的递变规律，合理地对元素的性质进行分析与推论。

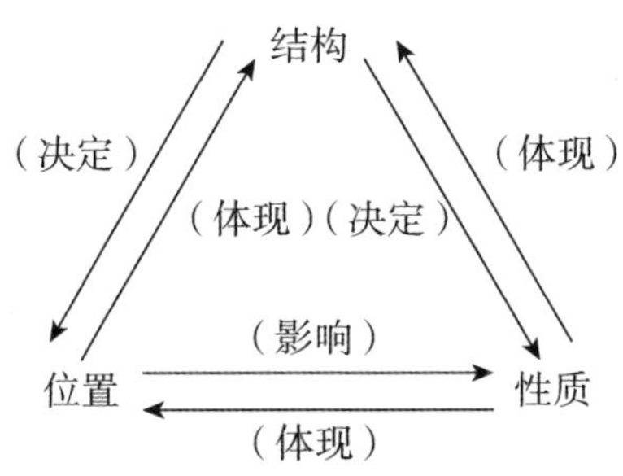

图 4－4－5　“位—构—性”关系图

3. 基于核心观念的结构化

《普通高中化学课程标准(2017 年版)》指出：基于核心观念的结构化，“是对物质及其变化的本质和其认识过程的进一步抽象，以促使学生建构和形成化学学科的核心观念”。这一论述该如何理解？如图 4－4－4，强调从多角度认识物质的性质及其转化，对认识角度进一步抽象，便会发现其本质在于建立起物质组成与结构和物质性质与反应的关系，强调从元素和微粒的水平认识物质及其转化，从而形成“结构决定性质，性质反映结构”的学科基本观念；图 4－4－5，立足学科本质的角度，也可概括为“结构观”这一统摄性的学科核心观念。无疑，“结构观”的形成，便是“宏观辨识与微观探析”学科核心素养的具体体现。

三、结构化组织的策略

对于前面三种化学知识结构化的分析可知，认知路径与核心观念的结构化是培育学生核心素养的关键。而且，知识关联的结构化是显性的，而认识路径与核心观念的结构化是隐性的。因此，日常教学时，要加强对认识路径和核心观念结构化的研究。而核心观念的建构往往是全局性的，是认识路径的高度抽提与统摄。因此，日常教学中，抓认识路径结构化是关键。日常教学中如何实现认知路径的结构化？核心在于把握如下两个方面。

1. 立足整体，把握课程内容的认识路径

整体把握认识路径，必须认真分析课程内容所内隐的认识思路方法以及各主题内容认识思路方法的内在逻辑(如图 4－4－6)。

高中必修化学设置了五个方面的主题，旨在促进全体学生在五个方面的化学学科核心素养上得到发展。其中，“化学科学与实验探究”主题，强调认识化学科学及其研究对象，明确科学探究程序，掌握科学研究方法，建立研究物质性

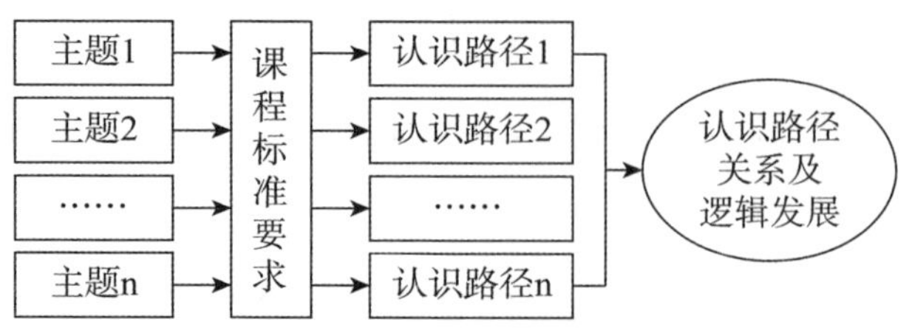

图 4-4-6　课程内容认知路径分析

质的思路和定量认识工具;"常见的无机物及其应用"主题则强调能从物质类别和元素价态、物质在水溶液中行为等角度对常见物质及其反应进行分类,预测物质化学性质及变化,设计物质转化路径等;"物质结构基础与化学反应规律"主题,要求根据元素在元素周期表中的位置和原子结构,分析、预测、比较元素及其化合物性质,解释元素性质及其递变规律,能够从反应速率与限度、物质及其能量变化角度认识化学反应;"简单的有机化合物及其应用"则要求能辨识常见有机化合物分子碳骨架、成键方式及其官能团,认识其主要性质,并对能源、材料、环境、健康等问题进行分析与讨论;"化学与社会发展"主题,强调结合具体实例,说明化学科学在生产、生活中的应用,主动运用化学知识和方法、绿色化学思想等分析、讨论并解决与生产生活相关的问题。

通过上述分析可见,对于必修化学,不仅强调学生认识物质及其变化角度的丰富完善,而且要求认识思路的纵深推进(如图 4-4-7)。具体表现为:

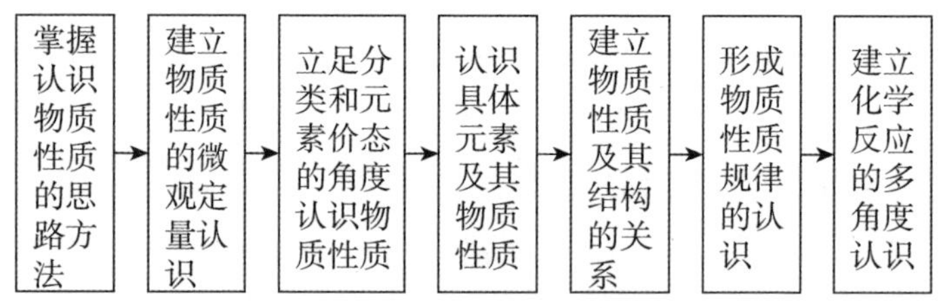

图 4-4-7　必修化学课程认识思路的发展

(1) 在认识角度上,不仅要求从宏观层面认识物质及其变化,而且要求从微观和定量的角度加以认识;不仅要求从类属的角度认识物质及其变化,而且要求从核心元素价态的视角加以认识;不仅要求认识常见无机物及其应用,而且要求认识常见有机物及其应用;此外,还强调从物质变化与能量变化、化学反应的快慢与限度、化学变化的宏观表征与微观本质等多角度、多侧面系统认识物质的化学变化。

(2) 在认识思路上，先让学生掌握化学科学研究的基本程序与方法，进而建立物质性质研究的思路与方法，并指导具体物质性质的学习与把握。在丰富物质性质认识的基础上，要求建立物质性质与结构关系的认识，并建立对物质性质变化规律的认识。最后，丰富和完善对化学反应的认识，进而指导另一类物质(有机化合物)性质的认识。最终，建立起必修模块物质及其反应的较为完备的认识。

2. 立足单元，厘清单元内容认识路径

立足整体，从课程系统角度分析了认识路径后，在学科教学时，还应立足单元整体的角度细化分析认识路径，从而有利于单元教学的实施。立足单元整体角度的认识路径分析框架如图 4－4－8 所示，以下结合“氯及其化合物”教学单元来加以论述。

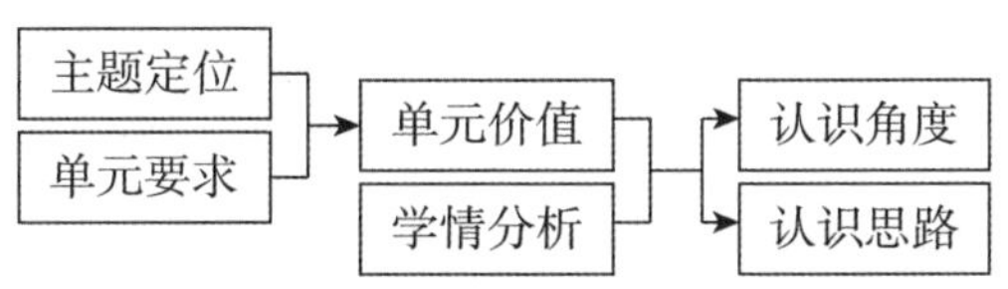

图 4－4－8 “氯及其化合物”单元认识路径

“氯及其化合物”处于“主题 2：常见的无机物及其应用”的“非金属及其化合物”单元中。对于“主题定位”，突出用元素观统领，建构基于“价类二维”的元素观，建构科学的认识思路，形成稳固的物质研究的认识方式，以此指导元素化合物性质及其转化的研究。在此基础上，认识与理解物质性质及其转化的价值，培养学生问题解决能力、科学精神与社会责任。同时，提出“结合真实情境中的应用实例或通过实验探究，了解氯、氮、硫及其重要化合物的主要性质，认识其在生产中的应用和对生态环境的影响”的“单元要求”，凸显“价类二维”和氧化还原反应原理，预测氯及其化合物的性质及其变化，根据含氯物质的性质及其反应，建构含氯物质的转化路径，制备相关物质，并认识其在生产中的应用及对生态的影响。

结合上述分析可知，本单元的教学价值在于建构科学合理的认识思路，优化元素化合物的认识结构。具体包括：(1)建立研究物质性质的思路和方法，形成对非金属性质及其转化的理性认识，为陌生非金属及其化合物性质的研究提供认识角度与思路;(2)根据含氯物质的性质及其在生产中的广泛应用,帮助学生建立从学科(从性质的角度认识物质)、自然(自然界中物质存在形态、转化和含量等)、社会(物质性质的存在形态和应用价值取向等)等三个领域系统认识物质的基本思路;(3)发展和完善非金属及其化合物的认识深度与广度水平,包含认识非金属与水反应、从微观定量的视角分析非金属及其化合物的反应等。

对于高一学生而言,初中化学学习时已经接触了一些元素化合物,具备利用实验研究物质性质、从分类的角度认识物质性质的基本经验,了解常见物质的性质、用途、制备、存在及其关系。但立足启蒙化学的角度,学习对象仅限于身边常见的化学物质,且主要从宏观视角、定性水平来认识。此外,虽然初中化学也从学科、自然和社会三个领域认识物质及其转化,但限于认识水平,大多为识记层次的低水平要求。

因此,教学过程中,确立的认识角度为:(1)立足学科、自然和社会三个领域学习含氯物质的存在及其性质;(2)突出类属、氧化还原反应的角度认识含氯物质的性质及其转化;(3)从微观、定量的角度认识含氯物质的性质及其转化;(4)理解性质及其转化的深层价值。确立的认识思路为:以生产生活为背景,认识以氯元素为核心的各种化学物质,然后抽取各个类别中含氯物质中的典型物质作为研究对象,研究其相关性质及其制备方法,最后回到生产生活中分析其应用价值或社会影响,从而建立起以元素为核心的物质性质的认识,形成立足学科域、自然域和社会域的组成、性质、制法、用途等的元素化合物知识系统。

4－5　教学活动系统的设计与规划

如何开展“素养为本”的教学设计，从而培育与发展学生的化学学科核心素养，这是实施“素养为本”教学的关键。《普通高中化学课程标准(2017 年版)》指出，化学学科核心素养的发展是一个自我建构的过程，需要学生通过多类型活动、解决多样化问题来开展建构学习。因此，教学设计时，教师应做好教学活动尤其是学习认知活动的系统规划，从而引导学生在问题解决活动过程中逐步提升问题解决能力，发展化学学科核心素养。以下对如何做好学习认知活动的设计与规划加以论述。

一、教学活动系统

化学学科核心素养是在化学认识活动中建构起来的正确价值观念、必备品格和关键能力，是“三维目标”的综合体现。化学学科核心素养培育的关键，在于引导学生开展有效的化学认识活动。而学生有效认识活动的开展，离不开教师的教学引导。因此，教学活动本质是教师引导学生围绕特定学习任务开展认识活动的过程。基于这一认识可知，教学活动设计与规划，就是要构建学生的主体性学习活动，让学生在认识活动中完成对知识与技能、过程与方法、情感态度与价值观等目标的达成，从而培育与发展化学学科核心素养。

课堂教学活动包含教师的教和学生的学两类活动，而且课堂教学往往需要解决若干个学习任务。所以，课堂教学活动是围绕若干个化学学习任务开展的系列化的教与学活动系统。其中，每个学习任务及完成该任务所包含的教与学活动是相对独立的教学活动单元。于是，课堂教学实际上是包含多个相对独立的教学活动单元并按一定内在逻辑进行组织的活动系统(如图 4－5－1)。

对于每个教学活动单元，都是为特定教学目标服务的，并在特定情境与任务驱动下教师与学生开展的系列化教学活动。因此，立足于教学系统，活动单元的构成如图 4－5－2。当然，对于一个具体的教学活动单元，为达成某一特定

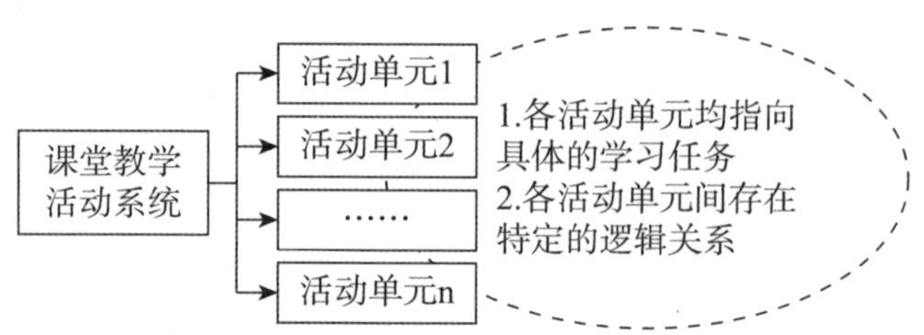

图 4－5－1　课堂教学活动系统的构成

的目标(对一节课而言,是一个子目标),需要一个或多个教学情境并指向相应的一个或多个教学任务,而每一个教学任务也可能需要开展一个或多个对应的教学活动。

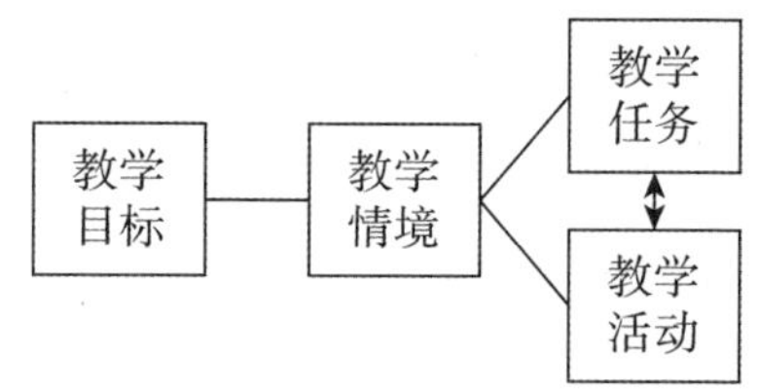

图 4－5－2　教学活动单元的构成

因此,教学设计时,需要将素养培育目标进一步分解成若干子目标及其对应的若干教学活动单元。在此基础上,对每一个教学活动单元进一步分解,细分为完成教学任务、达成教学目标的一系列教学活动。最后,将每个教学活动单元所包含的全部教学活动按一定的逻辑进行组织,将各个活动单元按照特定顺序予以排列(称之为“教学活动流规划”),从而构成达成具体课时教学目标的教学活动系统。无疑,教学系统的建构,为教学实施奠定基础。

二、教学活动系统的设计与规划

根据前述分析,教学活动系统的设计与规划,核心就是要完成三项任务:一是设计教学活动单元,二是细化教学活动单元中的教学活动,三是教学活动流规划。教学活动系统是由若干活动单元构成的,而不同的活动单元指向不同的教学任务并达成不同的教学目标。教学活动单元是依据特定教学需求设定的、相对独立的活动系统,包含特定的教学目标、教学任务和具有特定发展关系的多个教学活动。教学活动系统的设计与规划总体思路如图 4－5－3。下面结合必修化学课程中的“氧化还原反应”来加以说明。

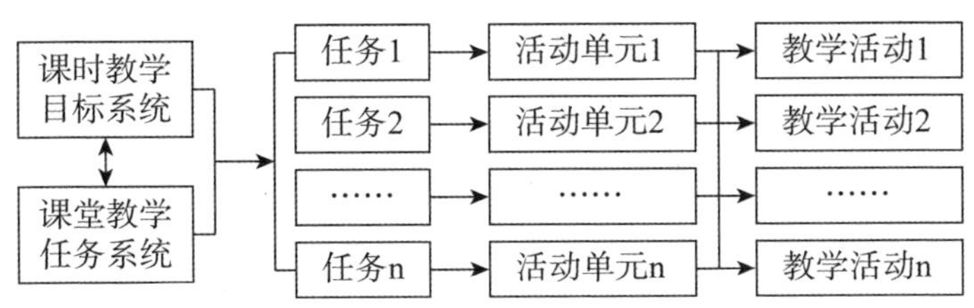

图 4-5-3　教学活动系统设计与规划思路

1. 教学活动单元设计

根据上述思路，教学活动单元设计的首要任务是将课时教学目标系统转化为包括若干教学任务的课时教学任务系统。如何将教学目标系统转化为系列化的教学任务？一种有效路径是根据学习对象的认识角度来进行分解转化。之前的章节已经指出：认识视角是认识化学对象（物质及其变化的特征及其规律）的侧面、角度或切入点。化学课程强调对化学认识对象从不同视角开展学习研究，有利于建立起多维度、结构化的认识，从而有助于培育学生的学科核心素养。那么，应如何立足认识视角来确定活动单元？

对于"氧化还原反应"第1课时的学习，需要达成认识日常生活中存在的氧化还原现象、认识氧化还原的本质、建构氧化还原反应认识模型并在问题解决过程中感受氧化还原反应的价值的总体目标，从而培育"宏观辨识与微观探析""证据推理与模型认知""科学态度与社会责任"等方面的素养。对于这一目标，总体上对应为认识氧化还原反应的存在、本质及其应用等三个角度（侧面）。依据这样的视角，可将目标转化为包含三个相对独立学习任务的课时任务系统：一是认识日常生活中氧化还原反应的存在，二是认识氧化还原反应的本质，三是应用氧化还原原理解决生产生活中的化学问题。三个认识任务及其认识活动，便构成三个活动单元。

不难看出，教学活动单元的划分与设计，对于教学活动系统的设计而言是宏观的、粗线条的。这一划分与设计，主要立足于课时系统的视角，将教学活动按照大的学习任务块，划分为几个相对独立的教学活动单元。值得注意的是，虽然教学活动单元划分与设计是粗线条的，但教学活动单元确立后，课堂教学活动的整体框架已经搭建起来，因而对教学系统设计具有非常重要的意义，教学设计时务必认真做好此项工作。

2. 活动单元中教学活动的细化

确立了活动单元后，便要根据教学目标任务来设计序列化的、具体的教学活动。这一设计，是要将认识任务进一步细化，转化为更小的、学生易于解决的小任务。在此基础上，根据分解后的小任务的特点与要求，安排活动的内容与方式（简称“活动元”），从而实现从解决小问题到解决大问题，完成活动单元的任务并达成相应的教学目标。以下以“氧化还原反应”的“活动单元二”为例加以说明。

“活动单元二”的任务是“认识氧化还原反应的本质”，并在认识本质的基础上建构起氧化还原反应的认识模型。这一学习任务的解决，需要以“活动单元一”的学习认识为基础。在“活动单元一”中，学生已经认识到日常生活中存在的一些氧化还原反应，并能够从反应物的角度（O_2参与反应）来认识氧化还原反应。在此基础上，可引导学生分别从氧元素化合价变化的角度、反应中电子转移的角度来认识氧化还原反应。对于这样的认识角度，可转化为相对应的两个学习任务和学习活动，每一个活动解决一个学习任务，最终建立起氧化还原反应的本质。

基于前述氧化还原反应本质的认识，可呈现更多的、没有氧气参与的化学反应，要求学生分析判断所呈现的反应是否属于氧化还原反应并说明理由。这一教学活动的开展，将有助于学生建立起分析陌生氧化还原反应的认识模型，并为“活动单元三”认识活动的开展奠定基础。

上述单元教学活动的设计，其过程路径如图 4－5－4 所示。

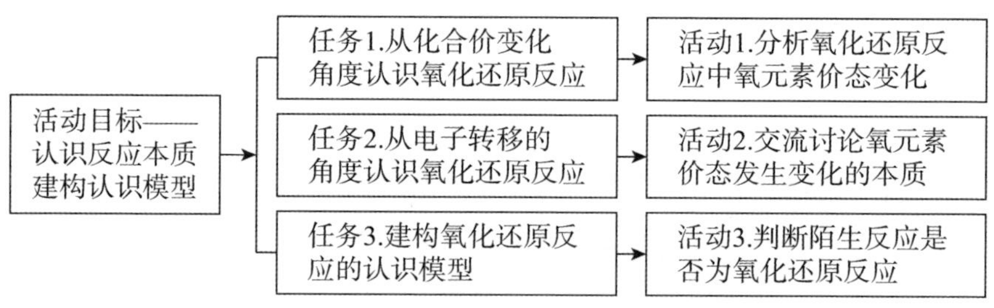

图 4－5－4　活动单元中“活动元”的设计路径

图 4－5－4 中细化的教学活动，主要提出了活动的任务与内容，对于教学活动设计，还需要根据任务特点、学生实际和素养培育需求，考虑教学活动（尤其是学生的学习活动）方式。根据素养培育的要求，在教学活动设计时，应注意采用多样化的活动方式，以“引导学生开展分类与概括、证据与推理、模型与解释、符号与表征等具有学科特质的学习活动……引导学生通过小组合作、实验探

究、讨论交流等多样化方式解决问题”[①]。

和教学活动单元的宏观、粗线条设计相比，活动单元下的教学活动设计则属于微观、精细化的。这应该是教学系统设计的关键工作。只有做好微观、精细化的教学活动设计，才有利于教学任务的有效解决、教学目标的精细达成，同时提高课堂教学活动的可操作性和可监控性。这往往是新手教师和有经验教师教学设计的重要区别所在。

3. *教学活动系统中教学活动流的规划*

通过前面两个过程，将实现活动单元的设计以及活动单元中“活动元”的设计。至此，教学活动系统应解决哪些任务，安排哪些活动以解决相应的学习任务、达成教学目标已一目了然。然而，教学活动系统设计工作并未完成，还应对学习活动的先后顺序进行整体性的规划安排，从而使教学活动开展不仅符合学科逻辑，而且符合教学逻辑和学生认知逻辑。教学活动系统只有同时符合前述三种逻辑，教学才能得到有序开展，教学目标才能得以有效达成。那么，对于前面设计的“活动元”如何统整规划，从而形成符合三种逻辑的教学活动流？一种有效的思路是以化学认识思路来指导规划。

化学认识思路是指对化学认识对象（物质及其变化的特征及其规律）进行认识的程序、路径和框架。由于化学认识思路一旦建立，学生就能遵循相应的认识程序、路径或框架去审视陌生的化学事物、解决相关的化学问题。因此，《普通高中化学课程标准（2017 年版）》特别强调采用大概念统摄教学内容以培育学生的化学认识思路，从而有助于学生培养化学思维、建构学科观念，并最终达成化学学科核心素养的培育。对于化学学科，基于“从微观层次上认识物质、以符号形式描述物质、在不同层面创造物质”的学科特征，强调建立“宏观—微观—符号”“结构—性质—应用”等具有学科特质的认识思路与学科思维方法。此外，还强调利用认识规律指导认识活动的开展，建构化学对象的认识活动（如“从生活走进化学、从化学走向社会”）。无疑，这些认识思路对于物质及其变化的特征与规律的认识与研究，具有非常重要的指导作用，并对培育学生化学学科核心素养具有非常重要的价值。

---

① 中华人民共和国教育部.普通高中化学课程标准（2017 年版）[M].北京：人民教育出版社，2018：74.

如何规划“氧化还原反应”第1课时三个教学活动单元的先后顺序？前已指出，本课确立了认识生产生活中氧化还原反应的存在、认识氧化还原反应的本质、应用氧化还原原理解决生产生活中的化学问题的活动单元。对于这三个单元的学习活动顺序，按照认识生产生活中氧化还原反应的存在、认识氧化还原反应的本质、应用氧化还原原理解决生产生活中的化学问题的先后顺序来组织，显然是非常合适的。因为，这一组织顺序符合“从生活走进化学、从化学走向社会”的认识思路。这一认识思路，不仅体现了学生的认识规律（从身边熟悉的事物入手，进而提炼一般性的认识），而且体现了化学学科的价值（解决生产生活中的问题以促进社会可持续发展）。

对于活动单元二的三个认识活动（“活动元”），按照“活动1.分析氧化还原反应中氧元素价态变化”“活动2.交流讨论氧元素价态发生变化的本质”“活动3.判断陌生反应是否为氧化还原反应”的顺序来组织安排，是符合学科本质和认识规律的。从基于氧气参与反应、基于氧元素参与反应、基于元素化合价变化到基于电子转移认识氧化还原反应，体现“宏观—微观”“现象—本质”的化学认识思路，也符合“特殊——一般”的普遍认识规律。

显然，对教学活动系统设计而言，教学活动流的规划属于“点睛之笔”。教学活动系统设计时，只有建构起符合学科逻辑、教学逻辑和学生认知逻辑的教学活动流，教学活动才能得以高效推进，并帮助学生建立起结构化的系统认识，从而为化学学科核心素养的培育奠定坚实的基础。这往往是专家型教师在教学设计时的高水平体现。

三、教学活动系统设计应注意的几个问题

前述主要立足于课时的角度，对如何开展课时教学活动系统的设计与规划进行了分析。教学设计时，虽然关注从化学对象的认识视角与认识思路来进行整体规划并构建符合学生认知、学科逻辑的教学活动系统，但对于素养培育与发展的需要而言还不够。为此，教学活动设计与规划时，还应注意以下几个方面：

1. 学科核心素养的培育，强调从教学单元乃至学科主题的整体视角来循序渐进地开展。这就强调教学设计时，不能仅仅局限于课时的“局部”来开展，而应树立“整体教学设计观”，立足教学单元乃至学科主题来开展教学活动系统的整体性设计。立足“整体教学设计观”的教学设计，强调充分发挥化学核心概念

的统摄作用，注重学习发展进阶的要求，构建教学活动的任务系统和与之相匹配的活动系统，从而实现在系列化的系统活动中掌握结构化的知识，实现化学知识的功能化和素养化。

2. 学科核心素养的培育，离不开真实、具体的问题情境。因此，教学系统设计应综合考虑情境、任务与活动的匹配性。只有注意到三个方面的匹配，才能充分发挥教学情境对核心概念和学科观念的建构价值、迁移运用价值。所以，教学设计时，还应根据学科核心素养的培育目标、学习活动的任务要求，开发遴选化学史实、STSE 等情境素材，以驱动学生结合情境素材、围绕学习任务开展相应的学习活动，从而发挥教学情境的建构价值与迁移应用价值。对于情境素材的开发遴选及使用，前已有所介绍，这里不再赘述。

3. 教学活动设计时，还需要关注学习活动任务与学习活动方式的匹配性，充分发挥学习活动的素养培育功能。如“氧化还原反应”第 1 课时教学时，为帮助学生感悟化学学科价值，培育与发展“科学态度与社会责任”学科核心素养，需要学生运用氧化还原反应认识模型来分析解决相关问题（学习任务）。为此，教学设计时，可安排学生以小组合作的方式开展汽车尾气综合治理方案的设计活动（小组合作、方案设计等为学习活动方式）。这样的设计，确保素养目标—学习任务—活动方式三者的匹配性，能很好地发挥学习活动的素养培育功能。

此外，为落实“教、学、评”一体化的要求，教学活动设计应包含教学评价的设计，并确保教学目标与评价目标、学习任务与评价任务、学习方式与评价方式的整体性与一致性。只有如此，才能充分发挥评价促发展的功能，有效达成素养培育的目标。关注教学评价的设计，将在下一节中详细阐述。

4-6 “素养为本”的学习评价设计

培育学生化学学科核心素养是新时期化学课程与教学改革的新要求。化学学科核心素养的培育，不仅需要精心设计教学活动以转变学习方式、发展学生思维，而且还要有效开展学习评价以诊断、促进学生学科核心素养的达成与发展。为此，《普通高中化学课程标准(2017 年版)》强调开展“素养为本”的课堂教学与学习评价。开展“素养为本”的学习评价，其核心工作在于准确研制测评目标，并以此为指导开发评价任务(如图 4-6-1)。在此基础上，结合教学环境与流程，灵活运用多样化的评价方式进行评价，从而诊断与监测学生素养发展状况，并为教学决策提供依据。以下以高中必修课程“离子反应”为例来加以论述。

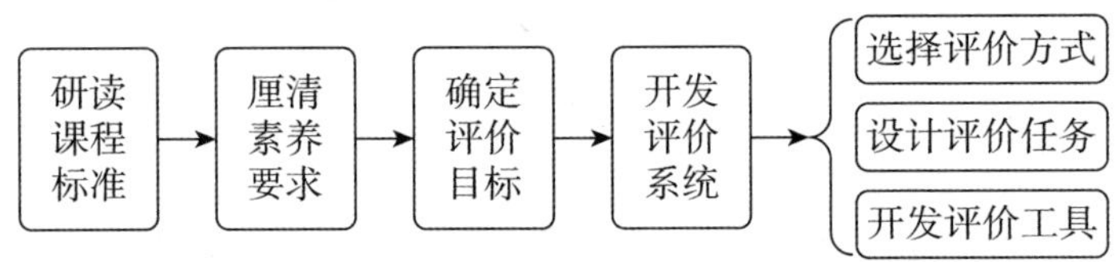

图 4-6-1 “素养为本”的学习评价开发流程

一、研制测评目标

研制测评目标是开展“素养为本”的学习评价设计的首要工作。而测评目标的确立，实际上就是明确课程标准所规定的、学生通过学习应达成的化学学科核心素养水平。因此，开展“素养为本”的学习评价设计，必然要认真研究课程标准，结合具体课程内容及其相应的“内容标准”和“学业要求”等，将课程标准规定的、具有高度统摄性和抽象性的素养发展要求进行解析，进而转化为具体的、可检测的评价目标。

1. 研读课程标准

《普通高中化学课程标准(2017 年版)》将“离子反应”这一课程内容安排在

高中化学必修课程“主题 2：常见的无机物及其应用”中，并提出如表 4-6-1 所示的内容要求：

表 4-6-1 “离子反应”的单元教学要求

内容标准	教学提示	学业要求
通过实验事实认识离子反应及其发生条件，了解常见离子的检验方法	发挥核心概念对元素化合物学习的指导作用；探究离子反应实质及发生条件、溶液中离子的检验	能利用离子反应等概念对常见反应进行分类和分析说明；能用离子方程式表示典型物质的主要化学性质；能有意识地运用所学知识或寻求相关证据参与社会性议题的讨论

因此，本单元教学要求有如下方面：①认识离子反应的本质与发生条件；②了解常见离子的检验方法；③能正确书写离子方程式并用离子方程式表示典型物质的主要化学性质；④发展对复分解反应条件、常见酸碱盐的性质、化学反应分类等的认识；⑤建立从微粒及其相互作用角度研究水溶液系统的思路方法；⑥认识离子反应在实际生产、生活中的应用，发展运用化学知识寻求证据参与社会性议题解决的学科意识。其中，前三项侧重于学科基础知识、基本技能的学习与掌握，而后三项则强调学科基本思想的建立、基本活动经验的提炼与学科价值的认识与感悟。

2. 厘清素养要求

《普通高中化学课程标准(2017 年版)》提出五个维度的化学学科核心素养，这些素养是通过化学课程学习而建立起来的分析问题、解决问题的关键能力及必备品格，是课程三维目标的综合表现。通过“离子反应”单元学习，可以培育与发展学生哪些方面的核心素养？

“离子反应”单元内容的学习，要求通过相关实验活动及实验事实(如电解质溶液反应前后对应溶液导电性实验等现象)等认识离子反应的本质与条件等，并学习使用离子方程式加以表征；在此基础上，发展学生对物质及其变化分类、物质组成与性质的关系、电解质溶液反应本质等的认识，并建构起微观视角认识水溶液系统的思路方法。因此，本课的学习，能够很好地培育与发展实验探究能力、“宏观—微观—符号”三重表征的学科思维、物质组成决定性质及微粒作用观等学科观念，因而能够很好地培育“证据推理与模型认知”“宏观辨识与微观探析”“科学探究与创新意识”等化学学科核心素养。

此外，在掌握离子反应等相关知识的基础上，要求学生结合物质的检验、污水的处理、废物的回收利用等相关知识，认识离子反应在实际生产生活中的应用，增进对化学科学价值的理解，建立利用化学知识解决社会性议题（问题）的学科意识。因此，这对培育学生“科学精神和社会责任”维度的素养也能起到很好的作用。

3. 确定评价目标

如前分析，“离子反应”这一核心概念，概念本身具有重要的学科价值和社会价值，而且概念建构过程具有促进学生认识发展的价值。进一步分析前述素养要求可知，本课的三个学习关键是：一是通过实验活动，认识离子反应的本质及条件，发展科学探究能力；二是通过对常见酸碱盐在水溶液中反应的微观分析，建立起从微观视角认识物质在水溶液中相互作用的认识方式与思路方法；三是运用离子反应的本质及条件解决生产生活相关问题，增进对化学学科价值的理解与认识。

因此，本课可确定如下三个方面的重点评价目标：①通过对具体化学反应微观本质的探究活动，诊断并发展学生实验探究的水平（定性和定量）、对化学反应的认识进阶（宏观水平和微粒水平）；②结合对某一溶液体系中具体反应的微观过程与结果的分析，诊断并发展学生分析物质在水溶液中行为的认识思路的结构化水平（视角水平、内涵水平）；③通过分析废水对环境的危害及废水处理方案，诊断并发展学生对化学价值的认识水平（学科价值视角、社会价值视角、学科和社会价值视角）。

上述三个目标对应的学科核心素养维度各有侧重。其中，目标①要求设计与完成实验、获取证据，认识物质反应的微观本质，并用化学符号进行分类和表征，测试学生“科学探究”“宏观辨识与微观探析”与“证据推理”等多方面的素养；目标②要求识别化学反应的理论模型，能将事实与模型建立关联与匹配，侧重于“模型认知”素养的测评；目标③强调在活动中体会化学科学的社会价值，增强学生的社会责任感，因而体现对“社会责任”素养的测评。

二、开发评价系统

确立了评价目标，接下来的工作是开发评价系统。由于评价是基于学生完成特定任务的表现而作出的推理判断，因此开发出与评价目标相匹配的评价系统以有效监测与评价，是学习评价设计的又一项重要工作。对于评价系统的开发，首先需要对评价目标对应的学习结果类型特点及要求进行分析，在此基础上选择与评价目标相匹配的评价方式、设计评价内容与要求(即评价任务)并制定相应的评价规则。

1. 选择评价方式

评价方式的选择，关键要考虑评价方式能否直接反馈目标所对应的学习结果。① 由于学科核心素养本质上是学生对学科思维方式与习惯、学科思考视角与思维品质等的综合体现，因而一个人的学科素养水平更多地体现在个体利用学科思维及工具审视并解决问题的过程中。所以核心素养的评价，不宜采用知识为本的结果性评价，必须基于具体任务的解决并根据学生在问题解决过程中的表现来分析评判。具体来说，就是将核心素养转换为可观察的外显表现，以此来开展对核心素养的评价。因此，基于“素养为本”的学习评价，侧重选择表现性评价方式来进行评价。

所谓表现性评价，是指“在尽量合乎真实的情境中，运用评分规则对学生完成复杂任务的过程表现或/与结果作出判断”，并可通过纸笔任务(论述题和问题解决题)、展示(以适当的技巧来展示某一技能)、实验与调查、口头表达与角色扮演、项目(或课题)等表现性任务的解决予以评价。这些形式的表现性任务因任务类型不同，各自评价的侧重点也有所差异。因此，评价方式选择时，还应考虑评价目标与评价任务形式。

结合前述三个方面测试目标的特点与要求，可采取如下表现性任务来开展评价：目标①要求学生制定、执行实验方案并对结果进行解释，可采用实验类表现性任务；目标②要求学生按特定程序与思路去分析、解决问题，可设置一个模拟真实情境的任务(纸笔任务)，让学生呈现问题解决的思维过程，以诊断是否建立起微粒作用观的认识思路及结构化水平；目标③则适合采用项目(或课题)的表现性任务形式，让学生收集和运用资料并写一篇研究报告(小论文)，以此来诊断并发展学生对化学价值的认识水平。

2. 设计评价任务

以素养测试为导向的评价设计，要求处理好学科问题、问题情境、化学知识

---

① 周文叶. 中小学表现性评价的理论与技术[M]. 上海：华东师范大学出版社，2014：63

和核心素养的关系，即不仅强调学科问题、问题情境、学科知识三者密切联系，而且要求问题情境、化学知识同时服务于学科问题的提出和解决，并要确保问题情境的设计、化学知识的运用、问题的提出与解决均应有利于实现对学生核心素养的测试。① 结合前述评价目标与评价方式，可设计如下评价任务：

皮蛋是一种传统风味蛋制品。将鲜鸭蛋浸泡到一种药剂（其成分为碳酸钠、氧化钙和氯化钠）配制的水溶液中数天即可。食用皮蛋时，蘸食醋可消除（减轻）皮蛋的涩味。

（1）某同学想探究皮蛋制作的相关原理。他认为：要完成此任务，先应明确浸泡液成分，于是将药剂溶解于水中并过滤。请你协助分析：滤液中肯定存在什么离子、可能存在什么离子？滤渣的成分是什么？请用化学符号、简洁的文字或图示等表达分析过程。（对应测评目标②）

（2）皮蛋涩味与浸泡液含碱有关，蘸食醋后碱被中和。对于酸碱中和，因无明显现象而难以直观证实其反应。现以 HCl、NaOH 为例（均为 0.1 $moL \cdot L^{-1}$），请设计并开展实验证明：①HCl 与 NaOH 溶液混合时发生反应且实质为“$H^{+}+OH^{-}=H_2O$”；②溶液中的 Na^{+}、Cl^{-} 并未参加反应。（对应测评目标①）

（3）我国皮蛋加工多以小作坊为主，场地分散，生产废水排放未得到重视。请结合资料的收集和运用，撰写一篇科技小论文，介绍皮蛋生产废水所含的微粒及任意排放给环境造成的影响，分析工厂是如何处理皮蛋生产废水从而实现废水综合利用、保护环境的。（对应测评目标③）

3. 开发评价工具

操作性强的评价工具不仅有利于教师评价学生对任务解决的达标情况，也有利于学生明确努力的方向。因此，开发评价工具是评价设计的重要一环。尤其是表现性评价，因其任务具有情境性、开放性和复杂性的特点，评价时包含必要的主观判断，更需要开发评价工具指导评价以确保评价的合理可靠。评价工具的开发，既要紧扣评价目标和评价方式，又要便于操作和客观评价。本评价拟用对测量表现性任务中复杂能力最为有效的“评分规则”作为评价工具。

“评分规则”通常以表格化的形式呈现某一表现性任务解决时学生的表现

① 中华人民共和国教育部.普通高中化学课程标准（2017 年版）[M].北京：人民教育出版社，2018：78

水平，主要包含表现维度(即学生的关键性表现)、表现等级等组成要素。评价时，根据学生在问题解决过程中的行为表现，结合“评分规则”的表现维度确定学生的表现等级。下面给出前述三项任务的“评分规则”(限于篇幅，后两项任务只列出“优秀”等级的表现维度)。

任务(1)关注学生是否建立微观视角审视电解质在水溶液中变化的思路方法，评价的关键在于学生能否从电解质电离及溶液中微粒相互作用的视角来分析溶液中的微粒存在情况及滤渣的成分。因此，可制定如表 4－6－2 的“评价规则”来对学生分析情况作出评价：

表 4－6－2 “任务(1)”的评价规则

<table>
<tr><th>等级</th><th>成分分析</th><th>分析思路</th></tr>
<tr><td>不合格</td><td colspan="2">无法正确且完整答出溶液所含或可能存在的离子及滤渣的成分，分析思路无序或不正确</td></tr>
<tr><td>合格</td><td rowspan="3">能正确、完整答出溶液所含及可能存在的离子及滤渣的成分</td><td>能从电离和离子反应的角度较为笼统地分析，叙述基本清晰</td></tr>
<tr><td>良好</td><td>能结合必要文字、从电离和离子反应角度分析，并较为清晰地表达</td></tr>
<tr><td>优秀</td><td>能用电离方程式、离子方程式或图示(表达溶液中微粒及其相互作用关系)，有逻辑、清晰地表述</td></tr>
</table>

任务(2)要求开展中和反应微观本质的探究，评价的关键在于学生能否合理设计实验方案、有效开展操作、正确获取现象并对实验现象进行分析从而得出结论(“优秀”的表现是达成这些要求)。评价时，根据任务开展的操作流程、内容要素及其逻辑关系等，分项对各个流程、要素进行评价。其中，合理的实验方案为：①取一定体积 0.1 moL·L^{-1} NaOH 溶液，并滴入 2—3 滴酚酞溶液，再逐滴加入等体积 0.1 moL·L^{-1} HCl 溶液，观察溶液的变色情况；②取等体积的前述实验所得混合溶液及 0.05 moL·L^{-1} NaCl 溶液，用同一装置分别测它们的电导率并进行对比。

任务(3)强调诊断并发展学生对化学价值的认识水平。若学生提交的作品能够准确、完整、有逻辑地表述相关任务要求，并结合离子反应等相关化学原理进行分析，则可评判为“优秀”。

开展“素养为本”的教学评价，是培育学生学科核心素养的一项关键工作。然而，“素养为本”的教学评价研究在国内刚刚起步，目前缺少针对学科思维品质与思维方式等的合理评价方式与技术[①]，因而此项工作将会成为基础教育课程改革的一个难点。以上虽然提出了“素养为本”的学习评价设计总体思路，认为表现性评价是学科核心素养评价的有效形式，并以“离子反应”为例进行了初步的探讨，但许多细节问题（例如：如何制定精准的评价目标、如何设计有效的评价任务、如何制定合理的评价标准等）还有待在教学实践中进一步探索。

① 孔凡哲.从结果评价走向核心素养评价究竟难在何处[J].教育测量与评价，2016(05)：1

5　素养的培育需要提升教师的教学能力

培育与发展学生化学学科核心素养，需要扎实开展“素养为本”的教学。而“素养为本”的教学，和传统“知识为本”的教学在指导思想、目标追求和行动策略上具有重大的差异。因此，对于教师来说，“素养为本”的教学必将成为一个新的、富有挑战的课题。为适应这一新的教学挑战，必然要求教师提升专业素养，提升开展“素养为本”的课堂教学的能力。

《普通高中化学课程标准(2017 年版)》在“教学与评价建议”中指出：开展素养为本的教学，要求教师深刻领会化学学科核心素养的内涵，准确把握学业质量要求，充分认识化学实验的独特价值，增进学科理解等，从而科学设计教学目标、合理组织教学内容、精心设计学习活动、有效开展学习评价等。这就要求教师加强专业学习，切实提升相关方面的能力，从而提升学科核心素养培育的效果。

为此，本专题立足课堂教学活动，建构了教师教学关键能力框架与构成要素。在此基础上，对相关教学能力的内涵及实践培育等进行了分析，期望引导教师结合学科特点、教学实践及素养培育要求，积极探索、认真实践，从而提升自己的专业素养，确保学科核心素养培育工作能在学科教学中有效地实践落地。

5-1 教学关键能力及其提升路径

目前,课堂教学仍是培育学生学科核心素养的主渠道,课堂教学效果如何,直接影响学科核心素养的培育。课堂教学效果的有效提升,受制于教师教学能力尤其是教学关键能力的发展水平。教师教学关键能力水平越高,越有利于学科核心素养培育目标的达成。因此,提升教师教学关键能力成为学科核心素养培育实践落地不可回避的一个问题。为此,有必要开展教师教学关键能力内涵、框架及提升策略的研究,从而更有针对性地促进教学关键能力的生成与培育,以便更为有效地开展"素养为本"的课堂教学实践活动,确保学科核心素养培育实践落地。

一、课堂教学活动及其行动指南

1. 课堂教学活动的流程

根据教学系统论,课堂教学系统构成要素主要包括教师与学生、教学媒介(即教学信息的载体或信息传输的通道)和教学时空等。课堂教学的本质,是教学系统中教师与学生、学生与学生、学生个体借助教学媒介在一定教学时空内进行的互动;互动的结果,是学生学科核心素养得到应有的培育与发展。因此,有效的课堂教学,有赖于学科核心素养培育目标指引下执教者的科学教学设计,即教师对课堂环境中师生活动系统的合理规划(包括师生间互动的目标与对象、互动的时空与方式、互动的预期结果等)。在此基础上,教师按课前预设的活动方案,组织师生在特定的教学时空中开展活动,并对教学活动的过程与结果进行有效的监控、评价与反馈。监控时,若发现课堂师生等活动能够达成预期的素养培育目标,则进入下一个教学环节,开展新一轮的教学活动。否则,应对课堂预设的活动方案进行重新规划与实施,直到完成既定的教学目标。其过程如图 5-1-1:

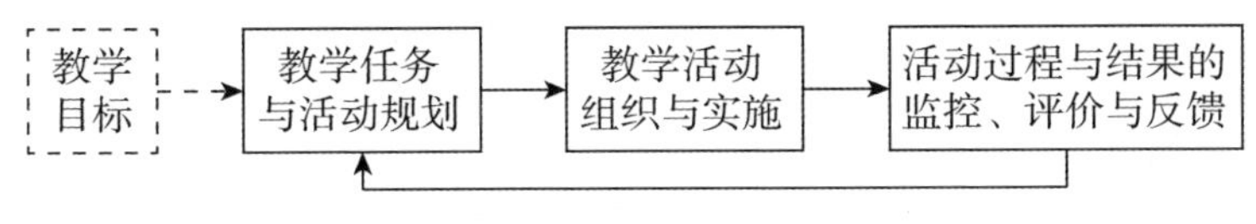

图 5-1-1　课堂教学的操作流程

2. 课堂教学的行动指南

教学任务与活动规划，是教师基于个体教学行动理念来支配与决定的。而教师的教学行动理念，是教师在教学实践中培育与发展起来的、指导教学行动的思想观念或活动指南。它源自教师对教学系统要素的现状、彼此之间的关系、课程目标及达成路径以及教学实践经验等方面的理解与推演，进而建立起来的对教与学本质及条件等教育教学理论的认识、对所教学科的特质及教学内容功能价值的理解、对所教学生已有的认知经验与水平的把握。当教师建立起相应的教学行动理念之后，将以此为行动指南，指导课堂教学任务与活动的规划(图 5-1-2)。

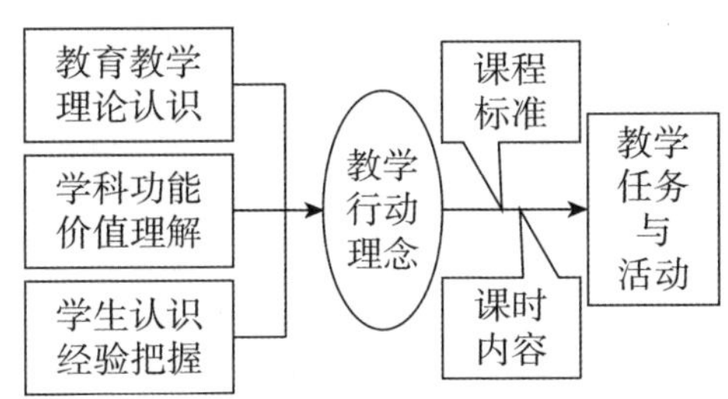

图 5-1-2　教学行动理念与课堂教学规划

3. 课堂教学活动与行动理念的关系

显然，教学任务与活动规划，教学活动组织与实施，活动过程与结果的监控、评价与反馈属于课堂教学的外显行为，可以通过对教师的教学设计的阅读与课堂教学实施行为的观察而直接感知。而指导教学设计规划、实施与监控活动开展的行动理念，则是无法直接观察而需要结合课堂组织实施行为来分析推演的，因而属于教学内隐的认识思维。这两个方面共同影响着课堂教学，而且内隐的认识思维直接对外显的教学行为起支配与制约的作用。

二、教学关键能力框架的建构

1. 教学关键能力的内涵

教学关键能力从属于教学能力范畴。由于教学活动的复杂性，因而教学能力不是单一的能力，而是由一系列制约教学效果与教师专业发展的能力构成的能力系统。这里所谈的教学关键能力，是指教师在教学专业活动中发展起来的对课堂教学活动的有效开展起制约和支配作用的重要能力，它不仅源于教师对教学问题（尤其是课堂教学中的问题）的解决，同时也是教师解决教学问题水平的表现。因此，教师的教学关键能力的高低，直接影响课堂教学对学科核心素养培育与发展教学目标的达成情况。因此，实施“素养为本”的教学，必须提升教师教学关键能力。

根据教育教学理论可知，教学问题解决机制如图 5－1－3 所示。这一解决机制，将涉及教学问题识别（教师根据相关教学理论对教学中的相关问题进行分类与判断）、教学问题分析（教师对教学问题产生的根源及问题要素间关系的揭示）、教学问题解决方案制定（教师根据问题的特征、产生的动因及要素的关系等规划教学行动方案、设计问题解决路径）以及教学问题解决过程与结果监控（教师根据教学中师生行为表现及其活动结果，监控与评价教学是否依据问题解决方案并得到相应的结果）。因此，从教学问题解决过程要素上看，教学关键能力应当包含教学问题识别的能力、教学问题分析的能力、教学问题解决方案设计的能力以及教学问题解决过程监控的能力等方面。

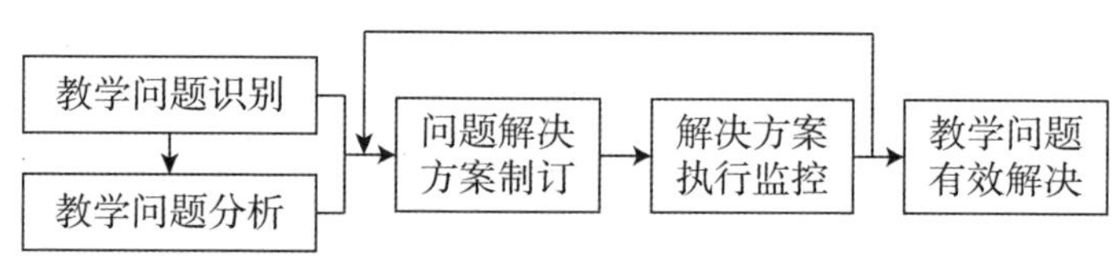

图 5－1－3　教学问题解决机制

2. 教学关键能力的构成

前已指出，课堂教学包括外显的教学行为和内隐的行动理念。从教学问题解决的核心环节与基本路径看：外显的教学行为对应着教学问题解决方案的规划、执行以及对问题解决过程与结果的监控，突出问题解决过程“应该怎么做”的操作层面问题；而内隐的行动理念则指引着教师对教学问题的识别、对教学问题的分析、对教学问题解决方案的规划以及对问题解决过程与结果的监控，突出问题解决过程“为何这样做”的理论层面问题。

显然，内隐的行动理念直接决定并监控外显教学行为的开展，而外显的教学行为则是内隐行动理念的外在表征与反映。这两个方面的协同作用，共同促进并实现教学问题的有效解决，是达成学科核心素养教学目标的根本保障。为此，结合教学关键能力是教学问题解决能力的本质特征，提出包含教学决策能力及教学执行能力的“二维六项”教学关键能力系统（如图 5－1－4 所示）。具体分析如下：

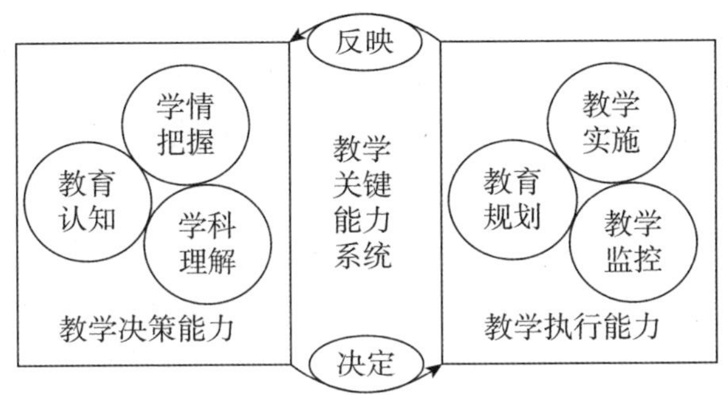

图 5－1－4　教学关键能力系统及相互关系

（1）教学决策能力

教学决策能力反映着教师鉴别与分析教学问题、规划并监控教学问题解决方案的水平。教学决策对应着教学问题解决过程“为何这样做”。而教学问题解决“为何这样做”，取决于教师的教学实践性知识。所谓实践性知识，是教师在教学过程中基于自己的教育认知、学科理解和学情把握等方面建构起来的指导教学行动的认识与经验。因此，可将“教育认知”“学情把握”和“学科理解”等纳入“教学决策能力”范畴。

所谓“教育认知”，是指教师个体对教育教学本质与条件、教学过程中师生的角色及地位作用、课程资源的功能与价值等的理解与认识，是教师个体“教学观”“师生观”及“教材观”的反映；“学科理解”是指教师对学科性质、课程内容、课程结构、学科思维以及课程目标的理解与认识，反映教师个体对课程育人价值的把握与追求；“学情把握”是教师个体对学生整体认知情况（包括已有的知识经验水平与建构的认知思维方式等）的理解与认识，是教师教学起点行为确立与教学目标制定的关键依据。

无疑，教师的教育认知、学科理解和学情把握的能力与水平决定着学科课堂教学如何开展，是课堂教学活动规划、组织实施与评价监控的决策依据。

（2）教学执行能力

课堂教学的开展，基于教师个体的教育认知、学科理解和学情把握，结合课时教学要求并在教学目标确立基础上，规划教学任务与活动、组织与实施教学活动并对教学过程与结果进行监控、诊断与评价。因此，这里将“教学规划”“教学实施”与“教学监控”等三个方面的能力纳入教学执行能力范畴。

其中，“教学规划”指向课堂教学过程中教师将开发哪些课程资源、设计哪些学习活动、规划怎样的学习流程等；“教学组织”则主要指课堂教学中教师如何创设情境并设置怎样的任务以引导教师与学生、学生与学生、学生与媒介等开展互动；“教学监控”对应为教师如何基于教学目标与任务，对课堂教学中“师—生”互动情况和教学过程规划、教学目标达成相关性作出监控、反馈与评价，并基于“师—生”互动过程的课堂生成情况及时调整教学规划、活动组织等。

三、教学关键能力的实践提升

教学关键能力属于教师教学活动过程中发展与丰富起来的教学实践性知识，是教师课程教学知识学习、教育教学实践活动和教学问题分析解决等教学实践的产物。这一能力的提升，不仅有助于激发教师专业成长的动力，而且有助于教师从依赖专家走向自主成长，同时还有助于教师从经验教学走向理性教学，进而实现由经验型教师成长为专家型教师。教师教学关键能力的提升，有助于教师理解学科育人价值，自觉将培育学科核心素养作为教学追求；有助于教师认识教育教学规律、学科认识规律和学生认知发展规律，并遵循这些规律开展“素养为本”的课堂教学，从而充分发挥学科育人功能，有效培育学生学科核心素养。

不难发现，教师教学关键能力的生成与发展是一个经历储备化、策略化和应用化三个阶段循序渐进的过程。在储备化阶段，教师根据教学需要，有目的地学习教育教学相关理论，从而为教学活动储备“物质”基础；在策略化阶段，教师将内化了的教学理论转化为行动策略，以指导具体教学活动的开展，并不断丰富与自动化；在应用化阶段，教师将自主建立的教学行动策略应用到具体的教学实践活动中，并在实践中检验、完善和发展。为此，教学关键能力培育路径主要有两条：

1. 加强学习与研修

没有一定的教育教学理论基础，没有对学科课程的深入研究，没有对不同阶段学生认识与思维水平的总体认识，教学决策能力的培育与发展将失去应有的基础，自然也不可能产生科学的教学行为。为发展教学关键能力，教师需要开展理论学习与研修。这就强调教师要深入开展教育教学理论的系统学习，掌握教与学的理论与规律、学习的机制与本质；开展学科课程性质、课程目标、课程结构、课程内容体系的研究，增进对学科本质的理解与育人价值的认识；结合文献和课堂教学实践开展学生认知情况、思维特点与学习障碍等的研究与梳理，从而准确把握学情。

2. 在实践中总结提升

教学关键能力是教师教学实践的产物，是基于教学实践性知识建构而发展起来的解决教学问题的重要能力。因此，教学关键能力的培育与发展离不开教学实践。这就强调教师应结合自己和他人的教学实践活动，根据自己的理论学习和实践经验，认真开展教学诊断与反思活动。在教学诊断与反思活动中，应抓住具体教学实践活动中的“关键教学事件”（能够引发自己关注与反思并能促进改变认识和行为的教学事件[①]），并通过提炼事件中的教学问题，思考并解决教学问题。随着教学诊断与反思活动的深入开展，学习与研修习得的理论性知识将不断地得以内化，教学实践性知识将不断地得到丰富、完善与发展，教学问题的解决能力将不断地得到提升，于是教学关键能力将得到很好的培育与发展。

在后续几节中，还将结合具体的能力要素，进一步重点探讨如何在实践中提升教师的教学决策能力和教学执行能力中的教学监控能力等（教学规划在前一章已作系统介绍）。

---

① 邵珠辉，李如密.教师专业发展视域下的教学关键事件[J].教育科学研究，2010(10)：62-64

5－2　增进对化学学科的理解

化学课程的学习过程，是学生在教师帮助、同伴互助下，掌握化学知识、培育关键能力、发展化学学科核心素养的过程。这一过程，教师发挥着非常重要的指导与引领作用。教师要更好地发挥作用，必须增强对化学科学的认识、对化学核心素养内涵的理解、对化学科学育人价值与化学核心素养关系的把握。因此，实施基于核心素养培育的高中化学教学，强调化学教师增进对化学学科的理解，建构起对化学知识、化学思维方式与方法的结构化认识，进而认识化学学科育人价值并在教学活动中自觉践行与落实。

一、为何强调增进学科理解

化学学科核心素养是在相应化学课程学习过程中发展起来的具有学科特质的正确价值观念、必备品格和关键能力。核心素养的三个方面，实际上包含在化学学科学习与研究过程中发展起来的认识化学事实与现象的思维方式、培育起来的分析与解决化学问题的能力，以及所形成的情感态度和价值取向等。

我们知道，各门学科具有独特的认识对象与研究任务，因而成为相对独立的学科。不同学科正是由于认识对象与研究任务各不相同，于是在认识研究对象、解决相关问题时，需要各自的认识方式与研究方法，进而建立起不同的研究思路与学科思维，形成对客观事物独特的认识，建立起相应的必备品格与价值观念。因此，不同学科承载着发展不同关键能力、个性品质与价值取向的功能，承载着不同的育人价值，从而发展不同的学科核心素养。换句话说，学科的认知对象、学科的研究任务以及学科认识（学习）方式等制约着学科核心素养。①

因此，为了理解与把握化学学科核心素养，并在化学教学中培育化学学科核心素养，教师必须增进对化学学科的理解。所谓学科理解，是指教师对学科

① 成尚荣.回到教学的基本问题上去[J].课程·教材·教法，2015(01)：25

知识、认识方式和思维方法的系统化、结构化理解，其本质是建立起富有学科特点的审视认识对象与现象、分析与解决问题的思维，以及在学科思维指导下建构起来的对学科的本原性、整体性的认识。只有教师认识、理解所教的学科，把握学科本质特征、研究对象与任务、认知思路与方式方法，明确学科的功能价值等，才能把握住学科应该发展哪些关键能力、培育哪些品质，以及采用怎样的认识方式会有利于关键能力、必备品质和价值观念的培育，从而将学科核心素养的培育落到实处。

二、化学教师对化学科学应有的基本理解

化学教师理解化学科学的标志，是对学科内容知识、认识论知识和学科核心观念等方面建构起整体性认识，从而形成良好的化学知识结构。[①] 从目前化学教师的学科理解情况看，强化对化学认识论知识的理解显得尤其重要，即对化学科学的基本问题、研究的水平层次、解决的基本任务及其方法论等方面形成基本的理解。

理解化学科学，必须认识化学学科的本质特征，进而理解化学学科的育人价值。要认识学科的本质特征，前提是明确学科本质特征究竟是由什么决定的。实际上，一门学科的本质特征，是由这门学科的研究（认识）对象所决定的。因为，学科研究（认识）对象不同，将导致学科研究的基本问题、研究的基本方法、研究的水平层次等有差异。这些差异体现了学科的本质特征。以下主要从三方面加以论述。

1. 化学研究对象与基本问题

化学研究的对象是什么？《普通高中化学课程标准（2017 年版）》指出："化学是在原子、分子水平上研究物质的组成、结构、性质、转化及其应用的一门基础自然科学，其特征是从微观层次认识物质，以符号形式描述物质，在不同层面创造物质。"[②]因此，化学科学研究的对象是物质，并在研究物质的基础上实现对物质组成与结构、性质与应用的认识，最终达成创造物质、服务人类、推进现代社会文明和科学技术发展的目的。

---

① 梁永平.论化学教师的课程知识及其发展[J].化学教育，2012(06)：3－4

② 中华人民共和国教育部.普通高中化学课程标准(2017 年版)[M].北京：人民教育出版社，2018：1

研究物质性质及其应用、创造新物质，离不开对化学变化这一实现物质转化途径的研究。所以，物质及其转化是化学科学的核心。对于物质及其转化的研究，首先要回答物质及其转化“有什么”或“是什么”，即探寻物质及其转化规律。在此基础上，还要回答为何会存在这样的规律。于是，化学科学在认同分子、原子等微粒客观存在的前提下，立足于原子、分子水平开展物质及其转化的研究，建构科学理论，回答“为什么”的问题。因而，探寻物质及其转化的基本规律、建构物质及其转化的科学理论成为化学科学认识的两大基本问题。①

2. 化学研究方法与学科思维

物质及其转化的基本规律是人们认识和解决问题实践活动的结果。由于化学物质的多样性和运动变化的复杂性，因而对于物质及其运动变化的基本规律的认识需要开展科学探究，需要借助实验、观察等多种手段，在获取事实和证据基础上进行加工与整理，通过比较、分类、归纳、概括等思维活动建立起实质性联系，进而得出合理的结论。因此，以实验为主的科学探究成为化学科学认识基本活动，实验成为化学研究的重要方法与手段，并在化学科学发展过程中始终处于核心地位。

由于物质是由原子、分子等微粒构成的，因此物质及其转化的特征与规律总是与构成它们的微粒的种类以及连接方式有关，即物质及其转化的规律是物质微观结构的反映。因此，化学科学在所观察到的物质及其转化的事实并形成物质及其转化规律的基础上，为解释物质及其转化的事实和规律性，必须立足于分子、原子的微观水平视角，借助分析推理与合理想象，运用多种模型和化学符号来描述和解释化学现象，最终建立起物质及其转化的科学理论。

因此，研究物质及其转化问题，建构物质及其转化的基本规律和科学理论，需要借助观察与实验等手段，从物质及其变化的宏观现象入手，在分子、原子等微观水平上分析研究，并运用化学符号、模型加以表征。同时，在表征物质及其变化的宏观现象、微观本质、符号模型间建立起联系与转化。所以，“宏观—微观—符号”三重表征成为化学学科特有的思维方式，化学用语、化学模型成为表征物质及其变化的独特方式。

---

① 梁永平.论化学教师的课程知识及其发展[J].化学教育，2012(06)：3－4

3. 化学教学任务与价值取向

《普通高中化学课程标准(2017年版)》强调:化学课程应在帮助学生掌握“双基”的同时,“加深对科学本质的认识”“深刻认识科学、技术和社会之间的相互关系”“培养学生的社会责任感、参与意识和决策能力”等。因此,化学教学要让学生掌握“双基”,建立起认识和研究物质及其变化的思路与方法,养成立足于学科视角解决实际问题、参与社会决策的意识与习惯。后者要求化学教学要超越具体的事实性知识,帮助学生在认识活动中建立基本的、核心的学科观念,如元素观、分类观、转化观、微粒观、能量观和绿色化学思想。

《普通高中化学课程标准(2017年版)》还强调:高中化学课程的设置要体现基础性和选择性,兼顾学生志趣与潜能的差异和发展需要,让不同的学生学习不同的化学;同时,在内容选择上,积极关注21世纪与化学相关的社会问题,重视反映化学、技术与社会的相互联系,等等。这些要求体现了化学课程的选择性、个性化特征,以及内容情境化、生活化、社会化的特点,体现了中学化学课程的双重价值取向:一方面,肩负着个体发展的责任;另一方面,肩负着培养个体的社会责任。化学教学正是通过促进个体发展、培养个体的社会责任,来实现人的完整、创造、自我实现与社会责任的和谐统一的课程价值取向。

研究者指出:化学学科的育人价值主要体现为帮助学生正确认识化学、学会研究化学和科学运用化学三个关键方面。① 显然,建立这样的认识,就能很好地把握化学学科的育人价值,就能认识到“宏观辨识与微观探析”“变化观念与平衡思想”“证据推理与模型认知”“科学探究与创新意识”“科学态度与社会责任”等素养指向学科育人的核心价值。

三、教师如何增进对化学学科的理解与认识

综上分析,化学教师只有增进化学学科理解,明确化学学科育人价值,才能把握化学学科核心素养的内涵,并自觉地在化学教育教学实践活动中培育学生的化学学科核心素养。因此,教师应注重通过多种途径和方法来提高对化学学科的理解。

1. 增进对学科特质的理解

学科理解强调教师对学科课程建立起本质性理解,即对课程的性质、理念、

① 高爽.化学学科育人价值的重新认识和开发[J].现代基础教育研究,2012(09):187

目标及育人价值等方面形成整体性认识。只有形成整体性认识，才能从课程系统视角思考具体内容的育人价值、相应课时的教学目标，从而发挥课程内容与课时教学的整体性功能。要建立起学科的本质性理解，核心在于把握学科特质。

很显然，加强理论学习与实践反思是增进学科特质理解的有效途径：①教师应加强课程标准、教科书、专业期刊的学习与研究，从理论层面提升对学科特质的理解。其中，学科课程标准对课程性质与理念、目标与价值、内容与实施等作了详细规定，这些规定直接或间接地诠释了学科特质，是增进学科理解最有价值的文献；学科专业期刊刊载了大量教师 PCK 知识、学科观念、学科思维等方面的文章，对学科特质的理解有所帮助。②开展基于课堂教学的实践与反思活动。具体到教学实践中，教师应结合具体的教学内容进行多角度审视，借助“WWHW 认识论思考模型”[注：“WWHW”是四个英文单词首字母的缩写，该思考模式主要厘清所认识的知识是什么（what）、所认识的知识价值是什么（what）、所认识的知识是如何产生的（how）以及为什么所认识的知识是合理的（why）四个方面]、核心知识的概念图（思维导图）等技术，增进对学科核心知识的理解，建立起各类知识间的基本关系，从而整体性理解学科、理解科学的本质。[①] 在此基础上，结合自己的学科理解去设计与实施课堂教学，结合课堂教学反思自己对学科特质的认识等。

2. 深化对学科结构的认识

学科结构反映学科知识与研究方法等的结构关系，包含“学科的基本理论结构”和“学科的探究方法和态度”两个维度。[②] 通俗地讲，学科结构主要指向学科知识体系所反映的内在关联及认知逻辑。学科知识体系可简化理解为学科知识间的构成情况与结合方式，是学科事实性知识、概念原理性知识、方法观念性知识等学科知识内在关联的整体性反映，而学科知识的内在关联反映着学科认知的逻辑关系。立足课程视角，任何学科都有自己的知识组织体系及内在的认知逻辑。教师只有掌握学科结构，审视具体内容时才能站在整体性角度，在关注具体内容的同时关注知识的组织及其认知逻辑，从而克服“只见树木、不见

---

① 梁永平.论化学教师的 PCK 结构及其建构[J].课程·教材·教法，2012(06)：117

② 魏锐.中学化学课程学科结构研究[M].北京：北京师范大学出版社，2012：40

森林”“只见知识，不见思维”的问题。

教师应如何增进对学科知识结构的认识？这就要求教师首先要理解难点内容分散编排、各类知识穿插嵌入的教材编排原则及其价值。在此基础上，立足于学段、模块和课程目标的视角，对学科知识的组织关系及认知逻辑进行全方位的梳理：①基于学段分析，把握同一知识在不同年段、不同学期的分布情况，把握其纵向发展关系。②基于模块分析，厘清同一模块不同知识间的组织线索，明确其横向逻辑关系。③基于课程目标分析，思考课程全部内容是如何为课程目标的达成服务的，从而构建起反映学科知识组织关联与认知逻辑的“蜘蛛网状”的纵横联系。只有如此，教师才能建立起学科的整体性认识，形成具有逻辑关联的学科结构。这是整体性把握课程、有效培育学生学科核心素养的关键。

3. 强化对内容价值的把握

课程内容是学科体系的重要“部件”，是达成课程目标、实现学科育人的重要载体。因此，增进学科理解，不仅要在宏观层面理解学科特质、从中观层面认识学科结构，还需要在微观层面认识课程具体内容承载的教学功能价值。只有如此，才能准确制定相应内容的学习目标，才能通过教学活动达成学科课程的育人功能。

对于课程内容，课程标准采用“模块—主题—内容条目”三层结构来组织，这样的组织形式暗示着课程内容为主题服务、主题又为达成模块功能服务。因此，课程内容认知价值的分析，应立足于模块功能和主题统整的视角，按特殊的分析路径（见图 3－1－3）来加以把握。这一模型强调，对于课程内容认知价值的分析，应从课程内容所处的模块与主题入手，立足于“模块定位”“主题组织”“单元要求”三个维度，同时结合“教学提示”“学业要求”等栏目，对课程内容的认知价值进行整体性思考。其中，模块定位分析强调从模块课程目标的视角，分析模块对课程内容提出的认识需求以及课程内容如何促进模块功能达成等；主题组织分析要求从学习主题层面，根据主题所包含的内容条目、呈现顺序及其逻辑关系，揭示课程内容的认识功能、学习研究的认识思路；单元要求分析则立足于课程具体内容，根据“内容标准”所描述的认识建构情境、认识途径及结果要求等，提炼课程内容的认识要求。通过这样的分析，将有助于把握课程标准对具体课程内容提出的促进学生学科核心素养发展所应承载的功能价值。

总之，教师如能深入开展前述学习研究与教学实践活动，将能较好地理解学科特质、认识学科结构、把握知识价值，进而增进对学科的深刻理解。在此基础上，教师个体可以自觉地运用自己所建构的学科理解去指导教学活动，从而更好地培育学生的化学学科核心素养。

5－3　提升教育教学认知素养

教育教学活动是一个复杂的系统，系统中包含了不少要素。立足于教学过程中主客体关系的角度，教学系统的主要构成要素包含教师、学生、教学媒介（含教材、教具、实验等，本节主要指教材）等三个方面。教学过程就是系统中诸要素相互联系、相互作用从而培育与发展学生学科核心素养的过程（如图5－3－1）。教育教学过程中，为达成学科核心素养培育的目标，教师应扮演怎样的角色并发挥怎样的作用，学生在学习过程中又将承担怎样的职责义务？教师应如何用好教材这一重要的课程资源，如何创设教学情境并规划与组织教学活动？教师应如何让学生参与学习活动，教师与学生应如何互动，学生之间应如何互动？这些问题都是教师应该思考的。而决定教师对这些问题认识以及思考的结果，是教师自身对教育教学以及教材功能等方面的理解与认识。这些方面的理解与认识，便是教师个体的教育教学认知。显然，教师的教育教学认知素养，对教学活动的规划与实施以及学科核心素养的培育起决定性作用。

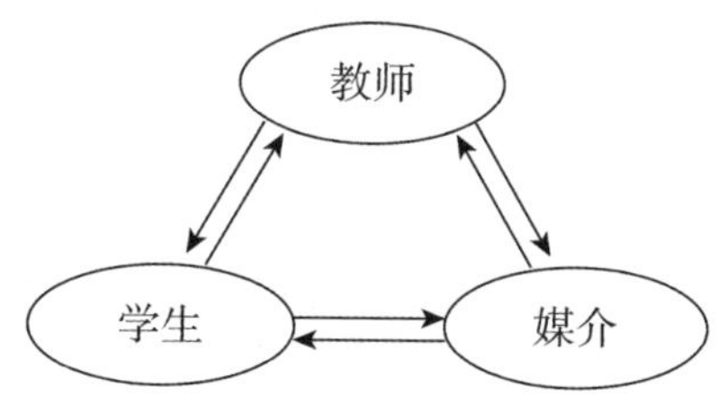

图5－3－1　教学系统三要素及其相互作用

一、为何强调提升教师的教育认识素养

不难理解，课堂是培育与发展学生学科核心素养的主渠道。教学过程中，教师如何规划与组织教学活动，必将直接影响素养培育目标的达成。如课堂教学中，执教者采用“教师讲、学生听”的被动学习方式开展教学，必然无法培育学

生解决陌生、复杂情境中问题的能力，因而也就不可能培育学科核心素养；相反，若教师注重引导学生调用已有认知经验开展陌生情境中真实问题的探究，并在问题解决过程中丰富与发展学生认识视角，帮助学生建构认识思路、形成与问题解决相匹配的认识方式，则能很好地落实学科核心素养的培育。

无疑，教学规划与实施时，教师如何利用教材这一重要课程资源并创设相应的教学情境，如何组织学生开展学习活动，开展怎样的学习活动等，都将受制于教师个体的“教学观”“师生观”“教材观”等教育教学认识。前述的“教师讲、学生听”或组织学生开展基于真实情境下的问题分析解决活动，正是教师不同教育教学认知的体现。因此，要在课堂教学中有效培育学生的学科核心素养，必须提升教师教育教学认识素养，确保教师的教育教学行为符合教育教学本质、遵循学生认知规律、符合素养培育规律，通过有效开展“素养为本”的教学发展学生学科核心素养。

二、教师应具备的教育教学基本认识

1. 建立科学的“教学观”

所谓“教学观”，可简单理解为教师头脑中所建构起来的关于教与学的本质、过程与结果等基本看法的认识框架。显然，教师的“教学观”会反映在教师的教学决策和行动表现中，对教学活动规划与教学价值追求起着指导、监控和制约作用，并对学习活动与学习结果产生影响。因此，教师应建立科学的“教学观”，并以其为行动指南指导教育教学的开展，从而有效培育与发展学生学科核心素养。

教师如何建立科学的“教学观”？其核心在于正确认识教与学的关系这个贯穿教学全过程的基本问题。对这两者关系的认识必须明确：教学是师生交往、积极互动、共同发展的过程；学是本原性的，教是条件性的，教必须服务于学；学习是学习者基于已有经验并经自主意义建构，从而改造已有经验的过程。立足于学科核心素养培育，还应该认识到素养发展是一个自主建构、不断提升的过程，是学习者围绕特定任务开展分类与概括、证据与推理、模型与解释、符号与表征等具有学科特质的学习活动①，从而丰富认识视角与认识思路，形成正

---

① 中华人民共和国教育部.普通高中化学课程标准(2017 年版)[M].北京：人民教育出版社，2018：74

确价值观念、必备品格和关键能力的过程。

2. 培育正确的“师生观”

教育是培养人的活动，其目的在于促进学生素养的发展。如果说“教学观”反映教师对教与学的本质、过程与结果等的基本看法，那么对教育活动过程中教师与学生应承担怎样的角色、发挥怎样的作用、建立怎样的关系等方面的认识，则对应为教师的“师生观”。无疑，教师的“师生观”对课堂教学文化、教学结构、教学环境等方面产生重要影响，进而制约着素养培育目标的达成。

素养的发展是学生自主建构的过程，这就强调将学生置于学习主体的地位，学生是学习活动的积极参与者、知识意义的主动建构者。学生学习主体作用与意义建构能动性的发挥，有赖于教师充分发挥教学的主导作用，做好学生学习活动的组织、引导、参与等工作。教师主导作用、学生主体作用的充分发挥，离不开平等、和谐、民主的课堂氛围与师生关系。因此，教师应树立“教师是学生学习的合作者、引导者和参与者；学生是学习的主体，是发展的人、独特的人和具有独立意义的人”“教师在教学中的核心价值在于为学生的学习与发展提供指导和帮助，从而促进学生主动、生动活泼地发展”的“师生观”。

3. 建构适切的“教材观”。

《普通高中化学课程标准(2017 年版)》指出：化学教材是化学课程的物化形态和文本素材，是实现化学课程目标、培育学生化学学科核心素养的重要载体。因此，重视教材这一重要的课程资源，充分发挥教材这一教学系统媒介的作用，是培育学科核心素养的关键。教材对培育学生学科核心素养作用的发挥，受到教师个体“教材观”的影响与制约。所谓“教材观”，是教师对教材性质、教材价值以及教材处理基本规律等一系列问题的理解与认识。教师必须建立正确的教材观。

新一轮基础教育课程改革强调课程功能从过分注重知识传授转向培育学生学科核心素养。课程功能的转变，导致教材的编写理念、价值取向等的转变。专家指出，教材转变的根本特征是“范例性”——即教材不是教师教和学生学的唯一依据，而是引导师生开展教学活动、培育学科核心素养的一种范例和素材；教师不是单纯的教材执行者，而是教材的使用者和开发者，强调“用教材教，而不是教教材”。此外，教师教学和学生学习的实践是重要的教学生成性资源，对培育学生学科核心素养而言，这一资源是教材文本资源的必要补充，和教材文本资源一道发挥应有的功能价值，从而促进学生学科核心素养的全面培育。

三、如何提升教师教育认识素养

加强专业知识学习、提升教学理论认识，是提高教师教育教学认识素养的重要路径。为此，教师应认真学习课程改革理论，研究课程方案和课程标准，把握核心素养的内涵与实践策略等。丰富的专业知识与扎实的理论功底，将为教师教育教学认识素养的提升奠定基础。然而，理论与行动间是有一定差距的，要提升教育教学认识素养，还需扎实开展教育教学实践活动，将“静态的文本理论”转化为“可操作的行动理念”。在教育教学实践活动中提升自己的教育教学认识素养，其核心在于利用相关理论指导教学实践并加强教学实践反思。这就强调教师要结合具体的（自己或他人的）教育教学实践活动，深入思考与分析执教者教学行为背后隐含的“教学观”“师生观”“教材观”等教学见解与观念，分析这些教学见解与观念是否与课程改革要求相一致，并提出改进策略。以下重点从三方面加以论述。

1. 对“教学观”的审视反思

教师可结合下述几方面对执教者（自己或别人）的教学设计与实施行动进行深入思考，从而判断执教者的“教学观”与课程理念、学科核心素养培育要求是否一致。

（1）对教学本质理解的反思

教学过程实质上是教师指导下教学系统要素间多向互动从而促进学生实现意义建构并达成学科核心素养培育目标的过程。围绕这一教学本质，可开展如下反思：教学过程关注知识掌握还是素养发展？创设怎样的学习情境、设置怎样的教学问题驱动学生自主、合作学习？如何引导并关注学生提出问题、作出假设并开展探究？课堂教学是否给予学生充分思考、交流、表达的时间？是否关注到课堂教学中的生成性问题？是否主动根据教学生成调整教学策略？每个学习阶段结束时是否引导学生自主梳理、深入反思？教学结束后学生的认识角度与认识思路是否得到发展与完善，认识水平是否得到提升？……

（2）对学习条件把握的分析

“学习需要原理”和“有意义学习原理”是有效学习开展的两条基本原理，也是培育学生学科核心素养的行动理念。为此，可进行如下教学反思：教学起点行为确立是否依据学生现有的认识方式与水平？创设怎样的情境来激发学生学习积极性？设置的问题是否符合学生的认识水平、符合学生的“最近发展区”的发展？小组合作学习中是否给学生明确的职责、具体的任务和必要的指导？教学任务如何与学生的认知经验以及生活实践相联系、如何与具体的素养培育任务相关联？教学活动规划是否综合考虑知识的逻辑顺序、学生的认识顺序与认识心理发展顺序？教学过程如何促进学生认识视角与思路的丰富、完善与发展？……

（3）对教学结果认识的思考

学科核心素养的培育，强调通过问题解决活动，使学生的价值观念、个性品质与关键能力等得到发展。新课程强调，师生在教学过程中交往与互动。交往与互动意味着师生共同参与、共同发展，即课堂教学并不是单向输出（教师）与输入（学生），而是教学相长和共同发展的过程。因此，教师对教学结果的反思，不仅要思考学生在学科知识与技能等方面得到怎样的培育与发展、认识角度与认识思路得到怎样的丰富与完善，还要思考自己得到怎样的发展——即通过本课教学，自己在学科理解、教学认知和学情把握等方面增进了哪些认识？对课堂教学如何培育学科核心素养有哪些经验值得总结与反思、后续教学可如何改进？……

立足具体的课时教学，围绕执教者对教学本质理解、学习条件把握以及教学结果认识三个方面进行诊断分析，本质上就是对“教学观”的分析反思。这样的反思，核心在于揭示执教者对教与学的本质、过程与结果等的基本看法，从而对发展教师的教育教学认识、有效开展学科核心素养培育大有助益。

2. 对“师生观”的反思诊断

教学实践中，可结合下述问题线索，通过对教育教学活动中教师的角色定位、学生的行为参与、教师与学生的教学关系开展对师生教学角色的认知诊断。

（1）对教师角色定位的反思

是否认同教师是“平等中的首席”的观点？课堂教学主要以讲授为主还是关注问题导引、启发思维？是否注重引导学生开展分类与概括、证据与推理、模型与解释、符号与表征等具有学科特质的学习活动？是否经常走下讲台、走到学生中间，及时关注学生学习状态并给予指导？课堂教学时，是否留给学生足够的活动时间？是否经常提供给学生必要的教学资源并提出驱动性问题供学生思考？……

（2）对学生参与学习的反思

选择教学方法时，通常考虑哪些方面？认同学生具有自主学习、主动探究、自我反馈的能力吗？在教学目标与教学活动设置时，是否关注层次性和多样性？学生学习时，是否善于多角度看待问题，问题解决的思路是否清晰并富有逻辑？如何看待学生课堂中提出的“怪”问题？如果有学生对自己的教学提出建议，是否认真倾听并愿意接受？如何对待学生在课堂学习中出现的问题和错误？采用怎样的方式来评价学生的学习与素养达成？……

（3）对教学中师生间关系的反思

执教者是否认同教学过程是师生交往互动、沟通交流的过程？如果认同，会采取怎样的手段来促进师生互动交流？是否认同学习过程是师生分享彼此思考、交流情感与体验从而实现师生共同发展的过程？如果认同，采取怎样的策略来分享思考、交流情感与体验？是否认同构建平等、民主、和谐的师生关系？如果认同，采取怎样的措施来构建这样的师生关系？……

围绕上述三个方面进行深入反思，从而检视执教者是否认同“教师主导、学生主体，教师的核心价值在于为学生的学习与发展提供指导和帮助，从而培育与发展学科核心素养”的“师生观”，这对提高教师的教育教学认知素养同样也起到很好的作用。

3. 对“教材观”的认知诊断

教学实践中，教师应立足学科核心素养培育与发展的要求，结合下述问题线索，侧重从教材功能价值理解、组织结构线索和资源开发利用等三方面对教学设计与实践进行深入的审视与反思。

（1）对教材功能价值理解的反思

对于本课，执教者如何界定其在教材（课程）系统中的地位和作用？教材提供了哪些文本、图表、实验、作业等教学资源，它们是如何承载学生学科核心素养培育与发展价值的？基于对课程标准的理解和教学资源承载功能价值的认识，确定了怎样的基于学科核心素养培育的课时（或单元）教学目标？相应的教学目标与教材提供的教学资源有怎样的关系？……

（2）对教材组织结构认识的反思

根据对本节教材编写意图和教材内容呈现顺序的分析，怎样看待教材内容的逻辑组织线索？这一组织线索反映了怎样的知识逻辑顺序、体现了怎样的学习认知顺序和心理发展顺序？这一逻辑组织线索是否符合学生的认知发展规律和心理特点，是否有助于学生认识角度的发展、认识思路的建构？如果不符合，应该做怎样的重组与整合以促进学生认识发展与素养培育？……

（3）对教学资源开发使用的反思

为达成教学目标，如何充分挖掘教材素材的功能价值并予以合理使用？除使用教材所提供的资源外，还开发和利用了哪些资源来创设学习情境、引导学生开展学习？为适应学生情况以及课堂教学生成，对教材提供的哪些资源进行了替换，从而保证教学目标的真正落实、全面落实？教学过程中，如何处理学生对教材内容提出的不同见解或疑义、如何处理教学过程中师生互动生成性资源？……

上述反思，实际上要求教师对教材的性质特征、功能定位、组织线索与开发使用等一系列问题进行梳理，从而诊断自己对教材的相关理解与认识。在自我反思的基础上，将自己的教材理解与认识和新课程所倡导的“教材观”相对比。这有助于教师调整、修正自己的错误认识，并对培养教育认知诊断能力起到很好的促进作用。

综上所述，我们强调教师个体对自己所建立的教与学的条件与本质、师生的角色定位、教材的功能价值等三个方面的认识进行深刻反思诊断。这样的反思诊断，对教师个体了解自己的“教学观”“师生观”和“教材观”等教育认知现状具有非常重要的意义。

5-4 培育学情分析诊断能力

有效的教学活动，离不开对学情的分析与把握。正如奥苏贝尔在其著作《教育心理学：一种认知观》中所论述的："如果我不得不把教育心理学的所有内容简约成一条原理的话，我会说：影响学习的最重要的因素是学生已知的内容。弄清楚这一点后，进行相应的教学。"因此，培育与发展教师学情诊断能力对"素养为本"的教学活动有重要意义。以下就学情分析诊断能力的内涵及实践培育加以论述。

一、为何强调开展学情分析诊断

"学习是指由经验引起的学习者知识变化"，这一定义强调，学习者所发生的知识（事实、程序、概念、策略以及信念等）变化是由学习者经验引起的。课堂学习中，学习者的知识为何会发生变化？显然是因教师创设特定的学习情境并操控学习者经验的结果。正所谓"教学是教育者对学习者的经验进行操控从而促进学习者的知识发生变化的过程"。因此，教与学活动的开展，必须十分关注学习者的已有经验。[①] 对学习者已有经验的分析判断，便是学情诊断。

"素养为本"的化学教学，旨在培育与发展学生的化学学科核心素养。这就强调不仅要帮助学生系统地掌握化学知识，还应高度重视学生建构与发展研究物质及其变化的独特认识视角，帮助学生形成与完善认识物质及其变化特征与规律的思路或框架，以此培育与发展学生的化学学科思维方式和解决真实化学问题的能力，帮助学生形成正确的化学价值观念等。培育与发展学科核心素养，总是以学生现有的素养水平为基础，通过开展富有化学学科特质的学习活动来实现的。因此，分析学生现有的认识物质及其变化的认识视角、认识思路

---

① 理查德·E.梅耶.应用学习科学——心理学大师给教师的建议[M].北京：中国轻工业出版社，2016：14，52

以及认识水平，从而确立适切的教学起点、设置相应的情境与问题、选择适切的教学方式与策略，是“素养为本”教学的关键。

如初中化学“燃烧与灭火”的学习，虽然学生在之前学习氧气时已经认识到有些化学反应需要点燃、加热才能发生，但尚未建立从化学反应条件的视角看待化学反应，未能建立起“反应物—反应条件—物质变化与能量变化—化学变化的应用”的化学反应认识思路，更没有意识到可以通过条件的控制使化学反应朝着人们需要的方向发展。为此，本课教学应立足学生当下的素养水平，引导学生回顾氧气的实验室制取、木炭在空气或氧气中燃烧等相关反应，开展化学反应是否需要条件、为何需要条件、调控条件对燃烧产生怎样的影响（燃烧反应发生或消除、燃烧剧烈或不剧烈、燃烧完全或不完全等）、人们如何调控反应条件从而实现应用反应满足人类需要等相关问题的讨论，从而建立起化学反应需要一定条件、条件改变会影响化学反应、可通过调控条件改变（利用）化学反应等的认识，建构从反应条件审视化学反应的视角，建立“反应物—反应条件—物质变化与能量变化—化学反应利用”的化学反应系统认识，从而培育与发展“变化观念与平衡思想”“科学态度与社会责任”等维度的学科核心素养。

二、基于素养培育的学情分析诊断

王磊等通过实证研究，发现学生的化学学习动机水平、自我效能感、情感态度等方面，对化学学科核心素养的培育有显著的直接影响，尤其是学习动机水平的影响最大。[①] 为培育学生的学科核心素养，应深入开展前述方面的学情分析诊断。学情分析诊断是一个涉及多层次、多要素的系统工程，以下结合沪教版初中化学教材第 4 章“认识化学变化”，并从学生知识基础、思维特点、认识角度与思路以及化学学习情感态度四个方面加以探讨。

1. 学生的知识基础与掌握水平

学科核心素养是在具体化学知识学习过程中建构起来的，而化学知识的学习必然以原有认识经验为基础。因此，化学教学时，必须准确分析诊断学生已有的知识基础以及掌握水平。明确学生学习前已有的知识基础，不仅对确立教学起点有指导意义，而且也能为教学重点、难点的确立提供依据，从而为教学设

---

① 王磊等.基于学生核心素养的化学学科能力研究[M].北京：北京师范大学出版社，2018：149

计与实施指明方向。

如第1节中“燃烧的条件”的学习前，学生的化学学习水平和日常经验如下：学生对物质燃烧及其现象比较熟悉，对燃烧需要可燃物和氧气的认识也比较到位，但由于受生活经验的影响，大部分学生会认为“点燃”是燃烧的条件。此外，学生虽接触了一些需要特定条件的反应，但没能建立起反应条件与化学反应的关联性认识。因此，教学时帮助学生认识“点燃”的本质，建立“化学反应需要一定条件”的观点是本课的重难点内容。明确这些，教学时就可从学生熟悉的燃烧现象及有关物质在氧气中燃烧等反应入手，引导学生认识化学反应中的物质变化与能量变化，感知“点燃”的本质是提供热量使可燃物温度达到着火点等。

2. 学生的学科思维特点与水平

不同阶段的学生具有不同的思维特点，而且随着学习的深入，对学生的化学思维水平提出的要求越来越高。化学学科核心素养的培育，正是基于化学学习的需要，分阶段培育与提升学生的思维水平。因此，化学教学时，应基于学生的年龄特征及化学学习的阶段要求，准确诊断学生的思维特点与水平，并根据化学教学的需求，采取有效的手段，促进学生思维的发展。

在学习第4章之前，学生已通过空气中氧气含量、水的组成、物质化学式含义等的学习，初步感知定量研究对物质组成认识等的意义，但缺乏定量研究物质组成与变化的理性思维，更没有建立“宏观—微观—符号”认识物质、研究物质的三重表征学科思维，而这些方面正是“宏微结合”“变化平衡”等学科核心素养培育的关键。为此，第4章教学时，要结合模型、动画等直观教学手段，帮助学生建立起化学反应的本质、化学反应的规律、化学方程式的意义等认识，建立起化学反应质量守恒（宏观表征）、化学反应本质（微观表征）、化学方程式（符号表征）间的关联，从而培育学生“宏观—微观—符号”三重表征思维。

3. 学生的认识角度与认识思路

学科核心素养的培育，需要高度重视学生化学认识角度和认识思路的形成，以此发展学生化学学科思维方式，提升解决化学问题的能力。显然，从化学学习进阶角度看，随着化学学习的深入，化学认识视角与认识思路将不断得到建构与完善。因此，实施“素养为本”的化学教学，要分析当下学生的认识角度与认识思路水平，并找到进一步发展认识角度与认识思路的切入点，有效开展化学教学。

在学习第 4 章之前,学生主要从物质(反应物和生成物各是什么)的角度及物质是否变化的思路来认识化学反应。虽然接触了一些关于化学变化的条件、化学变化的本质(微粒重组)、化学变化的规律(元素种类不变)以及化学变化的价值(可以通过化学变化制备物质)等知识,但没有上升为物质运动变化的研究视角。显然,这样的认识角度和认识思路决定了学生对化学变化的认识水平是非常粗浅的。第 4 章的学习,以"认识化学变化"为标题,以"燃烧与灭火""质量守恒定律""化学方程式及其计算"等为内容,正是基于前面章节的学习,帮助学生多角度认识化学变化,建立较为系统的研究化学反应的认识思路。因此,该章教学应结合学生的已有知识经验,超越具体事实性知识,帮助学生建立从物质、条件、规律、本质、符号与定量等多角度认识化学反应,建构"反应物—反应条件—物质变化、能量变化、质量变化—化学反应本质与符号表征—化学反应利用"的化学反应认识思路及"宏观—微观—符号"三重表征认识化学反应的学科思维。

4. 学生学科学习的情感与态度

很多研究都表明,学生对学科的情感、对学科学习的兴趣、对学科社会价值的认识等,不仅是学科学习的结果,又是参与学习过程并对后续学习结果产生影响的重要因素。而学科学习的情感与态度,会受到学习内容难易程度、学习内容的价值理解等的影响。因此,化学教学过程应密切关注学生对待学科的情感、学科学习兴趣的变化发展等,并通过帮助学生理解学科社会价值、有效突破学习障碍等手段,重拾学习信心,认同学科学习价值,以培育正确的学科情感与态度等。

研究还表明,不少学生从开始九年级化学学习到第 3 章"物质构成的奥秘"学习结束,由于学习难度不断增大、记忆性内容不断增多、内容抽象性不断增强,对化学学习的兴趣与积极性逐步消退。因受社会负面认识(如认为环境问题、食品安全问题等是化学造成的)、教师教学不当(引入容易造成学生对化学形成负面认识的不当案例,强调实验安全问题时夸大实验危险事故等)的影响,再加上教师教学时不善于结合具体教学内容让学生充分感悟化学的社会价值,许多学生没有建立正确的化学认识,影响进一步学习的兴趣与积极性。正是因为这些原因,九年级化学前三章学习后,学生群体化学成绩出现较大的分化,这是第4章教学必须面对的问题。这就强调，教师应充分理解第4章的教学定位，在帮助学生建构认识物质变化的新角度、新思路的同时，让学生认识研究化学变化的逻辑性、相关知识的关联性，从而认识到化学知识的内在逻辑联系，解决对化学知识散而乱的认识问题；同时，指导学生立足化学条件的认识，感悟人们可通过调控条件使反应朝着预期的方向发展，理解与认同化学对促进社会和谐发展的重要价值，等等。

三、教师学情分析诊断能力的培育

学情分析诊断能力是教师立足于具体教学要求，对学生已有的知识基础、认识思维、学习情感态度及可能存在的学习障碍等方面进行分析研判的能力。显然，这一能力不可能自发形成，而是教师个体在长期教学实践中发展起来的。它有赖于教师对学生认知发展规律、认知思维特点和学科学习进阶等专业理论的认识，更离不开教师的教学研究与实践，尤其离不开与学生的互动交流、对教学实践问题的分析与反思。这就不难理解“不同类型教师的学情理解水平、学情把握诊断能力有显著差异，且新手教师的学情理解水平与诊断能力远低于专家型教师”的调查结论。实践证明：加强教育学与心理学等相关理论的学习，并以此理论为指导积极开展课堂教学与教学研究，是发展教师学情分析诊断能力的基本路径与有效策略。

（一）在理论学习中增进学情认识

1. 加强教育学、心理学等理论的学习

学生群体由于年龄、阅历基本相仿，因而他们的认知特征与情感特征总体相近。目前，教育学、心理学等研究揭示了不同年龄阶段学生的认知、情感特征。如认知特征方面，中学生大体处于形式运算的认知发展阶段，能符合逻辑地解决抽象的问题，思维更具有科学性等；但高中与初中学生抽象思维水平有差异：初中生倾向于经验型的抽象逻辑思维，而高中生则向理论型抽象思维发展。[①] 因此，加强教育学、心理学等相关理论的学习，有助于把握相应学段学生的心理发展状况、学习思维特点、认识发展水平等，有助于了解学生认知的风格类型及其在学习活动中的具体表现，从而为学情的分析与把握奠定理论基础。

---

① 毕华林，亓英丽.化学教学设计：任务、策略与实践[M].北京：北京师范大学出版社，2013:58-60

2. 加强文献研究，把握学生认知状况

学生认识状况(含认知经验、认知进阶、认知障碍等)诊断分析是学情诊断的重要内容。对学科教学而言，立足于具体内容，准确把握学生的前概念及认知障碍，是学情分析的关键，对教学设计与实施具有重要作用。目前，不少学者开展了此方面的研究，广大教师可借助文献检索技术和数据库，把握学生认知情况，提升学情分析诊断水平。

(二) 在实践中提升学情分析诊断水平

1. 在日常教学中研究学情

教学设计是教师日常最重要的工作之一，它需要教师结合教学要求和学生情况，对课堂学习活动进行规划。显然，做好这一工作对培育与发展学情分析诊断能力、把握学生水平具有重要意义。对于教学设计，确定教学出发点和教学难点是两项关键性工作。

确定教学出发点，先要分析新课学习所需的知识支撑、心向需求(即学习动机与态度)和思维支持。分析时，可用“任务分析理论”为指导，采用“逆向分析策略”来进行(如图 5-4-1)。教学实践中，教师可结合如下问题开展：①对于本课，课程标准提出哪些学习内容；②根据学习内容及学业要求，应设置哪些学习目标；③为达成目标，需要哪些知识支撑、思维支持和怎样的学习心向(学习三条件)；④从过往经验看，学生认知现状与学习三条件是否匹配；⑤如果不匹配，有何缺失或者需要怎样强化。最后，基于前面的分析，确定教学出发点。

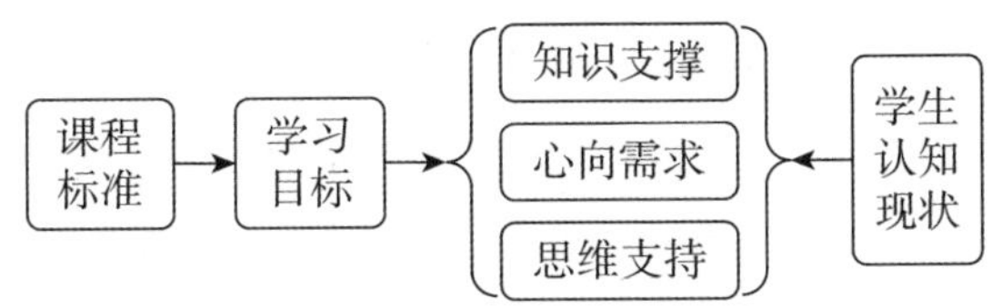

图 5-4-1 教学出发点确立的思考

对上述思考作进一步分析，还能确定教学难点，同时建构突破难点的教学策略。分析思考如下：①学生认知现状与三个学习条件存在哪些方面的不匹配；②不匹配的条件将对哪些内容学习产生影响；③由于学生认识的缺陷，将对哪些内容的学习产生重要的阻碍作用，④教学时，该为学生学习提供怎样的条件以降低或消除学生认知缺陷对学习的阻碍作用，等等。这样的分析思考，不仅明确教学难点并知道其成因(问题③),而且提出了突破难点的教学对策(问题④)。

2. 在教学观摩中诊断学情

教学观摩评议教研活动对培育教师的学情分析诊断能力具有极为重要的价值。课堂学习过程是学生围绕教师预设的学习活动达成学习目标的过程,而教师预设的学习活动是根据自己对学习目标的理解和学生情况的把握等来设计规划的(如图 5-4-2)。适合学情的教学,应确保教学目标、学生情况、学习活动三者一致或高度匹配。因此,可通过"'目标—活动—学情'的一致性"分析来提升学情分析诊断水平。

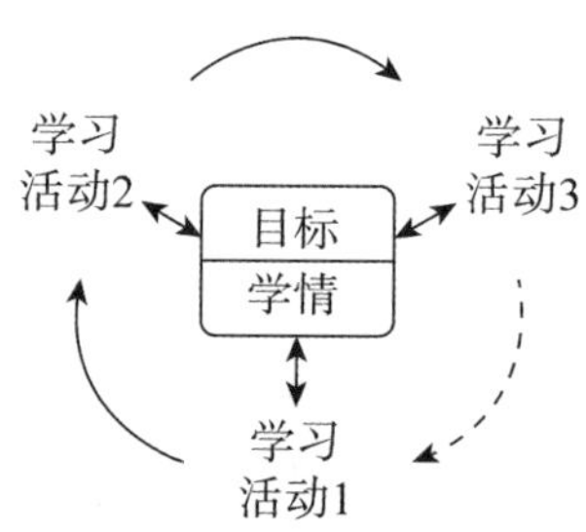

图 5-4-2　学习活动的设置与规划

活动前,要求执教教师对学情、教学目标与学习活动三者的关系进行分析,即让执教教师介绍对如下问题的思考:本课学习之前,学生的认知情况如何?前述学情预判依据何在?基于学情预判和课程标准要求,确定怎样的学习目标?达成相应目标应设置怎样的学习活动?各学习活动期望学生有怎样的表现?……观课教师结合情况介绍,立足自己的学情分析判断,对执教教师的学情分析及教学设计中"目标—活动—学情"三者匹配性进行深入的对比与分析,并建立起自己的初步评判。

观摩时,开展"活动—活动表现—目标"相关性观察。具体操作为:结合课堂教学进程,观察、思考如下问题:教师在怎样的情境下安排怎样的学习活动?学生活动表现如何,与课前预期是否一致?不一致的表现体现了教师在学情把握上存在怎样的缺失?……此外,还可结合课堂生成与教学活动调整来进一步监控教师对学情的动态分析把握。观察思考路径为:表现不一致时,教师教学作了哪些调整?这一调整体现了教师对学情产生了怎样的新认识?基于新的教学安排，学生课堂表现有怎样的改进？若学生表现未得到改进，又反映了教师在学情把握上存在哪些偏差？……

评议时，结合课堂观察结果（尤其是反映学情把握不准确的结果），和参与活动的教师一起交流研讨，从而进一步诊断梳理学情、提出教学改进策略。如果能够更进一步，对课后评议研讨情况进行总结，形成案例研究类文章（可按“课堂教学现象描述”“‘目标—活动—学情’的一致性分析”“教师学情把握缺失揭示”及“问题解决对策与教学建议”等方面的先后线索来组织），不仅有利于资料积累，还有利于学情分析诊断活动经验与策略的系统总结，从而更好地提升教师的学情分析诊断能力。

5-5 课堂教学监控能力培育

“素养为本”教学的主要目的，是教师基于自身的课程与教学理解，通过设置教与学活动方案并在课堂中实施，从而培育与发展学生的学科核心素养。教学方案是否合理、如何结合课堂教学生成情况对教学方案进行调整以达成学科核心素养培育的目标，需要教师对教学全过程开展相应的监控诊断活动。这就要求教师提高教学监控诊断水平与能力，从而提升教学质量。

一、教学监控及其功能

1. 教学监控

课堂教学是一个极其复杂的系统，系统中存在着人(教师与学生)、物(教学媒介)和环境(教学环境)等要素。教学时，要素间的相互联系与作用，其结果决定了课堂教学的质量与效益。要切实提高课堂教学质量与效益，就要求教学过程中不断地对系统要素间的联系与作用进行有目的的监控，使得教与学活动有目的、有计划地开展，最终实现预期教学目标。因此，课堂教学监控是课堂教学管理的重要环节，是提升课堂教学质量与效益的重要手段。

所谓“监控”，是指在一定目标、计划或原则指导下，为消除现实状况与预期目标之间的差异而采取的操作与管理措施。对于课堂教学，“监控”在于达成预期的教学目标，因此教学目标成为监控课堂“教”与“学”行为有效性的标准。因此，课堂教学监控可理解为：在课堂教学过程中，为达成预期的教学目标，通过对作用于课堂“教”与“学”行为的时间与空间、内容与对象、方式及要求等进行积极主动的计划、检查、评价、反馈、控制与调整，从而使“教”与“学”行为朝着预期的方向进行并最终达成课堂教学目标。

2. 教学监控的功能价值

林崇德指出：课堂教学活动作为一种认知活动，教师脑袋里内隐着一个监控教学活动的思维结构。这一监控思维结构，对教与学认知活动起着定向、控制和调节的作用。正因为教学监控在课堂教学过程中发挥这些作用，教师才能基于课堂教学中教与学的状况及时发现问题，并根据教学目标要求和学生实际情况合理调整教学规划与教学策略，减少教学活动的盲目性，增强教学活动的针对性，从而提高课堂教学效果。因此，教学监控具有如下主要功能：(1)保障性功能。这是课堂教学监控最基本的功能。体现为课堂教学监控活动在于发现教学问题、调控教学行为，从而保证课堂教学活动顺利进行。(2)研究性功能。此功能意味着教师通过对学生学习行为与结果的监控并开展学习行为与结果关系的研究，从而深化对学习规律的认识，积累解决教学问题的经验。(3)发展性功能。即教师通过对课堂教学的精准监控、对教学活动的有效调节，从而为学生持续有效学习创造条件，提升教学效果。这是课堂教学监控的最终目的和最重要功能。①

二、课堂教学监控的内容与行动机制

1. 课堂教学监控的内容

课堂教学监控把课堂教学活动作为意识对象。课堂教学活动包含教与学活动的目标与要求、内容与载体、时间与空间、方式与频度、质量与效率等多个方面，这些方面具有紧密的逻辑关系——教与学活动的内容与载体、时间与空间、方式与频度受制于教与学活动的目标与要求，决定了教与学活动的质量与效率等。因此，课堂教学监控，将立足于教与学活动的目标与要求(对应为教学规划时确立的活动目标)以及教与学活动的质量与效率(真实结果)两者的一致性，以此来监控教学规划中教与学活动的内容与载体、时间与空间、方式与频度的有效性和适切性以及教与学目标的达成度等，并基于存在的问题对教与学活动进行调整或重置，以通过调整或重置教与学活动来达成活动预期目标(如图5-5-1)。

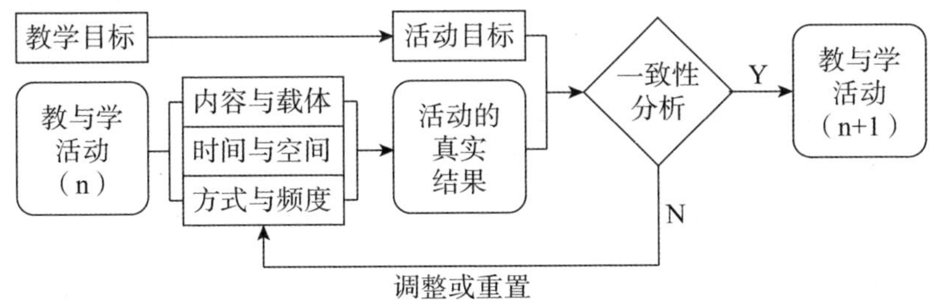

图5-5-1　课堂教学监控流程与内容

① 吴晓义.发展性教学监控的理论研究[J].教育理论与实践，2008(07)：53-54

2. 课堂教学监控的运作机制

根据美国心理学家弗拉维尔的“元认知”理论，课堂教学监控属于“元认知监控”，是教师个体在教学活动中，自觉、积极地对自己组织开展的教与学活动进行监视、控制和调节。[①] 教学监控运作机制如图 5-5-2 所示。

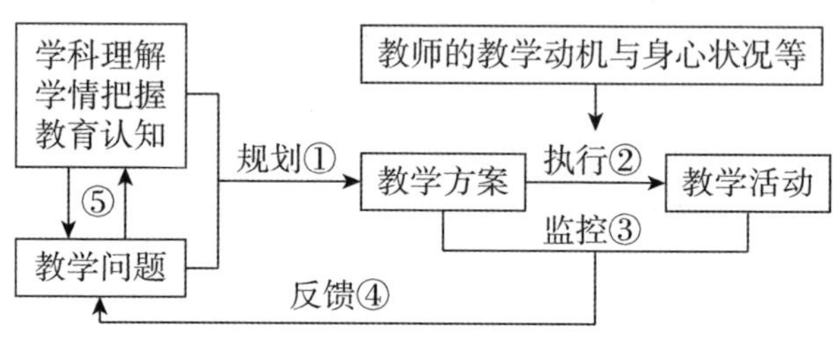

图 5-5-2　教师教学监控运作机制

由图可知，教学监控运作主要包括三个过程：(1)计划与预期。即教学设计时，教师先立足于自身的教学素养(包含学科理解、学情把握与教育认知)和本课教学需要解决的任务与要求，制定教学目标，规划教学方案(①)。(2)执行与监控。在确定教学目标与任务、规划教学方案的基础上，组织开展课堂教与学活动(②)，并对教学活动进程及结果进行监控(③)。(3)反馈与重构。基于教学监控获取的课堂教与学活动状况，发现并反馈当下活动存在的问题(④)，在此基础上，迅速调用教学经验、重构解决问题的方案(①)、组织教学活动(②)并开始新一轮监控。

显然，课堂教学监控作用的有效发挥，不仅受到教师教学素养(包含学科理解、学情把握与教育认知)的影响(影响教学规划或基于监控后的教学重规划)，而且受到教师的教学动机、身心状况等的影响(影响教学监控的主动性、积极性和敏锐性)。要提升监控作用的效果，必须提升教学专业素养、激发教学动机。

三、在教学监控诊断活动中提升教学监控水平

教学监控能力和其他教学关键能力一样，是教师在教学实践过程中发展起来的。培育与提升教师的教学监控能力，显然离不开教学监控理论性知识的指导(包括教学监控理论、教学监控方法及教学监控策略等)，但更为重要的是结合自己或他人的课堂教学，开展教学监控诊断活动，以分析自己或他人的教学

---

① 苗怀仪.高中化学教师教学监控能力的分析与培养策略[D].东北师范大学，2008:4

监控行为与能力，从而总结经验、提升监控水平。

教学监控诊断活动是根据教学监控流程与内容及其运作机制，对执教者课堂教学中教学监控的及时性与准确性、对教与学活动调整或重组的针对性以及促进教学目标达成的有效性等作出分析，从而评判教师教学计划与准备、反馈与评价、控制与调节和课后反省等监控情况，并对教学监控中存在的问题及其成因进行剖析的教学研究活动。显然，这样的教学研究活动，有助于提升授课者和诊断活动参与者的教学诊断能力。

1. 针对自己教学监控开展的诊断活动

对于自己教学监控的诊断活动，侧重在课后开展基于教学监控的反思。反思时，可结合如下反思清单，仔细分析自己教学监控开展情况。

1. 教学规划的监控：(1)学生学习过程中可能会在哪些环节或内容上存在障碍？障碍的类型和成因如何？(2)根据障碍类型与成因，采用怎样的方法与途径来监控学生是否存在相应的障碍？(3)如果学生确实存在学习障碍，我将如何调整教学规划以适应学生学习需求？(4)基于教学规划的调整，怎样监控调整实施后的教学效果？

2. 教学执行的监控：(1)课前预设的学习障碍是否在课堂教学中真实发生？(2)根据课前的教学调控预设，调整后的教学是否有效？如果没有，我是如何进一步调整的？(3)除教学规划时的预设外，课堂上还观察到哪些“异常”现象？这些“异常”现象的成因何在？我是如何根据成因调整教学的？是否取得预期的教学效果？(4)对于课堂出现的某些“异常”现象，是否存在无法判断其成因的现象？这对我的教学产生怎样的影响？

3. 教学监控的监控：(1)基于本课的教学监控活动，哪些经验值得总结提炼，哪些问题需要分析反思？(2)对于课堂无法解决的“异常”问题，教学后我是否找到了成因及解决对策？(3)基于学生作业完成情况(尤其是存在的问题)，对课堂教学监控有怎样的启示？(4)若让我重新开展本课的教学，我的教学监控活动将怎样改进(或重设计)？

此外，还可结合课后作业的批改，诊断教学目标达成情况，反思学生学习存在的问题，进而反思自己的课堂教学为何未能很好地监控与发现等。教师若能开展这些方面的教学监控反思，对于发展与提升自己的教学监控能力从而提升教学监控诊断水平也大有助益。

2. 基于观课议课活动的教学监控诊断活动

此类诊断活动，将以观察、测量、评价等为手段，基于课堂教学监控的真实开展情况和诊断者的教学素养，对教师的课堂教学监控能力与水平作出分析与评判。

（1）教学监控的诊断流程与内容

结合前述"课堂教学监控流程与内容"，提出如图 5－5－3 所示的诊断操作流程与要素：

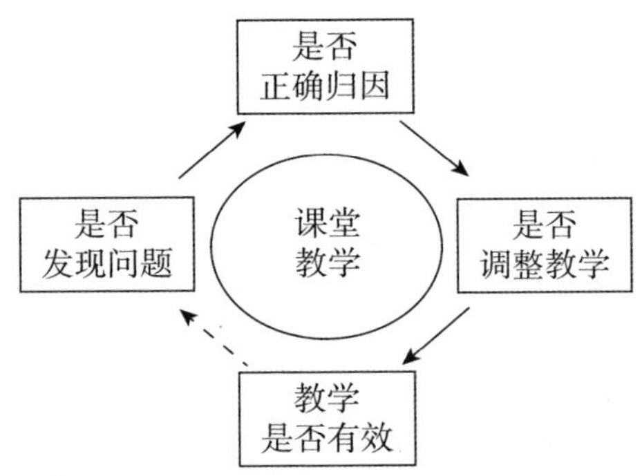

图 5－5－3　教学监控诊断操作流程与要素

① 诊断教师"是否发现问题"。

课堂教学监控的核心在于发现教学问题、改进教学活动以提升教学效果。因此，诊断教师课堂教学监控的关键是教师能否根据课堂教学活动的真实情况，准确捕捉到教学存在的问题。

② 诊断教师"是否正确归因"。

在捕捉到教学问题的基础上，还需要分析教师能否科学、准确地对存在的问题进行归因，即思考问题出现的原因——是教的问题还是学的问题。显然，问题归因诊断是教学监控诊断的一个核心工作。

在初步判断是教师的教还是学生的学的问题（或者两个方面都存在问题）的基础上，还需进一步深入分析具体的原因。对于教，是否因为目标要求不合适、任务指向不到位、组织呈现不恰当、教学指导有瑕疵等；对于学，是否因为知能储备不到位、行为参与不主动、认知参与不到位、情感参与有欠缺等。

当然，对于课堂教学监控的即时诊断，往往无法直接对教师"是否对问题正确归因”进行诊断。但是，诊断活动时，可以结合教师对教学方式的调整情况来进行分析。因为，教师对教学活动的重组与调整，是基于对问题归因而进行的。对于一些缺乏教学经验的年轻教师，也可能并未对问题进行归因便直接调整自己的教学行为。对于这个方面，可结合教学后的访谈来进一步深入诊断。

③ 诊断教师“是否调整教学”。

从实践操作来看，教师意识到问题存在时会有两种不同的表现：一是漠视教学问题的存在，二是根据问题调整自己的教学。对于第一种表现，核心原因在于教师未能找到问题的归因，因而不知道该怎样调整自己的教学；对于第二种表现，也有两种情况——一是没有找到问题的归因，但既然教学出现了问题，便被动地调整自己的教学；二是能够找出问题的归因，并能根据问题的原因有针对性地调整教学。

在开展教学监控诊断的时候，很关键的一点是要正确研判教师教学行为转变是否有归因以及归因与教学调整的相关性如何。高水平的教学监控，教学行为的调整一定是与教学归因高度一致的。准确开展这方面的诊断，对探索总结教学规律、促进教师专业发展有非常重要的意义。

④ 诊断“教学是否有效”。

最后，还需对调整后的教学进行观察，确定经调整后的教学是否有效，毕竟教学监控的目标在于改进课堂教学、提升课堂效率。

一般情况而言，只要能对发现的问题进行正确归因并根据问题归因重置教学活动，教学是能够取得好的效果的。但是，教学毕竟是一个复杂的系统，教学问题的成因往往是复杂的、多样化的，在课堂教学即时环境下，教师对教学问题的归因往往只会关注一两个方面，并针对这一两个方面的归因进行教学调整或重组，重组后的教学并不一定能取得显著的效果。

教学监控诊断时，就要围绕不良或不佳的教学效果，重新审视教学问题及对问题进行多方面的分析归因，从而破解有问题、有归因、有教学调整但教学效果不佳的问题。这样的诊断，往往涉及教学问题的内核，对促进教师专业发展、提升教学质量具有关键性的意义。

需要指出的是，对问题的归因、问题归因与教学行为调整之间的关系是内隐的，而教学问题的发现、教学行为的改进与改进后的教学效果是外显的。这就要求在教学诊断时，应立足于是否发现问题、教学行为改进与教学效果的优劣来判断教师教学监控的内核——是否有效对问题进行归因、是否根据问题归因来重组教学，从而诊断教师教学监控的能力与水平。

（2）诊断活动工具的开发

为更好地开展观课议课的教学监控诊断活动，开展教研活动时，最好能够提供一种有利于观察、记录以及后续研讨的教研工具。根据图 5－5－3 所示的课堂教学监控操作流程及相关要素，可利用如表 5－5－1 所示的表格作现场记录与分析。

表 5－5－1　课堂教学监控活动现场记录与分析诊断表

<table>
<tr><td>记录项目</td><td>课堂教学
“异常”状况</td><td>预判问题
的及时性</td><td>教学活动
的改进</td><td>教学改进
的效果</td></tr>
<tr><td>主要内容</td><td></td><td></td><td></td><td></td></tr>
<tr><td>监控情况
分析诊断</td><td colspan="4">1. 预判的问题及其合理性分析：________________。
2. 问题归因及其合理性分析：________________。
3. 问题归因与教学改进、教学效果一致性分析：________________。
4. 其他分析：________________。</td></tr>
<tr><td>结论与建议</td><td colspan="4"></td></tr>
</table>

此外，课堂教学现状的观察与诊断，是诊断者立足于自己的观察和个体经验，对教师课堂教学监控情况作出的主观性的分析判断。由于是诊断者的主观分析判断，可能与真实情况存在差异，为此，还应借鉴表 5－5－2 对执教者进行访谈，以了解执教者的观点与想法，有可能的话还应该对学习者进行访谈。

表 5－5－2 课堂教学监控访谈提纲与结果记录

访谈问题	访谈者回答
1. 请紧扣本课教学中印象最深的监控活动，谈谈如下问题： ① 你是根据什么“异常”现象来判断教学出现问题的？ ② 对于出现的问题，你认为问题的成因何在？ ③ 基于问题成因，你提出了怎样的对策？ ④ 根据问题对策，你对教学活动作了怎样的调整？ ⑤ 教学调整后，达成目标了吗？判断的依据何在？ 2. 对于本课教学，你有没有感觉到出现“异常”现象但无法判断教学究竟出现了什么问题，或者明白出现的问题但不知道问题成因及(或)解决问题的对策？ 3. 教学中，我还观察到你可能未关注到的一些“异常”现象。下面是我对这些“异常”的研判及改进意见，你如何看待？ ……	

（3）集体交流研讨

基于课堂现场观察和课后访谈，诊断者将对教师课堂教学监控获得较为充足的事实依据。在此基础上，诊断者进一步归纳、整理与提炼，形成较为完整的诊断报告。然后，参与诊断活动的全体教师汇报自己的诊断报告，并开展集体交流研讨，从而形成对教学监控诊断的共识，完成最终的教学诊断监控报告。

5－6　培育与提升教师的课程意识

课程意识是教师的专业意识，其本质是教师的课程观，是教师基于课程理论学习和课程实践经验建立起来的对于课程的理解、看法、观点和态度。课程意识是教师对课程问题的系统性认识。学科教学是课程实践的重要组成和关键活动，教师的教学行动理念必将受到课程意识的制约。

研究表明，由于受“课程即知识”传统观念的影响，目前广大中小学教师的课程意识处于“迷失状态”①。具体表现为：绝大部分教师站在学科知识本位的立场看待课程、实施教学，导致学科教学的结果让学生记住了大量事实性知识，而学科素养没能得到应有的培育与发展。为适应课程改革的需要，有必要指导教师建立正确的课程观、培育正确的课程意识，以此指导开展“素养为本”的教学，从而实现培育学生学科核心素养的课程目标。

一、准确理解课程意识

1. 课程意识的内涵

近年来，不少学者开展了关于“课程意识”的研究。由于不同学者研究视角各不相同，因此在“课程意识”概念的表述上有很大的差异。但只要系统地加以梳理，便能发现不同的概念均包含“课程系统的基本认识”及“课程实践的自觉行为”两个核心方面，认为课程意识反映了教师对课程系统相关要素的基本理解，决定了教师课程行为的相关取向。如余文森指出：“教师的课程意识指的是教师对课程意义的理解、对课程本质的把握，以及对课程价值的定位，从而将其内化于自我意识系统之中并现实性地指导自我课程实施（包括课程计划、规划、实施等）的课程哲学。”②

基于此，可将化学教师的课程意识理解为：化学教师立足于基础教育课程理

① 沈建明.教师的课程意识与专业成长[M].杭州：浙江大学出版社，2009：7

② 余文森.核心素养导向的课堂教学[M].上海：上海教育出版社，2017：125

念、化学课程性质与目标的认识以及化学教育教学实践活动等建构起来的化学课程的系统性认识，并运用系统性认识指导化学教育教学实践与反思等相关问题的自觉程度。其内涵主要包括两个方面：①化学教师课程意识是对化学课程系统的整体性认识（如对化学科学的本质、课程性质、课程目标、课程结构等的理解），其核心是教师的化学课程观；②化学教师课程意识作为教师处理化学教育教学问题时有目的、有组织的自觉和能动反映，将在化学教育教学活动中得到体现。

2. 课程意识的构成要素及其关系

课程意识反映了教师对课程的系统性认识，并对课程实践活动发挥指导作用。而教学活动作为课程实践的重要活动，其行动理念反映着教师的课程意识。为更好地理解课程意识，在综合考虑课程的基本要素（课程目标、课程内容、课程组成与课程评价）和教学实施需要思考的关键内容基础上，我们认为课程意识应包含"主体意识"（教师对课程系统中师生地位与作用的理解）、"目标意识"（教师对课程目标的定位与其功能的把握）、"资源意识"（教师对课程资源的种类、开发及功能价值的认识）、"过程意识"（教师对教学本质与条件、教学行为及其意义所持的观点）和"评价意识"（教师对评价功能定位及组织实施的看法）五个基本要素。[①] 显然，课程意识的五个要素是相互联系的，五个要素统一于教师的教学行动理念，反映在教师的教学行动之中。结合五个要素的基本内涵，我们提出如图 5－6－1 所示的要素间关系。

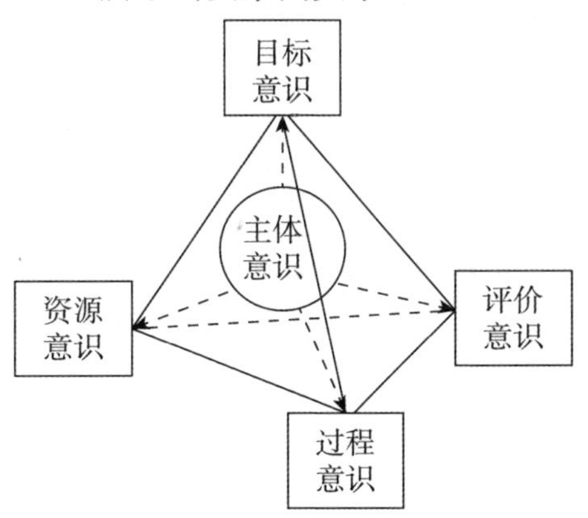

图 5－6－1　课程意识要素及其关系

① 杨梓生，吴菊华.中学化学教师专业发展的十二堂必修课[M].上海：上海教育出版社，2015：217－218

(1) 主体意识是教师课程意识的核心

美国学者古德莱德按层次将课程划分为意识形态课程、正式的课程、领悟的课程、运作的课程和经验的课程等五种类型。根据这一课程分类理论,课程实践活动的本质就是要将正式的课程转化为学生经验的课程。这一课程类型的转化,需要教师以积极的姿态和课程开发者的身份来领悟与运作课程,需要教师充分发挥学生在课程转化过程中的地位和作用。无疑,教师的"主体意识",影响乃至决定了教师对课程的理解、对学生在课程运作中作用的认识,以及课程运作中开展的所有活动,包括目标制定、资源开发、过程优化以及评价实施等,因而它是教师课程意识的核心。

(2) 目标意识是教师课程意识的关键

课程实施以达成课程目标为最终目标。因此,课程实施过程中的教学资源开发、教学策略选择是为教学目标的达成服务的。而教学评价虽是为检测教学目标的达成程度,但其价值在于利用评价结果更好地服务于教学目标的达成。所以,教师如何理解意识形态的课程及正式的课程从而制定怎样的课程目标,将决定着教师在课程实施中选择与开发怎样的教学资源、安排怎样的教学过程以及如何利用评价结果促进(改进)教学。因而,教师的目标意识决定了教师的资源意识、过程意识与评价意识,即教师的目标意识是教师课程意识建构的关键。只有建构起科学、准确的目标意识,才能发展其他方面的课程意识。显然,立足于课程改革的需求,教师应将培育与发展学生学科核心素养作为课程运作的最高追求。

(3) 评价意识、资源意识和过程意识是教师课程意识的外在表征

教师在课程研究与理解过程中,教师的主体意识、目标意识得到形成与强化,并逐步作为指导教学实施的核心观念。开发课程(教学)资源、实施教学过程与开展教学评价等教学活动将在这一核心观念指导下得以不断地推进,使得课程与教学目标有效落实。因而,评价意识、资源意识和过程意识是教师课程意识的能动反映。当然,教学活动是一项十分复杂的实践活动,仅有行动理念指导是不够的,它需要在观念的指导下,开展"精耕细作"的活动。这一"精耕细作",不仅是资源意识、过程意识、评价意识丰富、完善的过程,还是检验、评价主体意识、目标意识的过程。因而,教师通过教学设计与实践活动,在形成与培育资源意识、过程意识与评价意识的同时,将这些意识与主体意识、目标意识统整

起来，从而促进教师课程意识系统化、整合化与科学化。

二、教师课程意识的培育与提升

根据前述分析可知，“素养为本”的教学需要建立与之相匹配的教师课程意识。然而，课程意识不是自发产生的，而是教师基于课程与知识、课程与教学关系的理解并经历“实践—认识—再实践—再认识”的过程发展与丰富起来的。研究发现：“对教师课程意识影响因素进行分析是一个比较复杂的过程”，教师的内部条件（如学历、教学经历、自觉的反思意识等）及外部条件（所处学校的教师培训、课程制度、评价制度）等能影响教师的课程意识。因此强调：教师课程意识的培育，不仅要关注教师个体的教学观念、教学研究与教学实践反思，还需要学校创造适宜教师课程意识培育的课程管理、教学研究、研修培训等相关制度。以下侧重从教师自身的角度来加以论述。

（一）切实转变课程观

“课程意识的形成，是建立在自觉的有意识的观念转变基础之上的。合理的课程观对教师的课程意识、教育行为起着指导思想的作用……只有课程观念发生了合理的转变，才可能生成合理的课程意识。”[①]因此，教师正确的课程意识的培育与提升，首先要切实转变并建构科学的课程观。

1. 自觉加强课程论、教学论等相关教育教学理论学习

研究者指出：“良好的课程知识结构是生成课程意识的重要基础。教师应加强理论学习，掌握理念、课程目的、课程内容、课程实施等方面的课程知识，建构自己的课程结构。”[②]系统的教育教学理论学习，特别强调教师应正确理解课程与知识、课程与教学的关系，并建立如下认识：“课程即知识”属于片面的课程认识，课程的学习是让学生体验各种各样的经历并将学科知识、师生个体经验以及活动体验等转化为自己的认识，从而掌握知识、训练方法、培育情感、建立学科价值观等；教师应扭转传统的教学观，认识到教学不只是对既定课程的执行与传递，更是对课程的创生与开发。师生不是游离于课程之外，而是课程的组成部分，是课程的开发与建设者。[③]

---

① 郭元祥.教师的课程意识及其生成[J].教育研究，2003(06)：37－38

② 王长江等.课程意识的含义、价值与生成[J].现代教育论丛，2007(02)：12

③ 余文森.核心素养导向的课堂教学[M].上海：上海教育出版社，2017：126－128

2. 建构符合课程观的课程意识

前已指出，教师课程意识包含“主体意识”“目标意识”“资源意识”“过程意识”“评价意识”等五个方面。根据前述关于课程与知识、课程与教学的分析，教师应建立起如下的课程意识：课程不只是知识的载体，更是教师和学生共同探求新知的过程；教师和学生均是课程的创造者和主体，教师和学生的经验是课程的重要组成内容；教师是课程开发的开拓者、课程实施的组织者，学生在课程学习与内化过程中发展主体作用；课程目标不仅要让学生掌握学科知识，同时还应训练思维、提升能力、培育个性品质、建立价值观念等；课程资源的开发与利用应以教学目标为指导，应紧贴学生的认识水平，并为学生学科核心素养的培育与发展服务；必须开展“素养为本”的教学而不是“知识为本”的教学，注重创设富有学科特征的多样化的学习活动，引导学生积极参与、自主建构；树立“评价促发展”的理念，注重“教、学、评”一体化实施，突出诊断学生的认识角度与认识思路发展状况及素养发展水平，并根据教学诊断改进教学、促进学生发展。

（二）培育与提升反思性实践能力

“教师的反思性教育实践能力是课程意识生成的基础。反思是一种自觉的行为，是自我建构教育理念的过程……通过自觉反思，课程意识将得以逐步明确。”①为何强调反思？这是因为课程意识对教师的教学行为起着定向、指导、调控等重要作用。教师的教学行为折射出教师的课程意识，通过反思自己的教学行为所折射的教学意识和课程理解，可为课程意识的培育奠定基础。那么，教学实践中教师应如何进行深度教学反思，从而有效培育、激发并提升自己的课程意识?

在本章前几节，分解谈到了教师的教育认知、学情诊断、学科理解、教学监控等教学关键能力，并在第4章分析了教学情境素材开发利用与教学评价设计等方面的内容。实际上，这些是教师课程意识五个构成要素的具体反映。为此，我们认为教师深入开展“教育认知”“学科理解”“学情把握”“资源开发”及

---

① 郭元祥.教师的课程意识及其生成[J].教育研究，2003(06)：37－38

“评价应用”等五个方面的反思，将有利于教师课程意识的培育与提升。[①] 具体分析如下：

1. 对“教育认知”的反思

“教育认识”属于教师头脑中的专业思想与理念，是教学行动的指南，体现了教师对教学本质、学习条件、教学结果等的认识，是“主体意识”和“过程意识”的主要体现。实际操作中，执教者可以下述问题为抓手，结合自己的教学进行反思：

① 为达成素养培育的目标，教学应设置怎样的典型教学活动？

② 创设怎样的情境、使用怎样的策略来驱动教与学活动的开展？

③ 教学活动中，教师主导、学生主体及师生互动是如何体现与发挥的？

④ 教学实践中，教学活动是否达成了预期的学习目标？

⑤ 这些教学活动体现了自己怎样的“师生观”“教学观”等教学理念？

⑥ 后续教学时，教学行动可怎样改进和优化？依据何在？……

2. 对“学科理解”的反思

“学科理解”不仅反映教师对学科知识内容的认识，还包括对学科性质、结构、思维方式以及学科在文化和社会中存在意义等的认识，是“目标意识”的集中反映。反思时，教师可结合下述问题对自己的课堂教学进行反思：

① 从所教学科的整体角度，本课内容对学生的认识发展具有怎样的价值？

② 本课时包含哪些核心内容？各内容按照怎样的逻辑来组织？

③ 本课内容与前后章节有怎样的关联？如何体现承上启下的作用？

④ 本课的学习，将促进学生的认知角度、认识思路得到怎样的发展？

⑤ 根据教学内容承载的价值，制定怎样的目标来指引学生的多元发展？

⑥ 根据本课核心知识特点及教学目标要求，应选择怎样的教学策略？……

3. 对“学情把握”的反思

“学情把握”是指教师对学生整体情况（包括学生拥有的学习前经验、认识水平与思维方式等）的理解与把握，它对教学起点确立、教学目标制定与教学活动规划产生影响。“学情把握”也是教师“主体意识”“资源意识”的重要体现，教

① 杨梓生，吴菊华.中学化学教师专业发展的十二堂必修课[M].上海：上海教育出版社，2015：225－232

学反思需要关注的主要问题包含如下方面：

① 学习本课时，学习者已经具备怎样的学科认识与素养发展水平？

② 学生知识经验可作为怎样的教学资源，在教学中如何加以利用？

③ 教学起点的设置如何体现学生已有认识经验？

④ 教学目标如何根据学生可能达到的发展水平来设置？

⑤ 教学问题设置、问题解决方式及教学活动安排是否符合学生整体水平？

⑥ 如何根据不同学生的需求，设置多样化、有层次的学习要求？……

4. 对"资源开发"的反思

"资源开发"体现了教师对教学资源的种类与功能、教学资源的开发与利用等方面的认识、实践与思考，是"资源意识"的主要体现。在具体的课例反思活动中，执教者可围绕下列问题来深入展开：

① 教材作为最重要的课程资源，对学生认识角度与认识思路的建构、丰富与发展起到怎样的作用？

② 如何根据优化教学、促进学生发展的需要，对教材进行加工处理？

③ 如何根据教学要求和学生实际，把知识的学习转化为学生的问题解决活动？

④ 如何根据课堂教学中教师、学生与教学媒介间的互动情境而获取课堂教学生成性资源并加以利用？

⑤ 教学设计时，除教材外，开发了哪些课程资源并如何加以利用，从而为课程价值的实现、学生的发展提供保障？……

5. 对"评价诊断"的反思

"评价诊断"表现为教师采用怎样的理念来指导评价，如何结合教学目标要求和学生实际来实施教学评价以及如何运用评价结果来指导、调控自己的教学行为等方面，是"评价意识"的具体反映。可结合下述提纲开展"评价诊断"的反思：

① 我是怎样看待教学评价的？

② 教学中，我是如何发挥评价的诊断与激励、评价的教育与发展功能的？为达成这样的功能，分别采用了怎样的评价方式？这些评价方式是否很好地落实了这些功能？

③ 我是怎样根据课堂教学目标来改进教学行为和调控教学过程的？

④ 课堂教学中，我是如何通过教学起始时的诊断性评价、教学过程中的形成性评价、教学结束后的终结性评价来评价学生通过学习取得怎样的发展，并以此来激发学生学习动机和热情、了解学生课堂教学需求、发现和拓展学生多方面潜能的？

⑤ 我是根据怎样的事实证据来评判：通过本课教学，学生的认识角度、认识思路得到应有的发展与完善、学生的学科核心素养得到应有的培育与发展？

实践证明，教师若能在教学过程中不断地从上述五个方面自觉地反思自己的课程行为，不仅能很好地丰富自己的理论素养、发展自己的教学意识、提升自己的教学智慧，而且能很好地建立起课程实施过程中的主体意识、目标意识、资源意识、过程意识和评价意识，增强对课程意识的敏感性和自觉性的程度，从而使教师的课程意识从“迷失状态”向“正确状态”发展，并使“正确状态”的课程意识向课程行为转化，实现在促进自己专业发展的同时，有效培育与发展学生的学科核心素养。

主要参考文献

1. 林崇德.21世纪学生发展核心素养研究[M].北京：北京师范大学出版社，2016

2. 中华人民共和国教育部.普通高中化学课程标准（2017年版）[M].北京：人民教育出版社，2018

3. 中华人民共和国教育部.义务教育化学课程标准（2011年版）[M].北京：北京师范大学出版社，2012

4. 房喻，徐端钧.普通高中化学课程标准（2017年版）解读[M].北京：高等教育出版社，2018

5. 余文森.核心素养导向的课堂教学[M].上海：上海教育出版社，2017

6. 王云生.课堂转型与学科核心素养培养——中学化学课堂教学改革探索[M].上海：上海教育出版社，2016

7. 毕华林，亓英丽.化学教学设计——任务、策略与实践[M].北京：北京师范大学出版社，2013

8. 王磊等.基于学生核心素养的学科能力研究[M].北京：北京师范大学出版社，2017

9. 梁永平.化学科学理解的基本视角及其核心观念[J].化学教育，2011(06)

10. 吴星.对高中化学核心素养的认识[J].化学教学，2017(05)

11. 杨梓生，吴菊华.促进学生认知发展的化学概念教学——以高中必修化学"电解"教学为例[J].福建基础教育研究，2017(02)

12. 梁永平.论化学教师的课程知识及其发展[J].化学教育，2012(06)

13. 宋玥，王磊.促进认知发展的化学平衡教学设计研究[J].化学教育，2016(15)

14. 杨启宁，杨梓生.基于概念转变的教学设计——以“盐类的水解”(第一课时)为例[J].化学教与学，2015(02)

15. 杨梓生，吴菊华.以化学史料为课程资源促进学生科学本质的理解——以“质量守恒定律”教学设计为例[J].化学教与学，2015(03)

16. 杨梓生.在课例反思中提升课程意识[J].福建教育，2014(23)

17. 姜言霞等.元素化合物知识的教学价值分析及教学策略研究[J].课程·教材·教法，2012(09)

18. 陈颖等.高中化学项目教学案例——探秘神奇的医用胶[J].化学教育，2018(19)

19. 王伟，王后雄.《普通高中化学课程标准(2017 年版)》中“情境素材建议”内容特点及使用建议[J].化学教学，2018(10)

20. 杨梓生等.对“科学态度与社会责任”素养及教学培育的认识[J].化学教与学，2019(08)

21. 吴菊华，杨梓生.化学知识培育学科核心素养的价值分析——以“常见无机物及其应用”课程内容为例[J].福建教育，2019(10)

22. 杨梓生，吴菊华.高中必修化学核心概念对培育学科核心素养的价值分析——基于化学认识要求的视角[J].中学化学教学参考，2019(03)

23. 杨梓生，吴菊华.“化学键”对培育化学核心素养的价值分析[J]，中学化学教学参考，2018(09)

24. 杨梓生，吴菊华.教学监控及其诊断能力的培育——以化学实验教学活动的开展为例[J].福建教育，2018(07)

25. 杨梓生，吴菊华.学生素养发展视野下的“假说—演绎推理”概念学习——以高中必修化学“离子反应”教学为例[J].福建基础教育研究，2017(11)

26. 吴菊华，杨梓生.教学执行诊断能力如何培养[J].福建教育，2017(37)

27. 杨梓生，吴菊华.高中必修化学“离子方程式”教学：现状、策略与案例分析[J].化学教学，2017(08)

28. 杨梓生，吴菊华.“素养发展为本”的学习评价设计——以“离子反应”为例[J].中学化学教学参考，2017(11)

29. 杨梓生.在教学反思中提升教育认知诊断能力[J].福建教育，2017(19)

30. 杨梓生.学情把握诊断能力及其培育[J].福建教育，2017(11)

31. 杨梓生.增进学科理解是把握化学核心素养的关键[J].化学教与学，2017(03)

32. 杨梓生，吴菊华.促进学生认识发展的化学概念教学——以高中必修化学“电离”教学为例[J].福建基础教育研究，2017(02)

33. 杨梓生.教师学科理解诊断能力的实践培育[J].福建教育，2017(Z2)

34. 杨梓生.基于化学认识素养视角的课程内容分析——以《化学 1》“氧化还原反应”为例[J].福建教育，2016(37)

35. 杨梓生.研究学科核心素养内涵特性应有的三种基本视角——兼谈对高中化学学科核心素养的认识[J].福建基础教育研究，2016(08)

36. 杨梓生.中学化学教育融合人文教育的认识与实践——以九年级化学“自然界中的水”为例[J].化学教与学，2016(08)

37. 杨梓生.对高中化学学科核心素养的认识[J].中学化学教学参考，2016(15)

38. 杨梓生，吴菊华.教学目标有效设计的基本认识——以鲁科版“盐类的水解”的教学目标设计为例[J].福建教育，2015(50)

39. 吴菊华，杨梓生.基于教材二次开发发挥实验教学功能——以“盐类水解”教学为例[J].化学教学，2015(08)